国家重点项目政策汇编（2024 版）
——农业·文旅·生态

邵　广　夏　雪　赵欣胜　主编

中国农业出版社

北　京

图书在版编目（CIP）数据

国家重点项目政策汇编：农业·文旅·生态：2024
版 / 邵广，夏雪，赵欣胜主编. -- 北京：中国农业出
版社，2024.12. -- ISBN 978-7-109-32969-0

Ⅰ. F324.3

中国国家版本馆 CIP 数据核字第 2025KU6401 号

.

国家重点项目政策汇编（2024 版）

GUOJIA ZHONGDIAN XIANGMU ZHENGCE HUIBIAN（2024 BAN）

中国农业出版社出版

地址：北京市朝阳区麦子店街 18 号楼

邮编：100125

责任编辑：郑　君

版式设计：小荷博睿　　责任校对：吴丽婷

印刷：北京印刷集团有限责任公司

版次：2024 年 12 月第 1 版

印次：2024 年 12 月北京第 1 次印刷

发行：新华书店北京发行所

开本：700mm×1000mm　1/16

印张：21.75

字数：378 千字

定价：198.00 元

《国家重点项目政策汇编（2024版）——农业·文旅·生态》
编委会

前　言

在新时代征程中，中国正推进着农业、文旅、生态各领域的深度融合与高质量发展，这是一场关乎国家未来、民族振兴的伟大实践。面对全球变局与国内发展的深刻调整，党中央、国务院精准施策，通过创新驱动、结构优化、绿色引领，开启中国乡村全面振兴与可持续发展的新篇章。

在此背景下，《国家重点项目政策汇编（2024 版）——农业·文旅·生态》应运而生，本书细心收集、精心分类，全面梳理、系统呈现近年来国家在推动农业产业、促进文旅繁荣、加强生态保护等方面所出台的一系列重大政策措施，力求为广大读者提供一份权威、翔实、前瞻的政策参考手册。

农业产业：筑牢乡村振兴的坚实支柱。农业产业振兴是乡村振兴的首要任务，也是国家发展战略的重要组成部分。本书收集了国家关于农业科技创新、产业结构调整、农村集体产权制度改革、农业社会化服务体系构建等方面的政策，展示了如何通过科技赋能、品牌打造、市场对接等手段，提升农业综合生产能力、市场竞争力和可持续发展能力，为农业现代化转型提供了清晰的路径图。

文旅产业：点亮乡村发展的璀璨明珠。文旅产业作为新兴产业，正日益成为乡村经济转型升级的重要引擎。本书收集了国家在推动乡村旅游、文化遗产保护利用、文化创意产业发展等方面的政策措施，揭示了文旅融合如何促进乡村文化资源活化、旅游业态创新、乡村品牌塑造，进而带动乡村经济多元化发展，让乡村成为游客向往的诗意栖居地，也让农民在参与文旅产业中收获满满的幸福感与获得感。

生态保护：绘就绿色发展的壮美画卷。建设生态文明是中华民族永续发展的千年大计。本书收集了国家在生态修复、污染防治、资源节约集约利用、生物多样性保护等方面的政策措施，展现了国家以生态文明建设为引领，推动经济社会发展全面绿色转型的坚定决心。通过这些政策的实施，我们期待看到一个天蓝、地绿、水清的美丽中国，让绿水青山真正成为金山银山，让人民群众在良好生态环境中享有更加幸福美好的生活。

《国家重点项目政策汇编（2024 版）——农业·文旅·生态》是对国家政策的梳理和展现，也能够通过此书把握未来政策走向。我们希望通过本书的出版，能够为广大政策制定者、研究者、从业者以及所有关心和支持中国农业、文旅、生态事业发展的朋友们提供一个交流学习的平台，共同探索新时代下产业融合发展的新路径、新模式，携手共创乡村振兴与绿色发展的新辉煌。

让我们以政策为引领，以实践为动力，携手并进，在新时代的征程上，书写中国农业、文旅、生态融合发展的新篇章！

目 录 Contents

前言

第一部分 农业项目篇

第二部分　文旅项目篇

第三部分　生态项目篇

第一部分　农业项目篇

党的十九届五中全会提出"十四五"时期是开启全面建设社会主义现代化国家新征程、向第二个百年奋斗目标进军的第一个五年。2021年中央1号文件提出今后一段时间"三农"工作的重点是全面推进乡村振兴、加快农业农村现代化。2022年中央1号文件提出稳住农业基本盘、做好"三农"工作，接续乡村发展、乡村建设、乡村治理重点工作。2023年中央1号文件提出，立足国情农情，体现中国特色，建设供给保障强、科技装备强、经营体系强、产业韧性强、竞争能力强的农业强国，全面推进乡村振兴，加快农业农村现代化。为贯彻落实中央经济工作会议、中央农村工作会议、中央1号文件精神，全面推进乡村振兴、加快农业农村现代化，按照"保供固安全、振兴畅循环"的工作定位，国家各部委持续加大支农投入，强化项目统筹整合，推进重大政策、重大工程、重大项目顺利实施。

为便于广大农民和社会各界了解国家强农惠农政策，发挥政策引导作用，本篇以收录"十四五"期间国家重点支农项目为重点，结合"十四五"推进农业农村现代化规划、"十四五"农业农村现代化重大工程建设总体规划，以及农业农村部、财政部、国家发展改革委、国家林草局等部委2021年至今执行的重点强农惠农政策，共收录23项国家重点项目，涉及种业、种植养殖、加工、全产业链、冷链流通、休闲农业、绿色发展等多类产业。

农业农村部计划财务司
关于做好 2023—2025 年中央预算内
投资农业建设项目储备工作的通知

农计财便函〔2022〕401 号

各省、自治区、直辖市及计划单列市农业农村（农牧、畜牧兽医、渔业）厅（委、局），新疆生产建设兵团农业农村局，北大荒农垦集团有限公司、广东省农垦总局，部派出机构、有关直属单位：

根据《"十四五"农业农村现代化重大工程建设总体规划》和相关专项建设规划，为指导各地各单位做好 2023—2025 年中央预算内投资农业建设项目（不含农业农村部部门自身建设项目）储备，提早做好项目前期工作，我司对2022 年印发的有关项目储备通知进行了修订完善，现就有关事项通知如下。

一、逐级开展项目储备工作

结合"十四五"农业农村现代化重大工程建设任务和规划布局，我司会同部内相关司局研究制定了 2023—2025 年中央预算内投资项目储备指南（附件 1~10）。请各地各单位在前期工作基础上，指导市县农业农村部门和项目单位通过农业农村投资项目管理平台逐级开展项目储备工作，尽快将符合条件的项目纳入省级储备库（部派出机构、直属单位项目以及中央直属高校、企业等中央单位项目纳入我部相关司局项目储备库）。开展储备的项目，必须同步在"全国投资项目在线审批监管平台"取得项目代码。

项目储备工作要坚持自愿、公平、公开的原则，按照轻重缓急和项目建设时序开展项目储备。列入失信惩戒对象名单的主体，不得申报和储备项目。

二、有序推进项目前期工作

按照"储备一批、成熟一批、安排一批"的原则，项目储备过程中，要积极推进规划、用地、用海、环评、防洪、水土保持等项目建设有关前置条件完善落实。对于已纳入省级或我部相关司局项目储备库，符合规划要求且建设条件成熟、前期工作到位的地方项目，要抓紧按程序开展项目评估、审批或审核工作。核定的建设内容、中央投资比例等要符合中央预算内涉农投资专项相关管理办法要求。中央单位和支持西藏地区项目的中央预算内投资比例为100%。

所有项目应依据《国家发展改革委关于规范中央预算内投资资金安排方式及项目管理的通知》（发改投资规〔2020〕518号），逐一明确中央投资支持方式（主要包括直接投资和投资补助两种方式）。直接投资项目应批复项目可行性研究报告（高标准农田项目直接批复项目初步设计），投资补助项目应批复或核定项目实施方案。项目可研报告、初步设计、实施方案应达到相应的深度规定要求。完成项目前期工作并拟申请2023年中央预算内投资的地方项目，应按照有关投资计划申报通知要求，通过农业农村投资项目管理平台将项目由省级储备库推送到农业农村部相关司局投资库，项目可研报告或实施方案、批复文件应同步上传，未上传相关材料的项目，我部将按程序予以退回。

三、有关要求

省级农业农村部门要加强对市县级农业农村部门工作指导，高质量完成项目储备工作。地方各级农业农村部门要积极主动加强与同级发展改革部门沟通协调，在沟通一致的基础上开展项目常态化储备，将符合建设条件的项目尽早纳入项目储备库，做到"应储尽储"，并积极推进项目前期工作，提高储备项目质量。

根据相关专项建设规划发布情况，我司将按照"大稳定、小调整"的原则，及时调整完善相关项目储备要求，并予通知。

附件：
1. 中央预算内投资高标准农田建设项目储备指南
2. 现代种业提升工程项目储备指南
3. 动植物保护能力提升工程项目储备指南
4. 农业科技创新能力条件建设项目储备指南
5. 数字农业建设项目储备指南
6. 天然橡胶生产能力建设项目储备指南
7. 农垦公用基础设施建设项目储备指南

8. 重点流域农业面源污染综合治理项目储备指南

9. 畜禽粪污资源化利用整县推进项目储备指南

10. 长江生物多样性保护工程项目储备指南

附件1　中央预算内投资高标准农田建设项目储备指南

项目要点

主管部门	农业农村部计划财务司
项目名称	关于做好2023—2025年中央预算内投资农业建设项目储备工作的通知
参考文件	农计财便函〔2022〕401号
申报主体	县级单位
激励政策	每亩高标准农田建设不低于3000元，补贴资金不低于每亩1500元。
主要要求	按照《全国高标准农田建设规划（2021—2030年）》《农田建设项目管理办法》《高标准农田建设质量管理办法（试行）》和《国家黑土地保护工程实施方案（2021—2025年）》等相关文件要求，围绕高标准农田建设田、土、水、路、林、电、技、管等八个方面，聚焦提升粮食产能，综合配套土地平整和土壤改良、灌溉排水、田间道路、输配电以及农田防护等工程措施，同步推广应用现代农业科技服务，健全工程管护机制等，实现旱涝保收、高产稳产目标。

引用项目文件

一、建设要求

按照《全国高标准农田建设规划（2021—2030年）》《农田建设项目管理办法》《高标准农田建设质量管理办法（试行）》和《国家黑土地保护工程实施方案（2021—2025年）》等相关文件要求，结合本地区耕地资源、水资源和农业生产实际，因地制宜开展农田建设，优化建设布局，合理确定建设顺序，逐步把永久基本农田全部建成高标准农田，优先将大中型灌区有效灌溉面积建成高标准农田。

二、建设内容

按照《高标准农田建设通则》（GB/T 30600）等现行国家标准、行业标准和地方标准，围绕高标准农田建设田、土、水、路、林、电、技、管等八个方面，聚焦提升粮食产能，综合配套土地平整和土壤改良、灌溉排水、田间道路、输配电以及农田防护等工程措施，同步推广应用现代农业科技服务，健全工程管护机制等，实现旱涝保收、高产稳产目标。在东北黑土耕地退化问题叠加严重的地区，加强标准化示范建设。

三、储备条件

按照《高标准农田建设质量管理办法》要求，纳入高标准农田建设项目储备库的项目应满足但不限于以下要求：

（一）符合农田建设规划；

（二）项目选址、区域范围、建设规模、建设内容和资金需求科学合理；

（三）项目区土地权属清晰，当地群众积极支持改善项目区农业生产条件；

（四）地块相对集中连片，建设后能有效改善生产条件，提高粮食产能；

（五）具备立项后及时组织实施的条件。

四、中央投资规模

中央预算内投资对"十四五"高标准农田建设（包括东北黑土地保护工程）继续给予支持。鼓励各地通过加大地方政府投入、完善新增耕地指标调剂收益使用机制、用好用足土地出让收益调整使用政策和政府债券政策、整合有关涉农资金等方式，健全多元投入保障机制，进一步加大高标准农田建设投入。

附件2-1 现代种业提升工程项目储备指南

（农作物和畜禽种业类）

现代种业提升工程重点支持作物、畜禽种质资源保护、育种创新、测试评价和制（繁）种等种业关键环节能力提升项目建设。

一、农作物现代种业提升工程项目

（一）国家农作物种质资源中期库（资源圃）项目

项目要点

主管部门	农业农村部计划财务司
项目名称	关于做好 2023—2025 年中央预算内投资农业建设项目储备工作的通知
参考文件	农计财便函〔2022〕401 号
申报主体	国家或省级科研教学、高等院校和农技推广机构
激励政策	项目中央投资东部、中部、西部、东北地区分别不超过项目总投资的 70%、80%、90%、90%，西藏自治区和部直属单位项目全部为中央投资。
主要要求	重点新建、改扩建一批国家农作物种质资源中期库、中转隔离基地和种质资源圃。项目建成后，种质资源保护体系进一步完善，收集保存、鉴定评价、分发共享能力大幅度提高。

引用项目文件

1. 建设要求。重点新建、改扩建一批国家农作物种质资源中期库、中转隔离基地和种质资源圃。项目建成后，种质资源保护体系进一步完善，收集保存、鉴定评价、分发共享能力大幅度提高。

2. 建设内容。承担特定作物种类和特定区域种质资源、以及无性繁殖作物和多年生作物保存和分发共享任务，开展资源特性鉴定评价、引种观察工作。建设内容包括中期库库区、入库前种子加工处理室、分析检测室，配置种质资源基因型鉴定系统、田间表型物联网数据获取与处理系统、种质资源信息共享网络服务系统等设施装备、农机具及繁殖用地田间工程等。

3. 储备条件。在各省已自主建设的种质资源库基础上，择优支持 4 个进一步扩大规模、拓展功能，布局在沪（都市特色作物）、鲁（抗旱耐盐碱作物）、滇（高原特色作物）、新（中亚特色作物）4 省（区、市）。改扩建国家中期库 5 个，布局在京（粮食、农业微生物）、浙（水稻）、豫（棉花）、藏（青藏高原作物）4 省（区、市）。新建 2 个，布局在琼、滇 2 省。建设国家动植物基因库 1 个，布局在琼，由农业农村部直属单位承担建设。新建和改扩建种质资源圃 13 个，其中新建 6 个，布局在京、苏、赣、桂、甘、新 6 省（区、市），1 个项目由农业农村部直属单位承担建设，布局在京；改扩建 7 个，4 个项目由农业农村部直属单位承担建设，布局在京、浙、豫、粤 4 省（市），3 个布局在京、鄂、新 3 省（区、市）。

种质资源中期库（资源圃）建设项目由承担国家种质资源保存任务的国家或省级科研教学、高等院校和农技推广机构建设，申报单位应拥有种质资源保存、评价的技术队伍；申报特色作物种质资源圃的项目单位，应具有该特色种质资源收集保存与鉴定评价的科研支撑队伍，拥有 500 亩以上自有土地用于种质资源圃建设，已收集保存一批该特色作物种质资源，且该区域没有已建成的同作物类型的国家种质资源圃；申请改扩建项目申报单位应具备繁殖材料保存能力；农作物种质资源中转隔离基地项目申报单位，应具有农作物种质资源保存与鉴定评价、病虫害检验检疫的科研支撑队伍，有隔离检验所需的种植区域；国家动植物基因库建设项目申报单位应为农业农村部直属单位。

4. 中央投资规模。项目中央投资东部、中部、西部、东北地区分别不超过项目总投资的 70%、80%、90%、90%。西藏自治区和部直属单位项目全部为中央投资。

（二）农作物育种创新能力提升项目

项目要点

主管部门	农业农村部计划财务司
项目名称	关于做好 2023—2025 年中央预算内投资农业建设项目储备工作的通知
参考文件	农计财便函〔2022〕401 号
申报主体	种业龙头企业
激励政策	中央投资占项目总投资比例不超过 40% 且最多不超过 3000 万元。
主要要求	推动科企合作，改善育种创新条件，加快构建商业化育种创新体系，提升种质资源保存利用、育种科研创新、种子生产加工、良种推广服务等能力，培育具有国际竞争力的航母型种业企业和特色优势种业企业。推动海南南繁科研育种基地和"南繁硅谷"建设，提升南繁育种水平，加快新品种培育和品种更新换代。

引用文件要求

1. 建设要求。发挥种业企业在现代种业发展中的主体作用，形成更加紧密的科企合作关系，通过改善育种创新条件，加快构建商业化育种创新体系。支持企业开展高效育种，提升种质资源保存利用、育种科研创新、种子生产加工、良种推广服务等能力，培育具有国际竞争力的航母型种业企业和特色优势种业企业。推动海南南繁科研育种基地和"南繁硅谷"建设，提升南繁育种水平，加快新品种培育和品种更新换代。

2. 建设内容。主要建设内容包括农作物育种测试设施设备、表型与基因型鉴定设施设备及田间工程建设，低温种子库、检测实验室、农机具库等土建工程，支持企业在本地或异地建设用于育种创新的核心育种站、品种测试点等田间工程，以及实验分析设备、农机具、仪器设备购置等。

3. 储备条件。新建 2 个分子育种表型与基因型鉴定平台，布局在京、琼 2 省（市）；改扩建 1 个分子育种创新服务平台，布局在京。规划育种创新项目共 36 个，包括水稻 6 个，布局在辽、黑、苏、湘、桂、琼 6 省；玉米 3 个，布局在京、辽、大连 3 省（市）；小麦 2 个，布局在苏、鲁 2 省；马铃薯 1 个，布局在冀；大豆、油料、花生、油茶等油料作物共 5 个，布局在鲁、赣、豫、鄂、川 5 省；杂粮杂豆（含青稞）3 个，布局在冀、晋、陕 3 省；棉糖麻 2 个，布局在桂、滇 2 省；果菜茶（含食用菌、花卉）11 个，布局在京、沪、浙、皖、豫、闽、粤、滇、陕、新 10 省（区、市）；热带作物 3 个，布局在粤、桂、琼 3 省；其他品种的育种创新项目根据我国经济发展需要确定。申报分子育种创新服务平台和表型与基因型鉴定平台单位，要求有建设用地或自有房产可用于试验业务；具有种质资源表型基因型鉴定、分子育种、遗传育种、生物信息、大数据及物联网的专业技术人员；具有良好的财务状况，能够提供必需的运行经费支持。申报农作物种业育种创新项目，需具备以下 8 个条件：①已开展科企合作，与科研院所或高等院校签订长期科研合作协议，明确种业科研成果转化方式，其中参加国家或省级良种联合攻关的企业优先；②具有专门的育种机构，在全国不同生态区有测试点 30 个以上和相应的播种、收获、考种设施设备；③具有分布在不同生态区、自有或租用（剩余租期不少于 5年）的科研育种基地 5 处以上、总面积 200 亩以上；④近 3 年内，年均科研投入不低于年种子销售收入的 5%；⑤生产经营主要农作物种子的，具有作为第一育种者的国家级审定品种 3 个以上，或者省级审定品种 6 个以上，或者国家级审定品种 2 个和省级审定品种 3 个以上，或者国家级审定品种 1 个和省级审定品种 5 个以上；生产经营非主要农作物种子的，应当具有相应作物的以本企业名义登记或单独申请获得植物新品种权的品种 5 个以上；⑥企业综合实力强，行业市场占有率靠前；⑦具有专门的科研团队从事科研育种活动；⑧近三年无生产经营假劣种子或套牌侵权行为。

4. 中央投资规模。育种创新能力提升项目中，除国家级分子育种平台外，以大型育繁推一体化龙头企业投资为主，中央投资占项目总投资比例不超过 40% 且最多不超过 3000 万元。中央投资主要用于项目中具有一定公益性质的基础设施建设。

（三）农业野生植物原生境保护区（点）项目

项目要点

主管部门	农业农村部计划财务司
项目名称	关于做好 2023—2025 年中央预算内投资农业建设项目储备工作的通知
参考文件	农计财便函〔2022〕401 号
申报主体	县级农业环保、科教、农技站（中心）等事业单位
激励政策	中央投资占项目总投资比例不超过 40% 且最多不超过 3000 万元。
主要要求	保护区（点）总面积达到 1500 亩以上，项目建成后，原生境保护区（点）内的国家重点保护野生植物及其栖息地得到有效保护，严重濒危的农业野生植物珍稀物种种群得到恢复和发展。

引用文件要求

1. 建设要求。保护区（点）总面积达到 1500 亩以上，项目建成后，原生境保护区（点）内的国家重点保护野生植物及其栖息地得到有效保护，严重濒危的农业野生植物珍稀物种种群得到恢复和发展。

2. 建设内容。申报项目应根据实际需求，建设隔离、警示、看护、防火排灌、温（网）室、繁育圃、连接道路及必要的供电供水等工程设施，购置安装数据采集分析、通信、生物和环境检测、标本陈列、资源监测与管护监控、巡护交通工具等设施设备。

3. 项目布局和申报条件。每年建设 5～7 个农业野生植物原生境保护区

（点），拟布局范围为在全国生物多样性富集区，每省（自治区、直辖市、计划单列市）每年限报1个。项目建设主体应为具有独立法人资格的县级农业环保、科教、农技站（中心）等事业单位，并应具备相应的技术力量。申报项目目标保护物种优先支持已列入《国家重点保护野生植物名录》的，处于濒危状态、对粮食安全和农业可持续发展具有重要价值的农业野生植物，包括作物野生近缘植物、野生蔬菜、野生果树、野生茶和野生药用植物等。项目需取得县级以上人民政府建立原生境保护区（点）的批复文件，土地所有权为国有或集体，后续运行经费纳入县财政预算，项目区域应远离人群密集活动区、污染源、地质塌陷区等，并且不与现有任何类型、等级自然保护地相交叉，保护物种、土地权属和范围、责任主体清晰。

4. 投资规模。项目按实际需求申报，单个项目总投资规模控制在1500万元左右，其中中央投资东部、中部、西部、东北地区分别不超过项目总投资的70%、80%、90%、90%。

（四）农作物品种测试评价能力提升项目

项目要点

主管部门	农业农村部计划财务司
项目名称	关于做好2023—2025年中央预算内投资农业建设项目储备工作的通知
参考文件	农计财便函〔2022〕401号
申报主体	农业农村部直属单位或国家支持建设的品种区试站、抗性鉴定站等已建项目单位
激励政策	农业农村部直属单位承建的项目投资全部由中央安排，地方承建的项目按照东部地区不超过60%、中部地区不超过70%、西部地区不超过80%、东北地区不超过80%的补助比例安排中央投资。
主要要求	以国家支持建设的品种区试站、抗性鉴定站等项目建设为基础，建设一批国家品种测试评价中心（分中心）和区域性品种测试评价站。

引用文件要求

1. 建设要求。以国家支持建设的品种区试站、抗性鉴定站等项目建设为基础，整合建设一批国家品种测试评价中心（分中心）和区域性品种测试评价站，开展品种特性和种子质量评价评估，为品种审定、品种登记、植物新品种保护、种子认证、执法监管、展示示范等提供技术支撑。

2. 建设内容。主要建设内容包括温室、大棚、灌排设施等区试田间生产设施，生理生化、品质分析实验室等分析鉴定用房，购置考种设备、质量检测、品种测定、信息处理平台及农机具等设备。

3. 储备条件。规划建设品种测试评价中心（站）14 个。其中，在苏、琼建设国家品种测试评价中心 2 个，由农业农村部直属单位承建；建设国家品种测试评价分中心 1 个，布局在陕，以国家已投资建设并承担相应试验任务的单位为主承建；建设区域性品种测试评价站 11 个，布局在晋、蒙、苏、浙、闽、桂、琼、藏、甘、宁、深 11 个省（区、市），由国家已投资建设并承担相应试验任务的单位为主承建。

项目承担单位应具有独立的法人资格；有建设用地或自有房产可用于试验检验业务用房改造；有相应的试验用地，面积 200 亩左右，生态代表性强；具有开展品种试验、种子检验的专业技术人员；具有良好的财务状况，能够提供必需的运行经费支持。同时按照 1 + N 建设模式要求，每个区域性测试评价站应带动建设亚生态区内 3 ~ 5 个测试点，形成区域性试验网络。其中布局在陕西的分中心还要立足于打造面向上合组织和中亚地区的种业新品种测试评价交流合作平台。

4. 中央投资规模。测试评价项目中，由农业农村部直属单位承建的项目投资全部由中央安排，地方承建的项目按照东部地区不超过 60%、中部地区不超过 70%、西部地区不超过 80%、东北地区不超过 80% 的补助比例安排中央投资。

（五）农作物良种繁育能力提升项目

项目要点

主管部门	农业农村部计划财务司
项目名称	关于做好 2023—2025 年中央预算内投资农业建设项目储备工作的通知
参考文件	农计财便函〔2022〕401 号
申报主体	农业农村部认定的国家区域性良种繁育基地县（市）
激励政策	中央投资占项目总投资比例不超过 40% 且最多不超过 3000 万元。
主要要求	在国家认定的区域性良种繁育基地县，以及国家有关规划明确的制（繁）种优势区，建设棉花、花生、糖料、蔬菜、水果、茶、中药材、食用菌等经济作物区域性良种繁育基地 38 个。

引用文件要求

1. 建设要求。建设一批规模化、机械化、标准化、集约化、信息化的种子（苗）生产基地，改善田间生产设施条件，提高良种生产和供应能力，提升种子产地加工水平和仓储能力，确保农业用种安全，为农业提质增效奠定基础。

2. 建设内容。国家级育制种基地主要建设内容包括育（制）种田块改造、道路、晒场等配套设施建设，种子质量检测、病虫害防治等仪器设备购置。所需经费不列入本规划投资，如能立项，项目经费打算从高标准农田建设或其他有关项目中解决。区域性良种繁育基地主要建设内容包括晒场、仓库及附属设施、种子质量检验室、农机库房、种子加工车间等土建工程，排灌设施、机耕路等田间工程，配备农机具、仪器设备、物联网系统、种子物流与追溯管理信息体系等。冬（夏）科研繁育制种基地主要建设内容包括土地平整改良、沟渠路配套、灌排设施配套等，配备农机具、仪器设备、物联网系统、种子物流与追溯管理信息体系等。

3. 储备条件。在国家认定的区域性良种繁育基地县，以及国家有关规划明确的制（繁）种优势区，建设棉花、花生、糖料、蔬菜、水果、茶、中药材、食用菌等经济作物区域性良种繁育基地 38 个。

国家级育制种基地、区域性良种繁育基地、冬（夏）科研繁育制种基地建设项目，由农业农村部认定的国家区域性良种繁育基地县（市）承担。

4. 中央投资规模。制（繁）种基地项目中，除三大国家级育制种基地外，中央投资占项目总投资比例不超过 40% 且最多不超过 3000 万元，中央投资主要用于项目中具有一定公益性质的基础设施建设。

二、畜禽现代种业提升工程项目

（一）畜禽种质资源保护利用能力提升项目

项目要点

主管部门	农业农村部计划财务司
项目名称	关于做好 2023—2025 年中央预算内投资农业建设项目储备工作的通知
参考文件	农计财便函〔2022〕401 号

申报主体	农业农村部直属单位承担的国家区域性畜禽基因库及畜禽品种丰富的重点省（市）和种业发达地区事业单位
激励政策	中央投资东部、中部、西部、东北地区分别不超过项目总投资的70%、80%、90%、90%。西藏自治区和由农业农村部直属单位承建的项目投资全部由中央安排。
主要要求	依托国家级畜禽遗传资源保种场和科研单位等，建设基因库、保种场、保护区，构建以畜禽基因与活体保护、原位与异位保护相结合的资源保护体系，重点保护国家级畜禽遗传资源，兼顾国家公布的新发现种质资源和地方保护品种，为畜禽品种选育提供遗传资源。

引用文件要求

1. 建设要求。依托国家级畜禽遗传资源保种场和科研单位等，建设基因库、保种场、保护区，构建以畜禽基因与活体保护、原位与异位保护相结合的资源保护体系，重点保护国家级畜禽遗传资源，兼顾国家公布的新发现种质资源和地方保护品种，为畜禽品种选育提供遗传资源。同时，推动形成政府、科研单位、企业等多元主体共同参与的保种格局。

2. 建设内容。国家畜禽基因库主要建设内容包括采精室、胚胎室、药浴池、库房等生产性基础设施，以及污水处理设备、实验仪器设备、物联网系统和种质资源信息共享网络服务系统等。保种场和保护区主要建设内容包括建设标准化畜禽棚舍、孵化厅、药浴池、库房、加工车间、青贮窖等生产性基础设施以及场区道路、污水处理池、围墙等辅助设施，配套生产性能测定、疫病监测净化、防疫、病死畜禽无害化处理等设施设备，构建试验物联网系统和种质资源信息共享网络服务系统，在保护区设立界碑、指示牌、宣传牌等区界设施和宣传设施。

3. 储备条件。按照填平补齐的原则，对现有的国家级畜禽基因库进行改扩建，项目由农业农村部直属单位承担。在畜禽品种丰富的重点省（市）和种业发达地区，支持新建1个国家区域性畜禽基因库，布局在蒙。以现有国家级种质资源保种场和保护区为基础，结合实际采取"一场一地"保护或"数场多地"联合协同多主体保护方式，建设保种场和保护区项目40个。其中，地方项目36个，包括华北地区2个，东北地区3个，华东地区7个，华中地区2个，华南地区5个，西南地区9个，西北地区8个；农业农村部直属单位项目 4 个。

国家级畜禽基因库改扩建项目由农业农村部直属单位承担；国家区域性畜禽基因库由畜禽品种丰富的重点省（市）和种业发达地区具有一定基础条件的事业单位承担；国家畜禽保种场和保护区建设项目重点支持列入《国家级畜禽遗传资源保护名录》，尚未建立保种场或保护区的畜禽遗传资源，同时兼顾其他列入《国家级畜禽遗传资源保护名录》的畜禽品种资源和部分列入省级保护名录的濒危品种。

4. 中央投资规模。中央投资东部、中部、西部、东北地区分别不超过项目总投资的 70%、80%、90%、90%。西藏自治区和由农业农村部直属单位承建的项目投资全部由中央安排。

（二）畜禽育种创新能力提升项目

项目要点

主管部门	农业农村部计划财务司
项目名称	关于做好 2023—2025 年中央预算内投资农业建设项目储备工作的通知
参考文件	农计财便函〔2022〕401 号
申报主体	国家畜禽核心育种场、科研教学等单位或种业企业
激励政策	中央投资占项目总投资比例不超过 40% 且最多不超过 3000 万元。
主要要求	支持有实力的国家畜禽核心育种场、科研教学等单位，有效利用地方畜禽种质资源和引进优良品种资源，加强主要畜种选育和新品种培育，为提高畜禽产品产量和质量提供支撑。支持一批大型育繁推一体化畜禽种业企业，延伸产业链条，推进联合育种，全面提升育种水平、供种能力和推广服务能力。

引用文件要求

1. 建设要求。根据提升自主育种创新能力、保障主要畜产品市场有效供给的要求，支持有实力的国家畜禽核心育种场、科研教学等单位，有效利用地方畜禽种质资源和引进优良品种资源，加强主要畜种选育和新品种培育，为提高畜禽产品产量和质量提供支撑。支持一批大型育繁推一体化畜禽种业企业，延伸产业链条，推进联合育种，全面提升育种水平、供种能力和推广服务能力，打造一批国内先进、国际一流的畜禽育种品牌。

2. 建设内容。主要建设内容包括建设标准化畜禽棚舍、育种实验室等土建工程，配套性能测定、疫病监测净化、胚胎移植、育种信息处理平台等仪器设备，购置母畜、胚胎、冻精等育种材料。择优支持部分大型育繁推一体化畜禽企业，完善育种创新、标准化繁种、科技推广等方面设施装备。

3. 储备条件。规划建设畜禽育种创新项目 30 个。包括猪 4 个，布局在津、冀、蒙、苏 4 省（区、市）；牛 11 个，布局在京、辽、黑、鲁、湘、桂、滇、川、甘、新 10 省（区、市）；羊 5 个，布局在津、蒙、川、甘、新 5 省（区、市）；禽类 7 个，布局在京、蒙、苏、鲁、豫、粤、川 7 省（区、市）；马（驴）3 个，布局在蒙、辽、青 3 省（区）。重点支持综合实力强、发展后劲足、运转机制活的育种企业承担，优先支持国家畜禽核心育种场。项目承担单位应具有与项目品种对应的《种畜禽生产经营许可证》，有专门的育种部门和技术团队，并与科研院校保持长期稳定的技术合作关系，参加国家或省级良种联合攻关的企业优先安排。具体申报条件如下：

生猪育种创新项目。核心群母猪需满足：长白猪或大白猪存栏 1000 头以上，或杜洛克猪存栏 300 头以上，或地方品种存栏 600 头以上，或培育品种存栏 600 头以上；开展生产性能测定，年测定并上报数据的种猪 3000 头以上。

肉牛育种创新项目。核心群母牛需满足：地方品种单品种基础母牛存栏 100 头以上或引进品种单品种基础母牛 200 头以上，具备培育种牛的基础条件和技术力量等，优先支持已开展种牛生产性能测定工作并上报数据，并与种公牛站签订种公牛培育合作协议的种牛场。

奶牛育种创新项目。重点支持荷斯坦牛，兼顾娟珊牛和乳肉兼用牛，核心育种群成年母牛存栏 400 头以上，具备培育种牛的条件和能力。优先支持开展奶牛生产性能测定并上报数据，并与种公牛站签订种公牛培育合作协议的牛场。

羊育种创新项目。重点支持肉羊，兼顾毛（绒）用羊、乳用羊。种肉羊场特、一级基础母羊 3000 只以上，种用毛（绒）羊场特、一级基础母羊 2500 只以上，乳用羊基础用羊 1500 只以上，具有培育种羊的基础条件和技术力量等，优先支持长期开展种羊生产性能测定工作的种羊场。

鸡育种创新项目。蛋鸡种鸡场基础群存栏 2 万套以上，具备 4 个以上的蛋鸡品系纯系，至少有形成 1 个配套系的供种能力，建有 2 万只以上育种笼位，能持续开展 5 个以上杂交组合的配合力测定。肉鸡种鸡场基础群存栏 3 万套以上，具备育种素材 4 个以上，至少有形成 1 个配套系的供种能力，建有 2 万只以上育种笼位，能持续开展 5 个以上杂交组合的配合力测定。

马、驴等特色畜种育种创新项目。品种具有独特特性和市场前景。良种马或良种驴核心群 500 头以上，每个单位至少具备培育专门化品系或品种的素材 2 个。重点支持已有育种基础并取得成效，场内具有标准化配种站、品种登记、带动能力强的单位。

4. 中央投资规模。育种创新能力提升项目中，以大型育繁推一体化龙头企业投资为主，中央投资占项目总投资比例不超过 40% 且最多不超过 3000 万元，中央投资主要用于项目中具有一定公益性质的基础设施建设。

（三）畜禽品种性能测定能力提升项目

项目要点

主管部门	农业农村部计划财务司
项目名称	关于做好 2023—2025 年中央预算内投资农业建设项目储备工作的通知
参考文件	农计财便函〔2022〕401 号
申报主体	部级或省级农业农村部直属单位
激励政策	中央投资占项目总投资比例不超过 40% 且最多不超过 3000 万元。
主要要求	对畜禽新品种的生产性能进行测定评价，开展遗传评估，为新品种推广和种业监管提供技术支撑。

引用文件要求

1. 建设要求。对畜禽新品种的生产性能进行测定评价，开展遗传评估，为新品种推广和种业监管提供技术支撑。

2. 建设内容。遗传评估中心建设内容包括设备购置、机房改造等。品种测定站主要建设内容包括建设畜禽性能测定舍、隔离舍、饲草料库、污水处理池及其他场区工程等，配备饲喂自动供给测量系统、生产性能测定软件系统、检验检测仪器设备、病死畜禽无害化处理设备、配种防疫设备和冻精保存运输器械，建立信息处理平台。

3. 储备条件。按照全国主要畜禽品种生产布局，以现有获得资格认定和计量认证的部级和省级性能测定站为基础，建设品种性能测定站 22 个，包括猪 5 个，布局在京、冀、鲁、粤、陕 5 省（市）；牛 8 个，布局在京、晋、蒙、辽、鲁、滇、宁、新8省（区、市）；羊5个，布局在蒙、鲁、滇、陕、新等5个省（区）；禽类3个，布局在京、苏、浙3省（市）；兔1个，布局在川。

遗传评估中心建设项目由在京的农业农村部直属单位承担。品种测定站建设项目申报单位需具有相应的种畜禽测定、品种鉴定等业务能力和基础，配备有相应技术人员，资产和财务状况良好，运转机制灵活，有稳定的运行经费来源。

4. 中央投资规模。测试评价项目中，由农业农村部直属单位承建的项目投资全部由中央安排，地方承建的项目按照东部地区不超过60%、中部地区不超过70%、西部地区不超过80%的补助比例安排中央投资，西藏自治区中央投资按100%予以支持。

（四）畜禽制（繁）种能力提升项目

主管部门	农业农村部计划财务司
项目名称	关于做好2023—2025年中央预算内投资农业建设项目储备工作的通知
参考文件	农计财便函〔2022〕401号
申报主体	国家核心种公猪站、种公牛站，国家核心育种场，品种改良种公猪站、种公牛站。
激励政策	中央投资占项目总投资比例不超过40%且最多不超过3000万元。
主要要求	以保障优良畜禽供应为目标，新建和改扩建种公畜站，提升畜禽生产能力和生产质量。

引用文件要求

1. 建设要求。以保障优良畜禽供应为目标，新建和改扩建种公畜站，提升畜禽生产能力和生产质量。

2. 建设内容。主要建设内容包括建设标准化畜禽圈舍、青贮池等设施及配套养殖设备、良种登记管理信息系统等。

3. 储备条件。新建、改造种公猪站8个，布局在冀、晋、沪、豫、湘、粤、川、甘8省（市）；改造种公牛站12个，布局在京、冀、蒙、沪、鲁、滇、陕、宁、甘、青、新、大连12省（区、市）。

种公猪站建设项目申报单位存栏采精种公猪200头以上，其中有生产性能测定成绩的超过50%，取得《种畜禽生产经营许可证》。重点支持国家核心种公猪站和国家核心育种场建设种公猪站，兼顾品种改良种公猪站。

种公牛站建设项目申报单位需存栏一定数量在用种公牛，取得《种畜禽生产经营许可证》。重点支持与国家核心育种场联合育种的种公牛站，兼顾品种改良种公牛站。

4. 中央投资规模。制（繁）种基地项目中，中央投资占项目总投资比例不超过40%且最多不超过3000万元，中央投资主要用于项目中具有一定公益性质的基础设施建设。

附件2 2 现代种业提升工程项目储备指南

（饲草种业类）

一、品种测试评价中心（站）

项目要点

主管部门	农业农村部计划财务司
项目名称	关于做好2023—2025年中央预算内投资农业建设项目储备工作的通知
参考文件	农计财便函〔2022〕401号
申报主体	部级或省级农业农村部直属单位
激励政策	中央投资东部、中部、西部、东北地区分别不超过项目总投资的60%、70%、80%、80%。
主要要求	承担国家品种区域试验、DUS测试、特性鉴定、种子种苗质量及分子检测、展示示范等任务。

引用文件要求

1. 建设要求。能够承担国家品种区域试验、DUS测试、特性鉴定、种子种苗质量及分子检测、展示示范等任务。

2. 建设内容。包括温室、大棚、灌排设施等区试田间生产设施，生理生化、品质分析实验室等分析鉴定用房，购置考种设备、质量检测、品种测定、信息处理平台及农机具等设备。

3. 储备条件。在北京、四川和海南各新建1个测试站。

4. 中央投资规模。中央投资东部、中部、西部、东北地区分别不超过项目总投资的60%、70%、80%、80%。

二、区域性良种繁育基地

项目要点

主管部门	农业农村部计划财务司
项目名称	关于做好 2023—2025 年中央预算内投资农业建设项目储备工作的通知
参考文件	农计财便函〔2022〕401 号
申报主体	制繁种企业
激励政策	中央投资不超过总投资的 40%，且最多不超过 3000 万元。
主要要求	在国家认定的区域性良种繁育基地县，以及国家有关规划明确的制（繁）种优势区，建设饲草作物区域性良种繁育基地。

引用文件要求

1. 建设要求。在国家认定的区域性良种繁育基地县，以及国家有关规划明确的制（繁）种优势区，建设饲草作物区域性良种繁育基地，保障国家饲草作物种子种苗供给数量安全和质量安全。

2. 建设内容。包括晒场、仓库及附属设施、种子质量检验室、农机库房、种子加工车间等土建工程，排灌设施、机耕路等田间工程，配备农机具、仪器设备、物联网系统、种子物流与追溯管理信息体系等。

3. 储备条件。在内蒙古、四川和新疆各选取 1 家有较好制繁种基础的企业承担良种繁育基地建设项目。

4. 中央投资规模。中央投资不超过总投资的 40%，且最多不超过 3000 万元。

附件 2-3 现代种业提升工程项目储备指南

（水产良种类）

一、种质资源保护利用能力提升项目

（一）种质资源库项目

项目要点

主管部门	农业农村部计划财务司
项目名称	关于做好2023—2025年中央预算内投资农业建设项目储备工作的通知
参考文件	农计财便函〔2022〕401号
申报主体	国家或省级科研院所、高等院校
激励政策	地方项目中央投资东部、中部、西部、东北地区分别不超过项目总投资的70%、80%、90%、90%，且中央投资最多不超过2000万元。部直属单位项目全部为中央投资。
主要要求	根据渔业生物种质资源分布特点，结合渔业种质资源保存现状和需求，分区域、有重点建设一批种质资源库（主库和分库）。

引用文件要求

1. 建设要求。根据渔业生物种质资源分布特点，结合渔业种质资源保存现状和需求，分区域、有重点建设一批种质资源库（主库和分库）。项目建成后，种质资源库的保存、鉴定、评价能力明显提高。

2. 建设内容。新建资源保存库，资源样本制备与检测、鉴定与评价、数据处理等工艺、业务、设备用房，配套建设场区工程、人防工程，购置必要的仪器设备。

3. 项目储备条件。项目已列入《"十四五"现代种业提升工程建设规划》。项目由具有资源保存评价技术、技术队伍等基础条件的国家和省级科研院所、高等院校承担。项目8个，重庆和云南等省（市）各限报种质资源库分库1个；有关直属单位限报种质资源库主库2个。

4. 中央投资规模。地方项目中央投资东部、中部、西部、东北地区分别不超过项目总投资的70%、80%、90%、90%，且中央投资最多不超过2000万元。部直属单位项目全部为中央投资。

（二）水产种质资源场项目

项目要点

主管部门	农业农村部计划财务司
项目名称	关于做好 2023—2025 年中央预算内投资农业建设项目储备工作的通知
参考文件	农计财便函〔2022〕401 号
申报主体	具有资质的省级（含）以上水产原良种场
激励政策	地方项目中央投资东部、中部、西部、东北地区分别不超过项目总投资的 70%、80%、90%、90%，且中央投资最多不超过 1000 万元。部直属单位项目全部为中央投资。
主要要求	根据现代种业发展的要求，突出薄弱环节，突出主要品种，突出优势区域，系统构建分级分类渔业生物种质资源保存体系要求，优先支持基础条件好的水产原良种场，建设完善一批种质资源场。

引用文件要求

1. 建设要求。根据现代种业发展的要求，突出薄弱环节，突出主要品种，突出优势区域，系统构建分级分类渔业生物种质资源保存体系，优先支持基础条件好的水产原良种场，建设完善一批种质资源场。项目完成后，水产原良种基础群体保存能力提高 50% 以上，优质亲本供应数量增加 20% 以上，种质保存和选育水平明显提升。

2. 建设内容。主要建设内容包括催产和孵化车间、亲本池、苗种培育池等生产设施，配套进排水、电力、道路、动物无害化处理等工程，购置常规生物学仪器、水处理系统、养殖设施等。

3. 储备条件。项目已列入《"十四五"现代种业提升工程建设规划》。重点支持列入《国家重点保护经济水生动植物资源名录》的品种、冷水性鱼类和通过国家审定的水产新品种。项目建设单位应具备省级（含）以上水产原良种场资质和独立法人资质，已取得水域滩涂养殖证和与申报品种对应的水产种苗生产许可证；具有三年以上申报品种的保种工作基础，配备足够的专业技术人员并有省级以上科研单位或高等院校作为技术依托；项目建设单位为农民专业合作社（组织）的，须具备经工商行政管理部门依法登记并取得农民专业合作社法人营业执照；项目原则上要求固定建筑物在自有土地上集中建设，生产实验用地需自有土地或租期 15 年以上的租用土地（"三区三州"项目可放宽至 10 年以上）。国家水产种业阵型企业予以优先支持，其中北京、内蒙古、辽宁、黑龙江、上海、福建、湖北、湖南、广西、云南、青海、宁夏、新疆各限报 1 个；吉林、浙江、山东、广东、海南、四川、贵州各限报 2 个；江苏限报 4 个；有关直属单位报 2 个。其他种类种质资源场项目，根据渔业资源分布状况和产业发展趋势确定。对保种群规模小、牛物学特性相似或对环境条件等要求趋十一致的保种项目，鼓励各地进行统筹规划合并建设。

4. 中央投资规模。地方项目中央投资东部、中部、西部、东北地区分别不超过项目总投资的 70%、80%、90%、90%，且中央投资最多不超过 1000 万元。部直属单位项目全部为中央投资。

二、育种创新能力提升项目

（一）对虾联合育种平台项目

项目要点

主管部门	农业农村部计划财务司
项目名称	关于做好 2023—2025 年中央预算内投资农业建设项目储备工作的通知
参考文件	农计财便函〔2022〕401 号
申报主体	水产种业企业
激励政策	中央投资不超过项目总投资的 40%，且中央投资最多不超过 5000 万元。
主要要求	支持建设对虾联合育种平台，对虾的种质资源的收集、保存和中间材料创制能力，核心育种技术水平，对虾突破性新品种培育能力显著提高。

引用文件要求

1. 建设要求。支持对虾育繁推一体化大型水产种业企业建设对虾联合育种平台，纳入国家重点品种联合育种攻关的企业予以优先支持。项目建成后，对虾的种质资源的收集、保存和中间材料创制能力，核心育种技术水平，对虾突破性新品种培育能力显著提高。

2. 建设内容。主要建设内容包括对虾家系苗种培育车间、养殖车间、性状测试车间、种虾养殖车间、无节幼体生产车间、苗种生产车间，以及其他附属工程设施。

3. 储备条件。项目已列入《"十四五"现代种业提升工程建设规划》。项目由对虾育繁推一体化水产种业龙头企业牵头承建。承担单位应具备独立法人资格，有独立或合作培育的通过国家审定的对虾新品种1个以上；有专门的遗传育种中心；拥有对虾商业化育种技术团队，其中专职从事育种科研的人员5名以上；有紧密的产学研推联合育种机制，有与科研院校和推广单位签订的对虾联合育种合作协议。项目原则上要求固定建筑物在自有土地上集中建设，生产实验用地需自有土地或租期15年以上的租用土地。项目1个，海南限报1个。

4. 中央投资规模。中央投资不超过项目总投资的40%，且中央投资最多不超过5000万元。中央投资主要用于项目中具有一定公益性质的基础设施建设。

（二）水产种业育繁推一体化示范项目

项目要点

主管部门	农业农村部计划财务司
项目名称	关于做好2023—2025年中央预算内投资农业建设项目储备工作的通知
参考文件	农计财便函〔2022〕401号
申报主体	水产种业企业
激励政策	地方项目中央投资不超过项目总投资的40%，且中央投资最多不超过1000万元。
主要要求	支持建设水产种业育繁推一体化示范项目，项目建成后，育种条件得到明显改善，育种创新能力显著提升，企业育繁推一体化发展能力明显增强。

引用文件要求

1. 建设要求。重点支持2021年中国水产种业育繁推一体化优势企业、国家级水产原良种场或育繁推一体化大型水产种业企业，建设水产种业育繁推一体化示范项目。项目建成后，育种条件得到明显改善，育种创新能力显著提升，企业育繁推一体化发展能力明显增强。

2. 建设内容。主要建设内容包括核心群体保存池、备份基地、催产和孵化车间、隔离检疫池等种质搜集保存设施，以及育种实验室、培育池、遗传性能对比测试设施，配套水处理系统、育种管理数据库、动物无害化处理设施，购置实验室仪器、标记设备、在线监测设备等。

3. 储备条件。项目已列入《"十四五"现代种业提升工程建设规划》。承担育繁推一体化示范项目单位应具备独立法人资格，有独立或合作培育的通过国家审定的水产新品种；拥有商业化育种技术团队，其中专职从事育种科研的人员 5 名以上；有紧密的产学研推合作机制，有科（校）企合作协议，明确成果转化方式。重点支持综合实力强、发展后劲足、运转机制活的水产种业龙头企业承担。项目原则上要求固定建筑物在自有土地上集中建设，生产实验用地需自有土地或租期 15 年以上的租用土地（"三区三州"项目可放宽至 10 年以上）。北京、天津、河北、辽宁、大连、江苏、浙江、安徽、福建、山东、湖北、广西、海南、四川各限报 1 个；有关部直属单位限报 3 个。

4. 中央投资规模。地方项目中央投资不超过项目总投资的 40%，且中央投资最多不超过 1000 万元。中央投资主要用于项目中具有一定公益性质的基础设施建设。部直属单位育种创新项目全部为中央投资。

三、品种测试站项目

项目要点

主管部门	农业农村部计划财务司
项目名称	关于做好 2023—2025 年中央预算内投资农业建设项目储备工作的通知
参考文件	农计财便函〔2022〕401 号
申报主体	省级及以上水产科研院所、水产推广机构和水产原良种场
激励政策	地方项目中央投资东部、中部、西部、东北地区分别不超过项目总投资的 60%、70%、80%、80%，且中央投资最多不超过 1000 万元。部直属单位项目全部为中央投资。
主要要求	在水产养殖主产区对重点水产新品种先行先试，开展水产新品种生产性能测试，建设一批水产新品种测试站。项目完成后，水产新品种生产性能测试相关基础条件、技术水平和公信力明显提升。

引用文件要求

1. 建设要求。根据现代种业发展的要求，在水产养殖主产区对重点水产新品种先行先试，开展水产新品种生产性能测试，为新品种保护、推广和市场监管提供技术支撑，优先支持基础条件好的省级及以上水产科研院所、水产推广机构和水产原良种场，建设一批水产新品种测试站。项目完成后，水产新品种生产性能测试相关基础条件、技术水平和公信力明显提升。

2. 建设内容。新建或升级改造实验用房、测试车间、试验池塘等，并配套进排水系统、水处理系统等附属工程、信息及软件系统、科研仪器、监测设备等。

3. 储备条件。项目已列入《"十四五"现代种业提升工程建设规划》。重点支持鱼类、虾类、蟹类、贝类、藻类等新品种测试和测试数据应用。项目建设单位应具备申报品种相关的选育工作基础，配备足够的专业技术人员；项目原则上要求固定建筑物在自有土地上集中建设，生产实验用地需自有土地或租期 20 年以上的租用土地。项目 9 个，东北、华北、华东和华南地区等地方项目限报 3 个，部直属单位限报 6 个。

4. 中央投资规模。地方项目中央投资东部、中部、西部、东北地区分别不超过项目总投资的 60%、70%、80%、80%，且中央投资最多不超过 1000 万元。部直属单位项目全部为中央投资。

四、繁种基地项目

项目要点

主管部门	农业农村部计划财务司
项目名称	关于做好 2023—2025 年中央预算内投资农业建设项目储备工作的通知
参考文件	农计财便函〔2022〕401 号
申报主体	水产种业企业
激励政策	项目中央投资不超过总投资的 40%，且中央投资最多不超过 1000 万元。
主要要求	重点支持建设水产种业繁育基地项目。项目建成后，扩繁条件得到明显改善，优质亲本和种苗供应能力显著提升。

引用文件要求

1. 建设要求。重点支持省级以上水产原良种场或育繁推一体化大型水产种业企业，建设水产种业繁育基地项目。项目建成后，扩繁条件得到明显改善，优质亲本和种苗供应能力显著提升。

2. 建设内容。主要建设内容包括亲本保存与培育池、孵化繁育车间、隔离检疫池、苗种培育池、投入品仓库，配套进排水系统、尾水处理、电力线路、动物无害化处理等设施，购置生产运输装备。

3. 储备条件。项目已列入《"十四五"现代种业提升工程建设规划》。以现有省级以上水产良种场和规模以上水产苗种场为基础，项目建设单位应具备独立法人资质，已取得水域滩涂养殖证和与申报品种对应的水产种苗生产许可证，并取得相应优良品种的定点扩繁的权利。改扩建繁种基地 2 个，布局在福建、广东 2 省，每省限报 1 个。

4. 中央投资规模。项目中央投资不超过总投资的 40%，且中央投资最多不超过 1000 万元。

附件3 动植物保护能力提升工程项目储备指南

按照《全国动植物保护能力提升工程建设规划（2017—2025 年）》总体布局，重点支持动物防疫所需的各类实验室建设、实验仪器设施设备购置，植物保护所需的信息采集传输和监测预警、相关实验和质量检验仪器设备购置等，着力提升动植物疫病虫害监测预警、预防控制等能力。

一、陆生动物保护能力提升工程

（一）动物疫病国家参考实验室项目

项目要点

主管部门	农业农村部计划财务司
项目名称	关于做好 2023—2025 年中央预算内投资农业建设项目储备工作的通知
参考文件	农计财便函〔2022〕401 号
申报主体	特定动物疫病国家参考实验室的单位
激励政策	中央投资不超过 1500 万元。
主要要求	完善有关实验室动物疫病最终诊断、防治技术研究、标准品制备、疫苗毒株推荐、防控政策咨询、防控效果评估、防控技术指导、对外交流合作等工作任务所需实验条件。

引用文件要求

1. 建设要求。完善有关实验室动物疫病最终诊断、防治技术研究、标准品制备、疫苗毒株推荐、防控政策咨询、防控效果评估、防控技术指导、对外交流合作等工作等任务所需实验条件，进一步提升我国动物疫病防控技术支撑能力和水平。

2. 建设内容。改扩建实验室，购置实验设施设备，包括病原学、血清学检测仪器，定量、定性分析仪器，样品保存和处理仪器，分子生物学分析仪器等。

3. 储备条件。改扩建国家动物狂犬病参考实验室，以及待指定的猪伪狂犬病、沙门氏菌病、禽白血病国家参考实验室，申报单位应是已经农业农村部指定为特定动物疫病国家参考实验室的单位。项目已列入《全国动植物保护能力提升工程建设规划（2017—2025 年）》。

4. 中央投资规模。每个参考实验室改扩建项目中央投资不超过 1500 万元。

（二）陆生动物疫病病原学监测区域中心

项目要点

主管部门	农业农村部计划财务司
项目名称	关于做好 2023—2025 年中央预算内投资农业建设项目储备工作的通知
参考文件	农计财便函〔2022〕401 号
申报主体	特定动物疫病国家参考实验室的单位
激励政策	西部地区、东北地区、中部地区、东部地区每个中心中央投资规模分别控制在 225 万、225 万、200 万、150 万元以内，中央投资比例分别不超过 90%、90%、80%、60%。西藏自治区全部为中央投资。
主要要求	依托地市（师）级动物疫病预防控制机构，更新改造升级病原学监测实验室，进一步提升病原学监测能力，重点承担禽流感、口蹄疫、布病、包虫病、血吸虫病等优先防治病种的病原学监测、流行病学调查和信息直报任务，及时准确掌握相关病种的流行态势和病原分布状况，提升监测调查和预警分析能力，为控制和消灭重点疫病提供有力的技术支撑。

引用文件要求

1. 建设要求。在畜禽养殖相对比较密集、动物疫病流行状况复杂、防控任务重的地区，依托地市（师）级动物疫病预防控制机构，更新改造升级病原学监测实验室，进一步提升病原学监测能力，重点承担禽流感、口蹄疫、布病、包虫病、血吸虫病等优先防治病种的病原学监测、流行病学调查和信息直报任务，及时准确掌握相关病种的流行态势和病原分布状况，提升监测调查和预警分析能力，为控制和消灭重点疫病提供有力的技术支撑。

2. 建设内容。按照填平补齐原则，更新改造兽医实验室，使之达到生物安全二级实验室（BSL—2）的水平，配备 PCR 仪、生物安全柜、高压灭菌器、电泳仪、温箱、超低温冰箱、离心机、酶标仪、移液器、振荡器等监测诊断设施设备。

3. 储备条件。在充分考虑实验室人员、技术和经费保障条件的基础上，优先考虑畜禽养殖量较大、疫病防控任务重的地市，依托各监测中心所在地市（师）级兽医实验室，重点在 24 个省份、新疆生产建设兵团和 3 个计划单列市改建 114 个区域中心，对实验室进行全面升级更新改造。具体分布为：河北 1 个、山西 5 个、内蒙古 1 个、辽宁 5 个、吉林 2 个、黑龙江 5 个、江苏 10 个、浙江 6 个、安徽 6 个、福建 4 个、山东 8 个、河南 4 个、湖北 1 个、湖南 2 个、广东 9 个、广西 3 个、海南 2 个、重庆 2 个、四川 6 个、云南 6 个、西藏 4 个、甘肃 3 个、青海 5 个、新疆 8 个、新疆生产建设兵团 3 个、宁波 1 个、厦门 1 个、深圳 1 个。项目已列入《全国动植物保护能力提升工程建设规划（2017—2025 年）》。

4. 中央投资规模。西部地区、东北地区、中部地区、东部地区每个中心中央投资规模分别控制在 225 万、225 万、200 万、150 万元以内，中央投资比例分别不超过 90%、90%、80%、60%。西藏自治区全部为中央投资。

（三）牧区动物防疫专用设施

项目要点

主管部门	农业农村部计划财务司
项目名称	关于做好 2023—2025 年中央预算内投资农业建设项目储备工作的通知
参考文件	农计财便函〔2022〕401 号

申报主体	特定动物疫病国家参考实验室的单位
激励政策	西部地区（东北地区）、中部地区每套中央投资规模分别控制在 2.7 万和 2.4 万元以内，中央投资比例分别不超过 90% 和 80%，西藏全部为中央投资。
主要要求	在牧区县和半牧区县建设牧区动物防疫专用设施，有效解决牧区防疫工作中由于放牧大动物数量多导致的家畜不易保定、免疫监测工作难开展等问题，提高工作效率，降低工作强度，确保免疫、监测、驱虫、诊断、治疗等防控工作有效开展，提高防疫工作质量和效果。

引用文件要求

1. 建设要求。根据《全国动植物保护能力提升工程建设规划》要求，在牧区县和半牧区县建设牧区动物防疫专用设施，有效解决牧区防疫工作中由于放牧大动物数量多导致的家畜不易保定、免疫监测工作难开展等问题，提高工作效率，降低工作强度，确保免疫、监测、驱虫、诊断、治疗等防控工作有效开展，提高防疫工作质量和效果。

2. 建设内容。包括建设固定式防疫注射栏（在藏区牧区县），或购置移动式防疫注射栏（在非藏区牧区县）、机动式消毒喷雾器、连续注射器、冷藏箱、双排货车（以乡为单位，与移动式注射栏配套）、药浴池（仅在新疆及青海环湖区建设）。藏区牧区县每个行政村配 4 套、非藏区牧区县每 3 个防疫员配 1 套，半牧区县减半。

3. 储备条件。在 2017—2021 年建设的基础上，继续在全国牧区半牧区县、牧区半牧区团场，新建 19456 套动物防疫专用设施。在牧区县中，藏区（西藏、青海等牦牛主产区）采用固定式防疫注射栏，每个行政村配备 4 套（冬春牧场 2 套、夏秋牧场 2 套）；非藏区（新疆、内蒙古、新疆生产建设兵团等）采用移动式防疫注射栏，每 3 个防疫员 1 套。使用移动围栏设备的每个乡镇配备一辆双排货车。半牧区县配置数量减半。兵团牧区团场，每个团场配备 8 套；兵团半牧区团场，每个团场配备 4 套。具体分配为：河北 289 套、山西 96 套、内蒙古 53 套、辽宁 151 套、吉林 394 套、黑龙江 508 套、四川 8303 套、云南 352 套、西藏 4105 套、甘肃 1242 套、青海 1373 套、宁夏 115 套、新疆 2067 套和新疆生产建设兵团 408

套。要求承担单位为牧区或半牧区县（团场）兽医主管部门或动物疫病预防控制机构。项目已列入《全国动植物保护能力提升工程建设规划（2017—2025年）》。

4. 中央投资规模。西部地区（东北地区）、中部地区每套中央投资规模分别控制在2.7万和2.4万元以内，中央投资比例分别不超过90%和80%，西藏全部为中央投资。

（四）边境动物疫情监测站

项目要点

主管部门	农业农村部计划财务司
项目名称	关于做好2023—2025年中央预算内投资农业建设项目储备工作的通知
参考文件	农计财便函〔2022〕401号
申报主体	内陆边境县和团场
激励政策	新建监测站中央投资规模控制在90万元以内，改扩建监测站中央投资规模控制在45万元以内，中央投资比例不超过90%。西藏全部为中央投资。
主要要求	为加强边境动物及陆生野生动物的疫病监测预警和风险防范能力，根据外来病风险防范需要，在外来病传入高风险区的内陆边境县和团场建设191个边境动物疫情监测站，其中新建47个、续建144个，承担国家下达的边境地区禽流感、口蹄疫、布病等优先防治病种以及重点防范外来病的监测、流行病学调查、巡查监视和信息直报任务。

引用文件要求

1. 建设要求。为加强边境动物及陆生野生动物的疫病监测预警和风险防范能力，根据外来病风险防范需要，在外来病传入高风险区的内陆边境县和团场建设191个边境动物疫情监测站，其中新建47个、续建144个，承担国家下达的边境地区禽流感、口蹄疫、布病等优先防治病种以及重点防范外来病的监测、流行病学调查、巡查监视和信息直报任务。

2. 建设内容。新建或更新改造兽医实验室生物安全设施，更新配备动物疫病监测诊断设施设备。依托各县级现有兽医实验室，购置PCR仪、生物安全柜、电泳仪、温箱、冰箱、离心机、酶标仪、移液器、振荡器、高压灭菌器等实验设备。

3. 储备条件。新建新疆生产建设兵团47个边境团场监测站，改建各省和新疆生产建设兵团的144个边境动物疫情监测站（内蒙古8个、辽宁4个、吉林9个、黑龙江18个、广西9个、云南26个、西藏22个、甘肃1个、新疆32个、北大荒农垦集团有限公司4个、兵团11个）。项目已列入《全国动植物保护能力提升工程建设规划（2017—2025年)》。

4. 中央投资规模。新建监测站中央投资规模控制在90万元以内，改扩建监测站中央投资规模控制在45万元以内，中央投资比例不超过90%。西藏全部为中央投资。

（五）动物防疫指定通道（公路动物防疫监督检查站）

项目要点

主管部门	农业农村部计划财务司
项目名称	关于做好2023—2025年中央预算内投资农业建设项目储备工作的通知
参考文件	农计财便函〔2022〕401号
申报主体	县级动物防疫单位
激励政策	浙江、福建、山东每个动物防疫指定通道中央投资不超过30万元，中央投资比例不超过60%；河北、山西、安徽、江西每个动物防疫指定通道中央投资不超过40万元，中央投资比例不超过80%；黑龙江、重庆、新疆每个动物防疫指定通道中央投资不超过45万元，中央投资比例不超过90%；西藏每个动物防疫指定通道中央投资不超过50万元，全部为中央投资。
主要要求	对经省级人民政府批准设立的动物防疫指定通道相关设施设备进行更新或改造，配备监督执法和信息化装备设施，提升动物查验能力，堵截染疫动物，控制流通环节动物疫病传播扩散风险。

引用文件要求

1. 建设要求。对经省级人民政府批准设立的动物防疫指定通道相关设施设备进行更新或改造，配备监督执法和信息化装备设施，提升动物查验能力，堵截染疫动物，控制流通环节动物疫病传播扩散风险。

2. 建设内容。改造办公场地，完善检疫消毒、隔离观察等设施，购置检疫、取证、执法和通信设备等，更新数码相机等调查取证设备，购置电脑、打印机等信息化设施设备。

3. 储备条件。在河北、山西、黑龙江、浙江、安徽、福建、江西、山东、重庆、西藏、新疆等省份择优建设 106 个，每个省份原则上不超过 13 个。项目已列入《全国动植物保护能力提升工程建设规划（2017—2025 年）》。

4. 中央投资规模。浙江、福建、山东每个动物防疫指定通道中央投资不超过 30 万元，中央投资比例不超过 60%；河北、山西、安徽、江西每个动物防疫指定通道中央投资不超过 40 万元，中央投资比例不超过 80%，黑龙江、重庆、新疆每个动物防疫指定通道中央投资不超过 45 万元，中央投资比例不超过 90%；西藏每个动物防疫指定通道中央投资不超过 50 万元，全部为中央投资。

（六）病死畜禽无害化收集处理场

项目要点

主管部门	农业农村部计划财务司
项目名称	关于做好 2023—2025 年中央预算内投资农业建设项目储备工作的通知
参考文件	农计财便函〔2022〕401 号
申报主体	企业主体
激励政策	每个病死畜禽无害化收集处理场中央定额投资 200 万元，地方投资和吸引社会资本投入不少于每个 300 万。
主要要求	支持建设病死畜禽无害化处理场，配套建设病死畜禽收集暂存点，优先支持开展病死猪无害化处理与保险联动试点的地方及跨行政区域收集处理病死畜禽的地方实施项目。

引用文件要求

1. 建设要求。选择省级已制定"十四五"病死畜禽无害化处理场布局规划、地方政府积极支持、有市场主体愿意承担、建设用地有保障的地方，支持建设病死畜禽无害化处理场，配套建设病死畜禽收集暂存点，优先支持开展病死猪无害化处理与保险联动试点的地方及跨行政区域收集处理病死畜禽的地方实施项目。

2. 建设内容。主要包括厂房、收运系统、冷库系统、给水系统、控制系统、烘干系统、余热回收系统建设安装工程，干化机、焚烧炉、烘干机、破碎机、锅炉、储油设施、废弃采集系统等无害化处理场设施设备，以及冰柜、电子秤、收集车辆、视频监控系统、车载 GPS 定位系统等收集体系设施设备。

3. 储备条件。全国每年支持建设 15 个左右无害化处理场，择优确定年度支持范围。项目已列入《全国动植物保护能力提升工程建设规划（2017—2025 年)》。

4. 中央投资规模。每个病死畜禽无害化收集处理场中央定额投资 200 万元，地方投资和吸引社会资本投入不少于每个 300 万元。

（七）兽药风险监测设施改扩建项目

项目要点

主管部门	农业农村部计划财务司
项目名称	关于做好 2023—2025 年中央预算内投资农业建设项目储备工作的通知
参考文件	农计财便函〔2022〕401 号
申报主体	省级兽药检验机构
激励政策	一是兽用生物制品区域性检验实验室。河北、湖北：中央投资规模控制在 2400 万元以内，中央投资比例不超过 80%；江苏、浙江：每个省份中央投资规模控制在 800 万元以内，中央投资比例不超过 60%；陕西：中央投资规模控制在 2700 万元以内，中央投资比例不超过 90%。二是动物源细菌耐药性监测实验室。辽宁、四川：中央投资规模控制在 1080 万元以内，中央投资比例不超过 90%；重庆、宁夏：中央投资规模控制在 1350 万元以内，中央投资比例不超过 90%。三是兽药质量和兽药残留检测实验室。广东：中央投资规模控制在 480 万元以内，中央投资比例不超过 60%；吉林、黑龙江、海南、云南、新疆生产建设兵团：每个省份中央投资规模控制在 720 万元以内，中央投资比例不超过 90%；西藏：中央投资规模控制在 800 万元以内。四是兽药中非法添加物检测实验室。山东、江苏、上海：每个省份中央投资规模控制在 720 万元以内，中央投资比例不超过 60%；河北：中央投资规模控制在 960 万元以内，中央投资比例不超过 80%。
主要要求	改扩建省级兽药检验机构的兽用生物制品检验、动物源细菌耐药性监测、兽药非法添加物、兽药质量检验和兽药残留检测实验室。

引用文件要求

1. 建设要求。按照填平补齐原则，改扩建省级兽药检验机构的兽用生物制品检验、动物源细菌耐药性监测、兽药非法添加物、兽药质量检验和兽药残留检测实验室，承担兽用生物制品检验、兽药质量及兽药残留检测、动物源细菌耐药性监测和预警评估、兽药中非法添加物标准制修订和检验等工作，优化兽药检验和兽药风险监测设施，补齐仪器设备缺口，提升检测能力和精度，保障兽用生物制品质量安全和动物产品质量安全。

2. 建设内容。

一是兽用生物制品区域性检验实验室建设内容主要包括：新建（改扩建）兽用生物制品检验实验室、动物房，购置超速离心机、高通量测序仪、微生物自动鉴定系统等开展兽用生物制品检验工作的仪器设备，污物（水）无害化处理设施设备。

二是动物源细菌耐药性监测实验室建设内容主要包括：新建（改扩建）动物源细菌耐药性监测实验室，购置生物安全柜、细菌培养箱、微生物鉴定分析仪、倒置荧光相差显微镜和自动核酸蛋白纯化系统等开展耐药性监测工作的仪器设备。

三是兽药质量及兽药残留检测实验室建设内容主要包括：新建（改扩建）兽药检验及残留检测实验室，购置高分辨率串联质谱仪、高效液相色谱—串联质谱仪等开展兽药检验、残留检测工作的仪器设备。四是兽药中非法添加物检测实验室建设内容主要包括：新建（改扩建）兽药中非法添加物检测实验室，购置高分辨率串联质谱仪等兽药中非法添加物检测用仪器设备。

3. 储备条件。兽用生物制品区域性检验实验室布局范围：

河北、江苏、浙江、湖北、陕西；动物源细菌耐药性监测实验室布局范围：辽宁（改扩建）、重庆（新建）、四川（改扩建）、宁夏（新建）；兽药质量和兽药残留检测实验室布局范围：广东、吉林、黑龙江、海南、云南、西藏、新疆生产建设兵团；兽药中非法添加物检测实验室布局范围：河北、上海、江苏、山东。要求承担单位为省级以上兽药检验机构，具备承担相应工作任务实验室人员、技术和经费保障等条件。项目已列入《全国动植物保护能力提升工程建设规划（2017—2025 年）》。

4. 中央投资规模。一是兽用生物制品区域性检验实验室。河北、湖北：中央投资规模控制在 2400 万元以内，中央投资比例不超过 80%；江苏、浙江：每个省份中央投资规模控制在 800 万元以内，中央投资比例不超过 60%；陕西：中央投资规模控制在 2700 万元以内，中央投资比例不超过 90%。二是动物源细菌耐药性监测实验室。辽宁、四川：中央投资规模控制在 1080 万元以内，中央投资比例不超过 90%；重庆、宁夏：中央投资规模控制在 1350 万元以内，中央投资比例不超过 90%。三是兽药质量和兽药残留检测实验室。广东：中央投资规模控制在 480 万元以内，中央投资比例不超过 60%；吉林、黑龙江、海南、云南、新疆生产建设兵团：每个省份中央投资规模控制在 720 万元以内，中央投资比例不超过 90%；西藏：中央投资规模控制在 800 万元以内。四是兽药中非法添加物检测实验室。山东、江苏、上海：每个省份中央投资规模控制在 720 万元以内，中央投资比例不超过 60%；河北：中央投资规模控制在 960 万元以内，中央投资比例不超过 80%。

二、水生动物保护能力提升工程

（一）省级水生动物疫病监控中心

项目要点

主管部门	农业农村部计划财务司
项目名称	关于做好 2023—2025 年中央预算内投资农业建设项目储备工作的通知
参考文件	农计财便函〔2022〕401 号
申报主体	省级水生动物疫病监控中心
激励政策	新建项目总投资不超过 1000 万元，扩建项目总投资不超过 500 万元。其中，广东省中央投资比例不超过 60%；广西、四川及新疆生产建设兵团中央投资比例不超过 90%。
主要要求	新建和改扩建省级水生动物疫病监控中心，开展辖区内或相应流域海区内水生动物疫病监测和流行病学调查。

引用文件要求

1. 建设要求。新建和改扩建省级水生动物疫病监控中心，开展辖区内或相应流域海区内水生动物疫病监测和流行病学调查，为辖区内或相应流域海区内水生动物疫病防控和产业发展提供支撑，并指导、带动辖区内地市级、县级水生动物疫病防控机构为水产苗种产地检疫提供技术支撑。

2. 建设内容。新建或改扩建水生动物疫病实验室及技术试验示范所需场地。主要包括疫病会诊室、接样室、无害化处理室、准备室、组织病理室、细菌室、水质检测室、养殖试验场等功能区，购置细菌分离、药物敏感检测、组织病理检测及水质检测用实验设备，无害化处理设施，以及运输工具等。

3. 储备条件。项目已列入《全国动植物保护能力提升工程建设规划（2017—2025年）》。新建项目由广东、新疆生产建设兵团等2个省级水产技术推广或水生动物疫病防控机构承担。改扩建项目由广西、四川等2个省级水产技术推广或水生动物疫病防控机构承担。

4. 中央投资规模。新建项目总投资不超过1000万元，扩建项目总投资不超过500万元。其中，广东省中央投资比例不超过60%；广西、四川及新疆生产建设兵团中央投资比例不超过90%。

（二）水生动物疫病防控监测区域中心

项目要点

主管部门	农业农村部计划财务司
项目名称	关于做好2023—2025年中央预算内投资农业建设项目储备工作的通知
参考文件	农计财便函〔2022〕401号
申报主体	地市级水产技术推广或水生动物疫病防控机构
激励政策	新建项目总投资不超过1000万元，扩建项目总投资不超过500万元。其中，广东省中央投资比例不超过60%；广西、四川及新疆生产建设兵团中央投资比例不超过90%。
主要要求	新建水生动物疫病防控监测区域中心，承担辖区内水生动物疫病监测、防疫、病害防治技术服务、水产品质量安全和渔业水域环境检测。

引用文件要求

1. 建设要求。新建水生动物疫病防控监测区域中心，承担辖区内水生动物疫病监测、防疫、病害防治技术服务、水产品质量安全和渔业水域环境检测，渔用药物耐药性监测普查，苗种产地检疫技术支撑，技术培训，并指导、带动辖区内县级水生动物疫病防治站为苗种产地检疫提供技术支撑。

2. 建设内容。新建或改扩建水生动物疫病实验室及技术试验示范所需场地。主要包括实验准备室、细菌检验实验室、寄生虫检验实验室、分子生物学实验室、理化实验室、药品和试剂室、天平室、信息资料综合分析室等功能区建设，购置细菌检测、寄生虫检测、水质检测及药物敏感型检测用实验设备以及运输工具等。

3. 储备条件。项目已列入《全国动植物保护能力提升工程建设规划（2017—2025 年)》。新建 19 个水生动物疫病防控监测区域中心，项目由计划单列市和地市级水产技术推广或水生动物疫病防控机构建设。其中江苏 3 个、浙江 3 个、安徽 1 个、福建 3 个、广东 3 个。

4. 中央投资规模。新建项目总投资不超过 500 万元，其中江苏、浙江、福建、广东中央投资比例不超过项目总投资的 60%；安徽中央投资比例不超过项目总投资的 80%。

（三）水生动物疫病专业实验室

项目要点

主管部门	农业农村部计划财务司
项目名称	关于做好 2023—2025 年中央预算内投资农业建设项目储备工作的通知
参考文件	农计财便函〔2022〕401 号
申报主体	省动物疫病预防控制中心
激励政策	单个项目总投资不超过 1000 万元，其中地方项目中央对东部、中部、西部、东北地区投资比例分别不超过 60%、80%、90%、90%；中央直属高校项目全部为中央投资。
主要要求	新建水生动物疫病专业实验室，项目建成后具备开展水产流行病临床防控技术或水生动物疫病免疫诊断技术研究工作的能力。

引用文件要求

1. 建设要求。新建水生动物疫病专业实验室，项目建成后具备开展水产流行病临床防控技术或水生动物疫病免疫诊断技术研究工作的能力，能为水生动物疫病防控体系提供专项技术支持。

2. 建设内容。包括改扩建实验室、样品处理室、病原学实验室、分子学实验室、免疫学检测室、预备实验室、低温储存室、无害化处理室、水实验室、档案与信息处理室等功能区；购置样品处理及检测分析等功能仪器设备。

3. 储备条件。项目已列入《全国动植物保护能力提升工程建设规划（2017—2025 年）》。广东省动物疫病预防控制中心、有关水产高校各限报1 个。

4. 中央投资规模。单个项目总投资不超过 1000 万元，其中地方项目中央对东部、中部、西部、东北地区投资比例分别不超过 60%、80%、90%、90%；中央直属高校项目全部为中央投资。

（四）水生动物疫病研究综合试验基地

项目要点

主管部门	农业农村部计划财务司
项目名称	关于做好 2023—2025 年中央预算内投资农业建设项目储备工作的通知
参考文件	农计财便函〔2022〕401 号
申报主体	水产企业或科研院所
激励政策	单个项目总投资不超过 5000 万元，全部为中央投资。
主要要求	承担养殖用诊断试剂、有益微生物制剂、水生动物用疫苗及中草药制剂等的研发。

引用文件要求

1. 建设要求。综合试验基地承担养殖用诊断试剂、有益微生物制剂、水生动物用疫苗及中草药制剂等的研发任务，具有疫病标本、样品、病原、实验水生动物、药物原料和诊疗制剂等资源的收集、鉴定、保藏、管理、共享等职责。

2. 建设内容。新建水生动物诊疗制剂研发与临床实验室、试验车间，水生动物疫苗质量评估测试车间、标准化防疫试验池塘等，配套建设泵房、蓄水池、污水处理池等附属工程，购置必要的科研仪器设备。

3. 储备条件。项目已列入《全国动植物保护能力提升工程建设规划

（2017—2025 年）》。部直属单位限报 3 个。

4. 中央投资规模。单个项目总投资不超过 5000 万元，全部为中央投资。

（五）水生动物疫病研究专业试验基地

1. 建设要求。专业试验基地承担养殖用诊断试剂、有益微生物制剂、水生动物用疫苗及中草药制剂等的研发任务，具有疫病标本、样品、病原、实验水生动物、药物原料和诊疗制剂等资源的收集、鉴定、保藏、管理、共享等职责。

2. 建设内容。新建水生动物诊疗制剂研发与临床实验室、试验车间，水生动物疫苗质量评估测试车间、标准化防疫试验池塘等，配套建设泵房、蓄水池、污水处理池等附属工程，购置必要的科研仪器设备。

3. 储备条件。项目已列入《全国动植物保护能力提升工程建设规划（2017—2025 年）》。部直属单位限报 2 个。

4. 中央投资规模。单个项目总投资不超过 3000 万元，全部为中央投资。

（六）国家水生外来动物疫病分中心

项目要点

主管部门	农业农村部计划财务司
项目名称	关于做好 2023—2025 年中央预算内投资农业建设项目储备工作的通知
参考文件	农计财便函〔2022〕401 号
申报主体	省级动物疫病防控中心
激励政策	单个项目总投资不超过 2000 万元，全部为中央投资。
主要要求	承担外来水生动物疫病疑似疫情确诊、监测和防控技术研究储备任务，提高外来水生动物疫病发现、识别、处置等风险控制能力。

引用文件要求

1. 建设要求。承担外来水生动物疫病疑似疫情确诊、监测和防控技术研究储备任务，提高外来水生动物疫病发现、识别、处置等风险控制能力，防范外来水生动物疫病传入风险。

2. 建设内容。升级改造生物安全实验室，购置必要的科研仪器设备。

3. 储备条件。项目已列入《全国动植物保护能力提升工程建设规划（2017—2025 年）》。部直属单位限报 1 个。

4. 中央投资规模。单个项目总投资不超过 2000 万元，全部为中央投资。

三、植物保护能力提升工程项目

（一）全国农作物病虫疫情监测分中心（省级）田间监测点

项目要点

主管部门	农业农村部计划财务司
项目名称	关于做好 2023—2025 年中央预算内投资农业建设项目储备工作的通知
参考文件	农计财便函〔2022〕401 号
申报主体	省级农业农村部门植保植检机构
激励政策	每个农作物病虫疫情监测分中心（省级）田间监测点建设项目县，中央投资东部、中部、西部、东北地区分别不超过总投资的 60%、80%、90%、90%，且最多不超过 200 万元。每个田间监测点中央投资控制数，改建监测点 25 万元，新建监测点 35 万元，重点监测点每个再增加 30 万元，每个县区信息处理平台 20 万元。
主要要求	以长期承担全国农作物病虫疫情监测任务的县区为重点，按丘陵区每 5 万亩、平原区每 10 万亩建设 1 个监测站点的标准，新建或改建一批农作物病虫疫情田间监测点。每县建设监测点数量原则上不少于 4 个、不超过 10 个。

引用文件要求

1. 建设要求。在农作物重大病虫发生源头区、重大植物疫情阻截带、粮食作物主产区和特色作物优势产区，以长期承担全国农作物病虫疫情监测任务的县区为重点，兼顾当地主导产业发展，选择县级农业植保植检机构技术力量较强的县，按丘陵区每 5 万亩、平原区每 10 万亩建设 1 个监测站点的标准，新建或改建一批农作物病虫疫情田间监测点。每县建设监测点数量原则上不少于 4 个、不超过 10 个。

2. 建设内容。按照"聚点成网""互联网＋"的总体要求，加强田间自动化、智能化监测站点和信息化平台建设，完善全国农作物病虫疫情监测网络体系，提升重大病虫疫情监测预警能力。新建或改建农作物病虫疫情田间监测点主要配备自动虫情测报灯、性诱监测诱捕器、气候监测仪、重大病害智能监测仪、田间可移动实时监测设备和数据传输、汇总、分析等软硬件设施设备，以及简易交通工具。建设县级病虫疫情信息化处理系统，完善省级病虫疫情信息调度指挥平台。

3. 储备条件。全国农作物病虫疫情监测分中心（省级）田间监测点项目由省级农业农村部门植保植检机构打捆申报和组织实施，参与建设的县区应落实建设地点并经当地相关部门同意。项目已列入《全国动植物保护能力提升工程建设规划（2017—2025年）》。

4. 中央投资规模。每个农作物病虫疫情监测分中心（省级）田间监测点建设项目县中央投资东部、中部、西部、东北地区分别不超过总投资的60%、80%、90%、90%，且最多不超过200万元。每个田间监测点中央投资控制数，改建监测点25万元，新建监测点35万元，重点监测点每个再增加30万元，每个县区信息处理平台20万元。

（二）重大病虫疫情区域应急防控设施及物资储备库

项目要点

主管部门	农业农村部计划财务司
项目名称	关于做好2023—2025年中央预算内投资农业建设项目储备工作的通知
参考文件	农计财便函〔2022〕401号
申报主体	省级农业农村部门植保植检机构
激励政策	每个项目中央投资不超过2000万元。
主要要求	以粮食主产区、重大病虫发生源头区、迁飞流行区、疫情阻截带等为重点，突出边境地区、少数民族地区等特殊地区，加强应急防控设施设备和物资储备能力建设，提升区域联防联控、应急防控快速反应能力。按照耕地面积1500万~2000万亩建设一个的标准，原则上大省不超过4~5个，小省按2~3个建设。

引用文件要求

1. 建设要求。以粮食主产区、重大病虫发生源头区、迁飞流行区、疫情阻截带等为重点，突出边境地区、少数民族地区等特殊地区，加强应急防控设施设备和物资储备能力建设，提升区域联防联控、应急防控快速反应能力。按照耕地面积1500万~2000万亩建设一个的标准，原则上大省不超过4~5个，小省按 2~3 个建设。该项目由省级农业农村部门植保植检机构打捆申报和组织实施，项目所在县区植保机构、病虫害防治社会化服务组织参与建设。

2. 建设内容。重点建设物资储备库 2000 平方米，配备自走式喷杆喷雾机、航空植保机械等大中型防治装备，配套转运运输、远程指挥调度和维修设备，建设药械、农药运输工具等物资储备库。

3. 储备条件。该项目由省级农业农村部门植保植检机构打捆申报和组织实施，落实建设用地，并按照 PPP 模式，协调省级财政、组织相关项目实施县区和病虫害防治社会化服务组织等落实配套资金。项目已列入《全国动植物保护能力提升工程建设规划（2017—2025 年)》。

4. 中央投资规模。重大病虫疫情区域应急防控设施及物资储备库采取 PPP 模式投资建设，每个项目中央投资不超过 2000 万元，地方财政或社会资本配套投资不低于中央投资。

（三）天敌微生物等绿色防控产品生产繁育基地

项目要点

主管部门	农业农村部计划财务司
项目名称	关于做好 2023—2025 年中央预算内投资农业建设项目储备工作的通知
参考文件	农计财便函〔2022〕401 号
申报主体	企业、科研、教学单位
激励政策	每个项目中央投资不超过 500 万元。
主要要求	重点在大宗水果、城市蔬菜、茶叶主产区以及粮食作物主产区，选择有基础、有优势的企业、科研、教学单位进行投资建设天敌及授粉昆虫扩繁基地、微生物（生物农药）扩繁基地、理化诱控产品生产基地（含农作物病虫害测报专业工具研发生产基地）。天敌及授粉昆虫扩繁基地，每个年产能覆盖面积 10 万亩以上；微生物（生物农药）扩繁基地、理化诱控产品生产基地，每个年产能覆盖面积 100 万亩以上。

引用文件要求

1. 建设要求。围绕提升绿色防控保障能力，推进农药减量化，重点在大宗水果、城市蔬菜、茶叶主产区以及粮食作物主产区，选择有基础、有优势的企业、科研、教学单位进行投资建设天敌及授粉昆虫扩繁基地、微生物（生物农药）扩繁基地、理化诱控产品生产基地（含农作物病虫害测报专业工具研发生产基地）。天敌及授粉昆虫扩繁基地，每个年产能覆盖面积 10 万亩以上；微生物（生物农药）扩繁基地、理化诱控产品生产基地，每个年产能覆盖面积 100 万亩以上。为绿色防控提供产品和技术支撑，促进农药减施增效。

2. 建设内容。重点配备生防天敌扩繁、储运、运输、释放及质量检测等设施设备，理化诱控产品或测报专用工具生产和组装设施设备等。天敌及授粉昆虫扩繁基地，主要配备繁殖天敌所需设施和田间释放专用设备，冷链储运设备和质量检测设备，改扩建扩繁车间、专用储备库。微生物（生物农药）扩繁基地，主要配备菌株活性提纯、质量检测、产品分装、环境自控等设施设备，以及生产线扩容和冷链储运设备。理化诱控产品生产基地（含农作物病虫害测报专业工具研发生产基地），主要改扩建实验室、实验场圃和中试生产线，配备灯诱、性诱、色诱、食诱等生产、组装、调试等设施设备。

3. 储备条件。天敌微生物等绿色防控产品生产繁育基地项目由省级农业农村部门植保植检机构把关审核和组织申报，承建的企业、科研、教学单位必须具备相关研发优势和生产基础，并能及时落实相关配套资金。项目已列入《全国动植物保护能力提升工程建设规划（2017—2025 年)》。

4. 中央投资规模。天敌微生物等绿色防控产品生产繁育基地采取 PPP 模式投资建设，每个项目中央投资不超过 500 万元，承建单位配套投资不少于中央投资。

（四）迁飞性害虫雷达监测站

项目要点

主管部门	农业农村部计划财务司
项目名称	关于做好 2023—2025 年中央预算内投资农业建设项目储备工作的通知
参考文件	农计财便函〔2022〕401 号
申报主体	省级及以上植保科研、教学单位
激励政策	迁飞性害虫雷达监测站建设项目中央投资东部、中部、西部、东北地区分别不超过总投资的 60%、80%、90%、90%，且最多不超过 200 万元。
主要要求	重点在华南、西南、东北、华北等边境地区、重大迁飞性害虫迁飞通道省份投资建设迁飞性害虫雷达监测站。

引用文件要求

1. 建设要求。为提高草地贪夜蛾、稻飞虱、黏虫、草地螟等迁飞性害虫空中实时监测预警能力，重点在华南、西南、东北、华北等边境地区，重大迁飞性害虫迁飞通道省份投资建设迁飞性害虫雷达监测站。北方以厘米波雷达为主，南方以毫米波雷达为主。

2. 建设内容。主要配备厘米或毫米波迁飞性害虫雷达、车载式移动雷达，以及配套观测用房、高空测报灯、气象信息采集等设施设备。

3. 储备条件。迁飞性害虫雷达监测站项目由省级农业农村部门把关审核和组织申报，省级及以上植保科研、教学单位承担或参与承担建设任务。项目已列入《全国动植物保护能力提升工程建设规划（2017—2025年)》。

4. 中央投资规模。迁飞性害虫雷达监测站建设项目中央投资东部、中部、西部、东北地区分别不超过总投资的60%、80%、90%、90%，且最多不超过200万元。

（五）省级农药风险监测中心（含田间监测点）

项目要点

主管部门	农业农村部计划财务司
项目名称	关于做好2023—2025年中央预算内投资农业建设项目储备工作的通知
参考文件	农计财便函〔2022〕401号
申报主体	省级植保、农药检定/检测相关机构
激励政策	每个省级农药风险监测中心（含田间监测点）总投资不超过2500万元，中央投资东部、中部、西部、东北地区分别不超过总投资的60%、80%、90%、90%。
主要要求	具备承担本辖区（含临近省份）生产、使用农药的安全风险（包括农药质量、残留、环境风险、有效性、作物安全性、施药者安全等方面）监测、样品检验的能力；具备储存农药封样样品、监测样品、监测数据档案资料等能力，相关信息的监测、报送要与国家农药风险监控中心对接和互联互通；协助国家农药风险监控中心开展标准制修订、方法验证等工作。

引用文件要求

1. 建设要求。通过本期项目建设，具备承担本辖区（含临近省份）生产、使用农药的安全风险（包括农药质量、残留、环境风险、有效性、作物安全性、施药者安全等方面）监测、样品检验的能力；具备储存本辖区（含临近省份）农药封样样品、监测样品、监测数据档案资料等能力，相关信息的监测、报送要与国家农药风险监控中心对接和互联互通；协助国家农药风险监控中心开展标准制修订、方法验证等工作。各监测点主要协助省级中心开展相关试验、样品采集和临时储存等工作。

2. 建设内容。现有农药检验实验室及配套设施改扩建，改扩建实验室、试验田及附属工程等，更新农药产品质量检测、农药药害及抗性鉴定等老旧设备，补充用于农药杂质、农药残留监测、农田生态环境农药污染等样品的高灵敏度痕量分析仪器，以及隐性成分分析仪器设备，配置农药产供销、风险监测、追溯、评审等数据管理系统，包括与国家农药大数据监管服务中心的数据接口，购置区域监测点样品采集、存储、冷链运输等工具，完善视频监控设备等实验室信息管理系统。

3. 储备条件。在农药使用重点省（区、市）进行建设完善，具体承担单位为有条件、有能力的省级植保、农药检定/检测相关机构，每个中心配套建立 5~10 个监测点。项目已列入《全国动植物保护能力提升工程建设规划（2017—2025 年）》。

4. 中央投资规模。每个省级农药风险监测中心（含田间监测点）总投资不超过 2500 万元，中央投资东部、中部、西部、东北地区分别不超过总投资的 60%、80%、90%、90%。

附件 4　农业科技创新能力条件建设项目储备指南

项目要点

主管部门	农业农村部计划财务司
项目名称	关于做好 2023—2025 年中央预算内投资农业建设项目储备工作的通知
参考文件	农计财便函〔2022〕401 号

申报主体	科研院所、高校和龙头企业
激励政策	项目中央投资东部、中部、西部、东北地区分别不超过项目总投资的70%、80%、90%、90%。其中，学科群重点实验室单体项目中央投资最多不超过2000万元；区域共性技术公共研发平台单体项目中央投资最多不超过2000万元；农业科研试验基地单体项目中央投资最多不超过3000万元；国家农业科学观测实验站单体项目中央投资最多不超过1500万元。
主要要求	建设一批学科群重点实验室，符合"十四五"农业农村部重点实验室及农业行业的科研需求，每个重点实验室主要聚焦1~2个理论前沿或技术创新重点。建设36个农业区域产业共性技术公共研发平台，研究共性关键技术，促进熟化转化。建设200个农业科研试验基地，高效链接实验室研究与生产应用，组装集成、熟化展示先进性、集成性、综合性农业科技成果。建设70个国家农业科学观测实验站，持续开展土壤质量、农业环境、植物保护等领域科学观测监测工作，为农业科技创新、重大政策决策和农业生产安排提供基础数据支撑。

引用文件要求

一、建设要求

按照优化布局、提升能力的总要求，建设一批学科群重点实验室，符合"十四五"农业农村部重点实验室及农业行业的科研需求，每个重点实验室主要聚焦1~2个理论前沿或技术创新重点，主体使命突出，集中发力、重点突破。建设一批区域共性技术公共研发平台，围绕南京、太谷、成都、广州、武汉等国家现代农业产业科技创新中心主导产业，依托各科创中心在创新要素集聚、关键技术集成、关联企业集中、优势产业集群等方面的资源和机制优势，由科创中心牵头相关科研院所、高校和龙头企业，建设36个农业区域产业共性技术公共研发平台，研究共性关键技术，促进熟化转化。建设一批农业科研试验基地，聚焦粮食安全、绿色发展、提质增效等优先领域，建设200个农业科研试验基地，高效链接实验室研究与生产应用，组装集成、熟化展示先进性、集成性、综合性农业科技成果。建设一批国家农业科学观测实验站，建设70个国家农业科学观测实验站，持续开展土壤质量、农业环境、植物保护等领域科学观测监测工作，为农业科技创新、重大政策决策和农业生产安排提供基础数据支撑。

二、建设内容

（一）学科群重点实验室

项目要点

主管部门	农业农村部计划财务司
项目名称	关于做好 2023—2025 年中央预算内投资农业建设项目储备工作的通知
参考文件	农计财便函〔2022〕401 号
申报主体	科研院所、高校和龙头企业
激励政策	项目中央投资东部、中部、西部、东北地区分别不超过项目总投资的 70%、80%、90%、90%。其中，学科群重点实验室单体项目中央投资最多不超过 2000 万元。
主要要求	建设一批学科群重点实验室，符合"十四五"农业农村部重点实验室及农业行业的科研需求，每个重点实验室主要聚焦 1~2 个理论前沿或技术创新重点。

引用文件要求

按照综合性重点实验室、专业性（区域性）重点实验室的科研需求，支持购置与科研任务矩阵分工的研究方向、工艺技术路线、良好标准操作流程紧密相关的仪器设备。

（二）区域共性技术公共研发平台

项目要点

主管部门	农业农村部计划财务司
项目名称	关于做好 2023—2025 年中央预算内投资农业建设项目储备工作的通知
参考文件	农计财便函〔2022〕401 号
申报主体	科研院所、高校和龙头企业

激励政策	项目中央投资东部、中部、西部、东北地区分别不超过项目总投资的70%、80%、90%、90%。其中，区域共性技术公共研发平台单体项目中央投资最多不超过2000万元。
主要要求	建设36个农业区域产业共性技术公共研发平台，研究共性关键技术，促进熟化转化。

引用文件要求

根据现有基础和科研任务需求，购置科研仪器设备，改造实验室用水、用电、用气和通风装置等配套设施。南京科创中心围绕生物农业、智慧农业和功能农业等主导产业，重点在宠物营养与饲料、功能农业、林源蛋白资源定向培育和高效利用、长三角优质粳稻、动物养殖产品药物残留和非法添加检测、农药风险监测与创新应用、兽用疫苗分子设计与制剂、虾蟹种业、动植物分子育种、作物健康与人工智能、生态农田建设与保护等领域建设一批公共研发平台。

太谷科创中心围绕有机旱作农业、功能食品、功能农业等主导产业，重点在特色杂粮、中兽药现代化与畜禽绿色健康养殖、药茶、设施园艺等领域建设一批公共研发平台。成都科创中心围绕数字农业、休闲农业、功能农业等主导产业，重点在都市园艺智能装备、都市园艺作物、西南食药同源植物资源利用、西南食用菌资源利用、西南农业副产物循环利用、果业大数据与果园智能装备、西南重大动物疫病防控等领域建设一批公共研发平台。

广州科创中心围绕现代生物种业、农业生物制造、农业智能装备等主导产业，重点在华南智慧农业、岭南佳果综合加工、华南农业生物制造等领域建设一批公共研发平台。

武汉科创中心围绕生物育种、动物疫苗、生物饲料添加剂等主导产业，重点在动物生物制品、农业生物DNA指纹鉴定、装备化智能渔业、作物基因组育种、高山蔬菜、畜禽绿色功能性饲料添加剂、油料作物养分管理与智慧生产、长江中下游绿色蔬菜机械化与智能化生产、智慧农业大数据、水生蔬菜产品质量安全风险评估和品质评价、人工智能作物表型精准鉴定等领域建设一批公共研发平台。

（三）技术熟化与科学观测等基础支撑平台

项目要点

主管部门	农业农村部计划财务司
项目名称	关于做好 2023—2025 年中央预算内投资农业建设项目储备工作的通知
参考文件	农计财便函〔2022〕401 号
申报主体	科研院所、高校和龙头企业
激励政策	项目中央投资东部、中部、西部、东北地区分别不超过项目总投资的 70%、80%、90%、90%。其中，农业科研试验基地单体项目中央投资最多不超过 3000 万元；国家农业科学观测实验站单体项目中央投资最多不超过 1500 万元。
主要要求	建设 200 个农业科研试验基地，高效链接实验室研究与生产应用，组装集成、熟化展示先进性、集成性、综合性农业科技成果。建设 70 个国家农业科学观测实验站，持续开展土壤质量、农业环境、植物保护等领域科学观测监测工作，为农业科技创新、重大政策决策和农业生产安排提供基础数据支撑。

引用文件要求

1. 农业科研试验基地。根据建设类型和建设需要，主要包括试验用房、种养设施等建（构）筑物，道路、围墙、给排水、供配电等田间基础设施，常规检验检测仪器设备、农机具、物联网等配套装备，加工试验生产线、自动控制系统等试验设施等。包括农业综合科研试验基地、生物育种试验基地、农业全程机械化科研试验基地、农产品加工技术科研试验基地。

2. 国家农业科学观测实验站。建设田间长期定位试验小（微）区、气象观测站、物联网等设施，购置观测监测检测及信息处理设备，小型试验用农机具，观测配套用房改扩建，完善道路、围墙、给排水、供配电、安防等辅助设施。

三、储备条件

学科群重点实验室。建设单位原则上为省级以上农业科研单位和高校，且应列入农业农村部重点实验室名单。区域共性技术公共研发平台。建设单位应列入国家现代农业产业科技创新中心名单。农业科研试验基地。项目建设单位应为省级以上农业科研机构。房屋建筑物应在项目单位自有用地上建设，项目申报前应落实土地、规划等前置条件。国家农业科学观测实验站。项目建设单位应在国家农业科学观测实验站名单内，具备"有机构、有编制、有土地、有岗位、有经费"建站前置条件。

四、中央投资规模

项目中央投资东部、中部、西部、东北地区分别不超过项目总投资的70%、80%、90%、90%。其中，学科群重点实验室单体项目中央投资最多不超过2000万元，重点支持购置单台（套）50万元以上仪器设备，不支持购买单台（套）5万元以下仪器设备；区域共性技术公共研发平台单体项目中央投资最多不超过2000万元，重点支持购置单台（套）50万元以上仪器设备；农业科研试验基地单体项目中央投资最多不超过3000万元；国家农业科学观测实验站单体项目中央投资最多不超过1500万元。

附件5 数字农业建设项目储备指南

一、建设要求

依据《"十四五"数字农业建设规划》《"十四五"农业农村部直属单位条件能力建设规划》，针对农业生产管理面临的迫切需求，以提高生产效率和管理效率为两大核心目标，建设国家农业农村大数据平台、数字农业创新中心和创新应用基地三大重点工程，提升科学决策、技术创新和应用推广三项基础能力，推动现代信息技术与农业农村深度融合发展，为全面推进乡村振兴、加快农业农村现代化提供有力支撑。

二、建设内容

（一）国家农业农村大数据平台建设工程

项目要点

主管部门	农业农村部计划财务司
项目名称	关于做好 2023—2025 年中央预算内投资农业建设项目储备工作的通知
参考文件	农计财便函〔2022〕401 号
申报主体	农业农村部直属单位、高等院校、省级科研院所
激励政策	国家农业农村大数据平台建设工程除单品种全产业链大数据分析应用中心项目外，中央预算内投资比例均为100%。单品种全产业链大数据分析应用中心，中央预算内投资比例为100%，申报单位为省级科研院所的，中央预算内投资比例，按照东部、中部、西部、东北地区分别不超过核定总投资的70%、80%、90%、90%，且不超过1000万元。
主要要求	改造提升"农业农村云"基础设施，建设大数据通用支撑系统，完善综合业务系统，形成统一的国家农业农村大数据平台，围绕重点品种市场分析预测和生产指导服务需求，提升单品种全产业链大数据分析预测能力。

引用文件要求

依据国家政务信息化建设相关要求，统筹农业农村部大数据架构和信息系统建设总体设计，充分利用现有软硬件基础，改造提升"农业农村云"基础设施，建设大数据通用支撑系统，完善综合业务系统，形成统一的国家农业农村大数据平台，实现数据资源共享、智能预警分析、提高农业农村领域管理服务能力和科学决策水平。

单品种全产业链大数据分析应用中心。围绕重点品种市场分析预测和生产指导服务需求，提升单品种全产业链大数据分析预测能力，重点建设以下内容：

（1）构建单品种全产业链专题数据库，汇聚生产、加工、储运、销售、消费、贸易、成本收益等数据资源。

（2）建设单品种全产业链分析预测和决策服务系统，建立单品种全链条数据挖掘分析、智能决策模型，研发生产情况、市场形势、供需平衡等组件模块，实现产量预计、市场预测、政策评估、物流监测、消费监测、资源管理、病虫害预警、舆情分析等功能，提供单品种大数据定期分析报告和"在线实时查询"服务。

（3）开发单品种大数据展示模块，实现单品种大数据可视化。

（二）国家数字农业创新中心建设工程

项目要点

主管部门	农业农村部计划财务司
项目名称	关于做好 2023—2025 年中央预算内投资农业建设项目储备工作的通知
参考文件	农计财便函〔2022〕401 号
申报主体	农业农村部直属单位、高等院校、省级科研院所、企业
激励政策	国家数字农业创新中心建设工程中，中央预算内投资比例为 100%，申报单位为省级科研院所、地方所属高校的，中央预算内投资比例，按照东部、中部、西部、东北地区分别不超过核定总投资的 70%、80%、90%、90%，且不超过 2000 万元；分区域创新分中心，中央预算内投资支持比例不超过核定总投资的 50%，且不超过 1000 万元。企业申报的，按地方项目管理，中央预算内投资比例不超过 20%，且不超过 600 万元。
主要要求	采用"创新中心＋创新分中心＋检验检测中心"的体系架构，建设一批国家数字农业创新中心、创新分中心，引导相关企业或检验检测机构建立数字农业产品检验检测中心。

引用文件要求

国家数字农业创新中心建设工程采用"创新中心＋创新分中心＋检验检测中心"的体系架构，建设一批国家数字农业创新中心、创新分中心，引导相关企业或检验检测机构建立数字农业产品检验检测中心，提升农业农村信息化创新能力和技术服务水平，支撑国家数字农业创新应用基地建设。

国家数字农业创新中心。面向农业农村数字化应用创新重大需求，跟踪数字技术创新前沿，开展基础共性、战略性、前沿性智慧农业技术研究，重点研发具有自主知识产权的智慧农业创新技术产品；承担农业农村信息化领域基础共性关键标准与通用技术规范的制修订，推动建立智慧农业技术标准体系；牵头组织本领域创新分中心及相关单位，提出中长期技术攻关路线图，推动协同创新和成果转化推广，为国家农业农村大数据平台和国家数字农业创新应用基地建设提供技术支撑。

国家数字农业创新分中心。分为分品种创新分中心、分区域创新分中心两大类。分品种创新分中心主要聚焦特定品种应用场景的差异化需求，针对本专业领域智慧农业产品和技术应用短板，开展基础性、关键性、引领性技术研究，研发先进适用、特色专用的具有自主知识产权的智慧农业技术产品，形成特定品种智慧农业集成解决方案、应用服务模式和技术产品体系；承担本专业领域智慧农业标准与通用技术规范的制修订，提出本专业领域中长期技术攻关路线图；推动本专业领域成果转化，协同创新中心推动国家数字农业创新应用基地建设。分区域创新分中心主要聚焦特定区域应用场景的差异化需求，对创新中心、分品种创新分中心的数字技术与产品进行本地化调试、改造，研发适用本区域特色品种的数字技术与产品，协同创新中心推动国家数字农业创新应用基地建设。

数字农业产品检验检测中心。针对当前智慧农业产品质量参差不齐的问题，引导相关企业或检验检测机构自主建设数字农业产品检验检测中心，根据智慧农业产品的特定标准和作业环境，对产品安全性、可靠性、适用性等进行第三方检验检测，为智慧农业产品大规模推广应用奠定基础。

按照《"十四五"数字农业建设规划》布局，建设数字农业创新中心、分中心，已建设的不再重复安排。

（三）国家数字农业创新应用基地建设工程

项目要点

主管部门	农业农村部计划财务司
项目名称	关于做好 2023—2025 年中央预算内投资农业建设项目储备工作的通知
参考文件	农计财便函〔2022〕401 号
申报主体	农业农村部直属单位、高等院校、省级科研院所、企业
激励政策	国家数字农业创新应用基地建设工程，中央预算内投资比例，西藏地区为 100%，东部、中部、西部、东北地区分别不超过核定总投资的 40%、50%、60%、60%，且不超过 2000 万元。北大荒农垦、广东省农垦所申报的项目，中央投资比例参照所在地方执行。
主要要求	围绕 1 种主要农产品或具有相同技术需求的品类，在县域范围内选择具备一定规模、相对集中连片的区域，购置国产化数字农业相关设施设备，开发集成管理平台，建立贯通信息采集、分析决策、作业控制、智慧管理等各环节的数字农业集成应用体系。

引用文件要求

围绕 1 种主要农产品或具有相同技术需求的品类,在县域范围内选择具备一定规模、相对集中连片的区域,购置国产化数字农业相关设施设备,开发集成管理平台,建立贯通信息采集、分析决策、作业控制、智慧管理等各环节的数字农业集成应用体系。

国家数字种植业创新应用基地,主要围绕水稻、小麦、玉米、大豆、棉花、蔬菜、马铃薯、茶叶、果园、热带水果、中药材等品种,重点建设以下内容:

(1)配套遥感应用系统、物联网测控系统、田间综合监测站点等设施设备,对生长环境和生物本体进行实时监测,对墒情、苗情、虫情、灾情等"四情"和气象进行预测预报,精准指导生产决策;

(2)升级改造农机装备,按需加装北斗导航、远程运维、无人驾驶系统、高精度自动作业、作业过程自动测量等设备;配置无人机、智能催芽育秧、水肥一体化等智能装备,实现耕整地、播种、施肥、施药、收获等过程精准作业;

(3)建设智慧农场管理系统,对基地数字化设备进行联网管理,实现农资、人员、成本、设备、农事、收成等精准管理。

国家数字设施农业创新应用基地,主要围绕水果、蔬菜、花卉、食用菌等品种,重点建设以下内容:

(1)升级配置工厂化育苗智能设备和种苗生产管理系统,实现全程智能化育苗;

(2)建设生产过程管理系统,配置生长环境和生物本体监测、环境远程调控、水肥药精准管理、智能植保、自动作业、视频监控等相关设施设备,实现智能化生产;

(3)建设采后商品化处理系统,配置清洗去杂、分级分选、计量包装等一体化智能设备,实现采后处理全程自动化;

(4)建设智慧设施管理系统,实现农资、人员、成本、设备、农事、收成等精准管理。

国家数字畜牧业创新应用基地,主要围绕生猪、肉牛、奶牛(羊)、蛋禽、肉禽等品种,重点建设以下内容:

(1)配置动物发情智能监测设备,建设育种数字化管理系统,提高畜禽育种效率；

（2）建设自动化精准环境控制系统，改造升级畜禽圈舍通风、温控、光控、环境监测、视频监控、粪便清理等设施设备，实现饲养环境自动调节；

（3）建设数字化精准饲喂管理系统，配置电子识别、自动称量、精准上料、自动饮水等设备，实现精准饲喂与分群管理；

（4）配置畜禽疫病移动巡检、远程诊断、自助诊疗、监测预警等设施设备，实现对动物疫病的诊断预警；

（5）配置产品收集系统，实现集蛋、挤奶、包装自动化；

（6）建设智慧牧场管理系统，实现养殖投入品、产出品、生产记录、人员、成本等精准管理。

国家数字渔业创新应用基地，主要围绕淡水鱼养殖、海水鱼养殖、虾蟹贝养殖等，重点建设以下内容：

（1）建设在线环境监测系统，配置养殖水体、大气环境等传感设备和视频监控设备，实现大气和水体环境的实时监控；

（2）升级水产养殖智能装备，配置自动增氧、饵料自动精准投喂、循环水、尾水处理控制、网箱升降控制、水下机器人、无人机巡航等设施设备；

（3）配置病害检测设备，构建水产类病害远程诊断系统；

（4）建设智慧渔场管理系统，实现养殖投入品、产出品、生产记录、人员、成本等精准管理。

国家数字种业创新应用基地，主要围绕种植养殖品种，重点建设以下内容：

（1）改造升级粮食作物种业优势区的智能化数字化基础设施，配置物联网测控、田间监测、精量播种收获等设施设备；

（2）改造升级高效粮食作物育种信息系统，配置田间高效智能信息采集、表型和基因型检测等设备；

（3）改造升级主要畜禽品种性能测定、基因组选育、遗传评估等数据分析系统，配置种畜禽综合性能在线测定装备、母畜发情可穿戴设备、基因型检测等设备。具体建设任务和技术参数参考《国家数字农业创新应用基地建设技术指南》（以下简称《指南》）。鼓励各申报单位在《指南》基础上，对不同品种不同种植养殖模式的数字化技术路线做进一步深入探索。

三、储备条件

（一）国家农业农村大数据平台建设工程

项目申报单位为农业农村部派出机构、直属单位。其中单品种全产业链大数据分析应用中心申报单位为农业农村部直属单位、高等院校、省级科研院所，已掌握较为完整的单品种生产、加工、消费、贸易等环节的数据资源，在本领域具备国内领先的数据采集、挖掘、分析、服务能力。

（二）国家数字农业创新中心建设工程

国家数字农业创新中心申报单位为农业农村部直属单位、高等院校、省级科研院所，并同时具备以下基本条件：

（1）在本领域数字化技术研发处于国内领先地位，具备国家级科研实验条件，建有规模化的智慧农业研究示范基地和成果转化基地；

（2）每年创新分中心投入本领域关键技术攻关的科研经费不低于500万元，专职研发人员不少于100人；

（3）拥有高水平科研队伍，具备承担本领域创新任务的能力；

（4）规章制度健全，运行机制良好。国家数字农业分品种创新分中心和分区域创新分中心申报单位为农业农村部直属单位、高等院校、省级科研院所或相关企业，并同时具备以下基本条件：

1）在本领域数字化技术研发处于国内先进地位，具备省级及以上科研实验条件，近三年承担过省级以上相关重大科研项目；

2）每年创新分中心投入本领域关键技术攻关的科研经费不低于500万元，专职研发人员不少于100人（其中企业申报的创新分中心，每年创新分中心投入本领域关键技术攻关的科研经费不低于2000万元，专职研发人员不少于200人）；

3）拥有较高水平科研队伍，具备承担本领域创新任务的能力；4.规章制度健全，运行机制良好。上述条件需要在可行性研究报告中进行阐述，并附相关证明材料。申报单位还应研究部署以下工作，并在可行性研究报告中进行详细说明：

①提出创新中心（分中心）日常管理和科研团队架构，包括中心主任（行政管理）、技术委员会（技术管理）及首席专家、科研团队分工及每个科研业务方向负责人初步考虑；

②提出今后5年本领域数字农业技术攻关计划及实施路线图，预计可能取

得的创新成果及呈现形式；

③根据本中心的功能定位，与相关领域创新中心、国家数字农业创新应用基地之间的合作考虑；4. 提出今后 5 年中心软硬件平台运维、科研、人员、日常运转等各项经费保障初步安排。

（三）国家数字农业创新应用基地建设工程

项目申报主体为县级人民政府，负责项目申报、过程管理、实施监督。建设单位为县级农业农村（畜牧兽医、渔业）行政主管部门，负责项目具体实施，承担项目法人主体责任。项目投资方式为直接投资。

拟申报县需同时满足以下条件：

（1）基地建设选择的农产品应当为县内农业主导品种，产值规模在省内排名前 10 位，且已经实现规模化、标准化、产业化，产业链条完整，基本实现了一二三产融合；

（2）县政府高度重视数字农业建设，已制定了支持数字农业发展的相关规划及支持政策，数字农业建设基础扎实、成效突出，具有较强的资金配套能力；

（3）申报主体承诺待项目批复后，推动创新应用基地与本领域国家数字农业创新中心、分中心形成紧密指导合作联系，支持其在基地开展相关技术产品集成应用、中试熟化、标准验证、示范推广等工作；

（4）由本项目支持信息化改造提升的每个农业生产经营主体，均应具备独立法人资格，不存在失信等情况，连续生产经营 3 年以上，目前生产经营状况良好，且具有自筹配套资金的能力和运维项目的人员和技术，能够确保项目建成后长期运行。上述条件需要在可行性研究报告中进行阐述，并提供相关证明材料。优先支持"互联网＋"农产品出村进城工程试点县、农业现代化示范区、农业农村信息化示范基地、国家数字乡村试点地区申报本项目。2017年以来已承担过数字农业建设试点项目的县，不得再申报本项目。申报主体还应研究部署以下工作，并在可行性研究报告中进行详细说明：

（1）建立县级人民政府负总责、农业农村部门主导、技术单位支撑的项目管理机制，明确上述各方权责关系；

（2）明确基地范围，建立基地管理机制，明确基地负责人，负责基地日常管理和联络，组建基地专家组，负责基地建设运行和应用推广的技术指导；

（3）与相关领域国家数字农业创新中心、分中心保持密切合作，支持开展数字农业相关技术产品的中试熟化、标准验证、集成创新，提供必要试验条件、试验数据；

（4）明确专门资金渠道和专业技术人员，保障信息化设备和信息系统持续运行，及必要的维护更新和迭代升级，在实际生产经营中持续发挥作用；

（5）配合国家数字农业创新中心，以指定方式、频次、地址报送数据；

（6）从制度建设、硬件配置、系统设置、人员管理等各方面，加强网络安全和数据安全保护，落实"同步规划、同步建设、同步运行"要求，防止发生异常操作、数据泄露、数据篡改等问题。国家数字种植业、数字种业创新应用基地不低于1万亩，其中果园不低于5000亩；国家数字设施农业创新应用基地建设规模不低于20万平方米；国家数字畜牧业创新应用基地中，生猪养殖场年出栏量不低于5万头，奶牛养殖场存栏量不低于1000头，肉牛养殖场存栏量不低于1000头，蛋禽养殖场存栏量不低于25万只，肉禽养殖场年出栏量不低于50万只，羊养殖场年存栏量不低于1万头；国家数字渔业创新应用基地中，池塘养殖覆盖面积不低于5000亩，陆基工厂化养殖、网箱养殖水体不低于10万立方米。未明确规模要求的，可参照相似种植养殖环境、生长过程、农技农艺要求的农产品品类。

申报项目名称统一设定为"××省（区、市）××县（市、区）国家数字种植业/设施农业/畜牧业/渔业/种业创新应用基地建设项目（××品种）"。

各地农业农村（农牧）厅（委、局）要统筹本地区畜牧、渔业等部门共同开展项目申报工作，单独设立畜牧、渔业行政管理部门的，可以申报1个本行业项目。每个省（区、市）、新疆生产建设兵团每年申报总数不超过3个，每个计划单列市申报总数不超过1个，北大荒农垦、广东省农垦每个申报总数不超过1个。同时，每省份每年申报同一品类项目不超过2个，自2021年1月1日起每省份累计建设同一品类项目不超过3个。

四、中央投资规模

国家农业农村大数据平台建设工程除单品种全产业链大数据分析应用中心项目外，中央预算内投资比例均为100%。单品种全产业链大数据分析应用中心项目申报单位为农业农村部直属单位、中央直属高校的，中央预算内投资比例为100%，申报单位为省级科研院所的，中央预算内投资比例，按照东部、中部、西部、东北地区分别不超过核定总投资的70%、80%、90%、90%，且不超过1000万元。

国家数字农业创新中心建设工程中，创新中心和分品种创新分中心申报单位为农业农村部直属单位、中央直属高校的，中央预算内投资比例为100%，申报单位为省级科研院所、地方所属高校的，中央预算内投资比例，按照东部、中部、西部、东北地区分别不超过核定总投资的70%、80%、90%、90%，且不超过2000万元；分区域创新分中心，中央预算内投资支持比例不超过核定总投资的50%，且不超过1000万元。企业申报的，按地方项目管理，中央预算内投资比例不超过20%，且不超过600万元。

国家数字农业创新应用基地建设工程，中央预算内投资比例，西藏地区为100%，东部、中部、西部、东北地区分别不超过核定总投资的40%、50%、60%、60%，且不超过2000万元。北大荒农垦、广东省农垦所申报的项目，中央投资比例参照所在地方执行。

附件6 天然橡胶生产能力建设项目储备指南

项目要点

主管部门	农业农村部计划财务司
项目名称	关于做好2023—2025年中央预算内投资农业建设项目储备工作的通知
参考文件	农计财便函〔2022〕401号
申报主体	科研单位、橡胶企业
激励政策	中央预算内投资比例不超过项目核定总投资的80%，原则上不超过3000万元。
主要要求	以海南、云南、广东的国有农场胶园为主，以提升国内天然橡胶供给保障能力为目标，聚焦高质量发展着力兴产业提效益。

引用文件要求

一、建设要求

按照《"十四五"天然橡胶生产能力建设规划》要求，在1800万亩天然橡胶生产保护区内，以海南、云南、广东的国有农场胶园为主，以提升国内天然橡胶供给保障能力为目标，聚焦高质量发展着力兴产业提效益，聚焦关键领域核心环节着力补短板强弱项，加大投入力度，提升基础支撑能力，提高产业竞争力和绿色可持续发展能力，确保我国天然橡胶安全有效供给，满足国家战略资源安全需求。

二、建设内容

在天然橡胶生产保护区实施生产基地提升、初加工和产地仓储能力建设、产业链重点支撑等三大工程建设，进一步增强天然橡胶产业发展基础支撑能力。

（一）生产基地提升工程

更新和定植老龄残次胶园，优化胶林品种结构，广泛应用良种苗木，提高胶木兼优和高产高抗新品种的比例。抚管幼龄胶园，开展 2~6 树龄内胶园的除草、盖草（死覆盖）、施肥、补换植、修枝整形、改土以及水土保持等抚管建设。建设胶园道路、储胶池、管护用房等胶园基础设施，进一步增强天然橡胶产业基础能力。优先支持特种胶园、生态胶园、高产示范胶园建设。鼓励和支持生产稳定、管理规范的民营胶园积极申报胶园基础设施建设项目。

（二）初加工和产地仓储能力建设工程

升级改造形成一批技术新、工艺精、规模大的初加工厂。优化调整初加工布局，促进落后产能淘汰。加快推进落后生产线技术改造和环保设施设备升级改造，推广先进的加工工艺和技术模式。鼓励规模化橡胶企业建设产地仓储基地，提高吞吐能力。优先支持特种用胶重点产品研发和技术创新需求建设，提高关键领域用胶安全保障能力。

（三）产业链重点支撑工程

支持重点科研单位和橡胶企业建设提升天然橡胶科技创新中心和试验示范基地，加快提升先进实用技术创新和应用推广。推进种苗基地提档升级，提升良种良苗供应保障能力。支持企业加强橡胶病虫害防控基础设施设备建设，提升系统化监测、预警和防治的综合能力。支持龙头企业开展胶园信息化技术应用，促进胶园管理升级。

三、储备条件

投资储备项目坚持 4 个原则。一是项目前期工作到位，建设项目在《"十四五"天然橡胶生产能力建设规划》支持范围内，已经审批可行性研究报告或初步设计。二是突出重点领域、重点工作，保障我国天然橡胶安全有效供给，满足国家战略资源安全需求。三是严格按照进度安排投资，根据项目进展和建设需求合理测算年度投资，在建项目执行进展好。四是优先支持未安排过同类项目的单位，对在建项目超过 2 个以上，或在建项目 1 个、不能按时竣工验收的单位，原则上不再安排新项目。

四、中央投资规模

中央预算内投资比例不超过项目核定总投资的 80%，原则上不超过 3000 万元。

附件7 农垦公用基础设施建设项目储备指南

项目要点

主管部门	农业农村部计划财务司
项目名称	关于做好 2023—2025 年中央预算内投资农业建设项目储备工作的通知
参考文件	农计财便函〔2022〕401 号
申报主体	农垦
激励政策	中央预算内投资比例不超过项目核定总投资的 80%，原则上不超过 3000 万元。
主要要求	在北大荒农垦集团有限公司和广东省农垦总局所属农场场部和居民聚居区，实施生活供水、污水处理、垃圾处理、厕所治理、供热、公共道路等公用基础设施建设，着力打造农垦新型小城镇，建成一批特色农场，引导产业集聚、人口集中，促进垦区经济社会良性互促发展。

引用文件要求

一、建设要求

按照《"十四五"中央直属垦区农垦公用基础设施建设实施方案》，以提高质量和完善功能为方向，优化城镇布局，提升承载能力，在北大荒农垦集团有限公司和广东省农垦总局所属农场场部和居民聚居区，实施生活供水、污水处理、垃圾处理、厕所治理、供热、公共道路等公用基础设施建设，着力打造农垦新型小城镇，建成一批特色农场，引导产业集聚、人口集中，促进垦区经济社会良性互促发展。同时，为保障中央直属垦区在农垦改革办社会职能移交过渡期内平稳健康发展，支持垦区科研机构的实验室及设备、试验基地等科研基础条件建设，垦区中心医院和农场医院的医疗用房、诊疗仪器设备等医疗基础设施设备建设，垦区职业教育院校的教学和生活服务用房、仪器设备等教育基础设施设备建设。

二、建设内容

围绕新型城镇化发展需求，重点建设分公司（分局）和农场场部区域的主次道路、供排水设施和供热设施、垃圾处理设施等，进一步推动垦区科技创新、医疗卫生和职业教育设施条件改善。

（一）场镇基础设施建设

以提高质量和完善功能为方向，着力打造农垦新型小城镇，优化城镇布局，提升承载能力，开展水路暖保障、垃圾污水处理等城镇基础设施建设，建成一批特色农场，引导产业集聚、人口集中，促进垦区经济社会良性互促发展。

（二）科技创新条件建设

加快垦区科技创新条件建设，提升垦区科研设施装备水平，围绕水稻、小麦、玉米、天然橡胶等作物新品种培育和新技术研发，开展科研用房等设施建设，完善配套设施，强化全产业链关键环节技术攻关，整体提升农业科技集成创新和成果转化能力，为垦区经济发展提供持久动力。

（三）医疗用房等设施建设

优化医疗资源配置，提高医疗服务公平性和可及性，改善医疗条件，开展医疗用房等设施建设，购置仪器设备，健全以区域性中心医院为主体、农场医院为补充的上下联动、衔接互补的医疗体系，全面提升服务水平。

（四）职业教育教学设施建设

加快完善现代职业教育体系，促进公共事业公平发展，依据统一的建设标准和规范，建设职业教育院校的教室、图书馆、体育馆等教学和教学辅助用房，宿舍、食堂等生活服务用房，配套相应教学用仪器设备，改善教学条件，提升垦区教育质量和水平。

三、储备条件

投资储备项目坚持 4 个原则。一是项目前期工作到位，所有项目均在《"十四五"中央直属垦区农垦公用基础设施建设实施方案》支持范围内，已经审批了可行性研究报告或初步设计。二是突出重点领域、重点工作，主要用于垦区农场环境改善等公用基础设施条件建设。三是严格按照进度安排投资，根据项目进展和建设需求合理测算年度投资，在建项目执行进展良好。四是优先支持未安排过同类项目的单位，对在建项目超过 2 个以上，或在建项目 1 个、不能按时竣工验收的单位，原则上不再安排新项目。

四、中央投资规模

中央预算内投资比例不超过项目核定总投资的 80%，原则上不超过 3000 万元。

附件8 重点流域农业面源污染综合治理项目储备指南

项目要点

主管部门	农业农村部计划财务司
项目名称	关于做好 2023—2025 年中央预算内投资农业建设项目储备工作的通知
参考文件	农计财便函〔2022〕401 号
申报主体	县级单位
激励政策	中央补助比例原则上不超过项目总投资的 50%，补助金额不超过 5000 万元。
主要要求	坚持生态优先、整县推进、综合治理、多方参与，开展农业面源污染全要素全链条防治，建设农业面源污染综合治理示范县，推进化肥农药减量增效、畜禽粪污资源化利用、池塘养殖尾水治理、秸秆综合利用、农膜回收利用。

引用文件要求

一、建设要求

坚持生态优先、整县推进、综合治理、多方参与，开展农业面源污染全要素全链条防治，建设农业面源污染综合治理示范县。地方农业农村部门统筹科教、畜牧、渔业等相关行业力量共同推进化肥农药减量增效、畜禽粪污资源化利用、池塘养殖尾水治理、秸秆综合利用、农膜回收利用。项目建成后，县域种养业布局进一步优化，化肥农药减量化持续推进，农业废弃物资源化利用水平显著提高，农业面源污染综合治理模式和机制基本构建。

二、建设内容

立足县域农业面源污染特征，因地制宜菜单式遴选农田面源污染、畜禽养殖污染、水产养殖污染、秸秆农膜污染等治理技术，集成配套治理工程。包括生态净化、尾水调控、坡耕地径流拦截等农田氮磷流失减排工程；畜禽粪污高效堆肥、厌氧发酵、污水深度处理等畜禽养殖粪污综合利用工程；复合人工湿地、"三池两坝"、工厂化循环水等水产养殖尾水处理工程；秸秆深翻还田技术、覆盖还田保护性耕作技术、青（黄）贮、氨化等饲料化和食用菌栽培等基质化利用技术；农膜回收网点、资源化再利用等工程建设。

三、储备条件

项目实施范围以长江、黄河流域为重点，其中，长江流域重点支持安徽、江西、湖北、湖南、贵州、四川、云南、重庆等省份，黄河流域重点支持青海、宁夏、甘肃、内蒙古、山西、陕西、河南、山东等省份。项目实施方案需经省级农业农村部门组织专家评估后方可储备入库。为避免重复投入，已实施过典型流域农业面源污染综合治理、长江经济带和黄河流域农业面源污染治理项目的县，以及已开展过畜禽粪污资源化利用整县推进项目的县，不再列入支持范围。不能同时申报重点流域农业面源污染综合治理与畜禽粪污资源化利用整县推进项目。

四、中央投资规模

项目建设资金以相关主体和地方政府投入为主，中央予以适当补助。中央预算内投资计划分两年安排，主要支持公益性基础设施建设。对每个符合条件的项目县，中央补助比例原则上不超过项目总投资的 50%，补助金额不超过 5000 万元。

附件 9 畜禽粪污资源化利用整县推进项目储备指南

项目要点

主管部门	农业农村部计划财务司
项目名称	关于做好 2023—2025 年中央预算内投资农业建设项目储备工作的通知
参考文件	农计财便函〔2022〕401 号
申报主体	县级单位
激励政策	中央投资比例原则上不超过项目总投资的 50%，每个县不超过 3000 万元。其中，生猪存栏量 10 万～20 万头或存栏猪当量 20 万～40 万头的县中央投资不超过 2500 万元，脱贫县不超过 2800 万元；生猪存栏量 20 万头（含）或存栏猪当量 40 万头（含）以上的县（包括脱贫县），中央投资不超过 3000 万元。
主要要求	以县为单位统筹推进畜禽粪污资源化利用，项目县规模养殖场粪污处理设施装备基本配套，粪肥施用机械化水平稳步提高，示范基地耕地面积达到 4 万亩以上。

引用文件要求

一、建设要求

突出种养结合要求，以县为单位统筹推进畜禽粪污资源化利用。项目建成后，项目县规模养殖场粪污处理设施装备基本配套，粪肥施用机械化水平稳步提高，示范基地耕地面积达到 4 万亩以上，总结推广种养循环技术模式，探索构建市场运行机制，带动县域粪肥就地就近利用，促进农牧循环发展。

二、建设内容

重点支持规模养殖场、种植主体、社会化服务组织以及县级技术支撑单位改造提升畜禽粪污收集、贮存、处理、利用以及检测相关设施设备，建设打造粪肥还田利用示范基地。项目县根据现有基础条件，按照"填平补齐"的原则确定项目建设内容。重点支持密闭贮存发酵设施、堆肥设施等建设，建设厌氧消化、沼气利用、沼液密闭贮存、沼渣堆肥、臭气控制等设施；支持购置运输罐车、撒肥机，配套建设粪污输送管网、密闭田间贮存设施等，购置粪肥计量、养分测定等分析检测仪器；建设长期定位监测点。

三、储备条件

县域生猪存栏量≥10万头或存栏猪当量≥20万头，优先将县级人民政府重视程度高、种养结合发展思路清晰、畜牧业发展稳定、配套政策措施有力、耕地面积较大（如产粮大县等）的县纳入支持范围。已实施过中央预算内投资或中央财政畜禽粪污资源化利用整县推进项目和重点流域农业面源污染综合治理项目的县不纳入储备范围。不能同时申报重点流域农业面源污染综合治理与畜禽粪污资源化利用整县推进项目。

四、中央投资规模

中央投资比例原则上不超过项目总投资的50%，每个县不超过3000万元。其中，生猪存栏量10万~20万头或存栏猪当量20万~40万头的县中央投资不超过2500万元，脱贫县不超过2800万元；生猪存栏量20万头（含）或存栏猪当量40万头（含）以上的县（包括脱贫县），中央投资不超过3000万元。

附件10　长江生物多样性保护工程项目储备指南

项目要点

主管部门	农业农村部计划财务司
项目名称	关于做好2023—2025年中央预算内投资农业建设项目储备工作的通知
参考文件	农计财便函〔2022〕401号
申报主体	农业农村部直属单位

激励政策	中央事权的项目投资全部由中央安排，地方项目中央投资比，东部、中部、西部、东北地区分别不超过总投资的40%、50%、60%、60%。
主要要求	支持珍稀濒危物种资源保护、关键栖息地保护及修复、渔政执法等支撑条件建设，提升长江生物保护能力，有效恢复长江生物多样性，推动长江经济带高质量发展。

引用文件要求

一、建设要求

依据《长江生物多样性保护工程建设方案（2021—2025年）》《"十四五"农业农村部直属单位条件能力建设规划》，支持珍稀濒危物种资源保护、关键栖息地保护及修复、渔政执法等支撑条件建设，提升长江生物保护能力，有效恢复长江生物多样性，推动长江经济带高质量发展。

二、建设内容

（一）珍稀濒危物种资源保护项目

重点支持建设中华鲟保护中心、中华鲟人工群体野化驯养的"陆—海—陆"接力保种基地、长江江豚保护中心、长江江豚大型迁地保护基地、长江鲟保护中心、长江鲟野化驯养基地，扩大人工群体规模，开展野化驯养工作；重点支持建设水生生物多样性保护中心，开展长江重要水生生物的活体保育和生物多样性保护技术研究；重点支持建设综合性珍稀濒危水生物种保护中心，实现大鲵、川陕哲罗鲑、秦岭细鳞鲑、鳤、胭脂鱼、松江鲈、圆口铜鱼、长鳍吻鮈、四川白甲鱼、刀鲚等珍稀濒危物种保有一定数量人工群体，达到人工增殖放流对种群数量的需求。

（二）关键栖息地保护及修复项目

重点修复长江江豚关键栖息地，加强自然环境及水生生物资源的保护和修复，提高关键栖息地的适合度，逐步恢复自然栖息地的生态功能，提升保护管理能力；重点修复川陕哲罗鲑、胭脂鱼、圆口铜鱼、刀鲚关键栖息地，增强保护力度，恢复其生态功能。

（三）渔政执法能力建设项目

重点支持渔政基地建设，配套建设渔政执法指挥调度中心，继续在长江禁捕重点地区支持建设渔政船艇、趸船、无人机、监控等执法装备设施，特别是在长江口禁捕管理区，建设 2 艘 800 吨级渔政船，加强重点水域渔政执法监管；重点支持建设长江水生生物保护管理与渔政执法远程监控指挥调度系统，实现重点水域实时监测监控，提升水生生物保护和渔政执法监管工作的智能化水平，为水生生物保护与管理提供条件支撑，确保长江禁捕整体成效。

（四）水生生物资源及栖息地监测能力项目

重点支持建设长江生物资源监测中心，支持"一江两湖"为核心，设置长江上游站、长江中游站、长江下游站、长江河口站、洞庭湖站、鄱阳湖站及长江遥感站、智能观测站、数据中心站等部级监测站，以健全长江生物监测体系，形成"监测中心—部级监测站—地方监测站"三级总体架构，开展水生生物监测和数据整合应用分析，科学支撑长江禁捕效果评估和生物完整性评价，为逐步实现长江生物的全面保护和系统修复提供科学依据。

三、储备条件

符合上述建设项目范围，建设单位明确，建设依据充足，并已纳入《长江生物多样性保护工程建设方案（2021—2025 年)》《"十四五"农业农村部直属单位条件能力建设规划》。

四、中央投资规模

中央事权的项目投资全部由中央安排，地方项目中央投资比，东部、中部、西部、东北地区分别不超过总投资的 40%、50%、60%、60%。

2. 关于优化调整实施制种大县奖励政策的通知

项目要点

主管部门	农业农村部计划财务司
项目名称	关于做好 2023—2025 年中央预算内投资农业建设项目储备工作的通知
参考文件	农计财便函〔2022〕401 号
申报主体	县级单位
激励政策	中央投资比例原则上不超过项目总投资的 50%，每个县不超过 3000 万元。其中，生猪存栏量 10 万～20 万头或存栏猪当量 20 万～40 万头的县中央投资不超过 2500 万元，脱贫县不超过 2800 万元；生猪存栏量 20 万头（含）或存栏猪当量 40 万头（含）以上的县（包括脱贫县），中央投资不超过 3000 万元。
主要要求	以县为单位统筹推进畜禽粪污资源化利用，项目县规模养殖场粪污处理设施装备基本配套，粪肥施用机械化水平稳步提高，示范基地耕地面积达到 4 万亩以上。

引用文件要求

农业农村部办公厅　财政部办公厅
关于优化调整实施制种大县
奖励政策的通知

农办种〔2021〕2 号

有关省、自治区、直辖市农业农村厅（局、委）财政厅（局），新疆生产建设兵团农业农村局、财政局，北大荒农垦集团有限公司：

农业现代化种子是基础。制种大县是保障农业供种数量、质量的重要基础，已成为我国粮食和重要农产品种源供给的主要来源，对国家粮食安全和重要农产品有效供给有重要意义。为贯彻落实十九届五中全会和中央经济工作会议、中央农村工作会议精神，打好种业翻身仗。加快提升种子基地建设水平，

2021年中央财政在加大奖励资金支持基础上，优化调整实施制种大县奖励政策现就有关事项通知如下。

一、总体要求

（一）指导思想

贯彻落实中央打好种业翻身仗总体部署，以提高国家种业基地产业链现代化水平为抓手，以提升农业良种化水平和种源供给安全为目标，聚焦种子生产、加工短板弱项，强化新技术、新工艺新装备应用，创新种子基地建设和发展模式，推动优势基地与龙头企业合作共建，促进种业转型升级，实现高质量发展。

（二）基本原则

突出企业主体。聚焦产业化发展，全面推动优势基地与龙头企业紧密结合，持续支持企业提升种子精深加工、质量控制、测试测定等能力，实现做优基地与做强企业同步发展。

立足保供优先。以保障粮食安全和种源供给安全为底线，以主要粮油作物种子基地为重点以田间基础设施配套完善制种科技装备提档升级为主要建设内容，提升良种综合生产能力，优化供种结构，改善供种质量。

强化属地责任。坚持有效市场和有为政府相结合，尊重企业意愿和市场规律，以企业发展需求、产业做强需要为依据，强化省级指导和监督检查，县级主导编制建设规划并统筹推进工作。

实行动态调整。全面落实地方政府和企业责任，严格执行"有进有出、动态调整"管理模式，强化绩效考核，根据年度绩效考核结果，暂停或取消部分任务完成不力、县企结合不紧密的大县奖励及企业扶持，提高资金使用效率。

（三）主要目标

力争通过 5 年支持，制种基地基础设施高级化、种业产业链条现代化水平明显提升，制种单产水平提高 10 个百分点以上，质量控制能力与国际接轨，基本实现基地管理现代化。支持一批综合实力强、市场占有率高、创新有突破的领军企业，培育形成打好种业翻身仗的主力军。

二、重点任务

（一）全力推进制种大县和龙头企业结合，实施县企共建

2021 年开始实施并逐步推进"1 + M + N"模式，推动基地健康发展即

一个作物品种对应选择 M 家龙头企业与 N 个基地县对接。各地应结合基地建设和发展实际，遴选行业排名靠前，有影响力、有科研能力、有发展潜力的龙头企业，实现奖励大县与龙头企业共建基地、共育企业、共促产业目标。

（二）支持龙头企业补上制育种短板，全面提升竞争能力

支持企业以"四圃制"（育种家种子、原原种、原种、良种）为核心内容，建设核心种源繁殖基地，配套建立检验检测、挂藏保存场所；建设综合抗性鉴定平台，强化品种抗倒、抗旱及抗极端气候测试。打造高水平展示示范基地，加速品种推广应用。建设材料鉴定评价和育种基地，推动产学研结合。对标国际先进水平，支持企业新建或升级改造加工设备设施，实现加工智能化、自动化、精细化。建立烘干、仓储设施和配送体系，提升保藏供给能力。鼓励企业采用国际种子检验协会种子质量控制指标，配套完善必要的质量控制检验检测仪器等设备。建立追溯管理制度，实现产品全程可追溯可监管。

（三）推进制种田间工程建设，提高生产保障水平

立足抗灾减灾需要，健全田间基础设施，实现基地水源、电网、沟渠等配套做到旱能灌、涝能排。加强田间设施设备管护，确保基础设施完好并处于良好运行状态。全面开展土地平整，完善田间路网，确保基地适宜制种机械化作业和规模化经营。

（四）完善管理手段，健全现代化管理体系

构建种子基地田间监测网络，为精准掌握农情、墒情、虫情、病情提供信息化支撑打造公共服务和管理平台，对接全国种业、农资、农机等信息平台为基地农资农机需求和种子外销提供全方位服务。严格实施备案管理制度，推行信息化管理，实现地块、企业、农户、品种管理数字化。

（五）切实加强基地监管和服务，优化发展环境

支持地方管理部门完善监管手段，强化主体准入、质量抽查和信息收集等日常管理。建立信用评价体系，实施失信联合惩戒，构建公平竞争的市场秩序。试点种子质量认证，创建优势品牌。有条件的地方可结合实际需求，建立公共服务性种子检验实验室。立足未来农业生产模式转变，扶持一批服务于耕、种、管、收全程专业化服务组织提高机械化水平，降低制种成本，提升种子生产保障和市场竞争能力。

三、保障措施

（一）加强组织领导

各奖励大县要切实加强组织领导，将种子基地建设与管理作为县级政府的重要工作推进落实。要全面统筹农业农村、财政等相关部门，分工协作合力推进落实。各省级农业农村、财政部门要加强工作指导和督导检查，确保支持龙头企业的力度和规模，避免资金分散使用，平均用力，加大对全国范围内行业领军企业的支持。

（二）坚持规划引领

县级人民政府要结合种业发展实际和企业高质量发展需求，科学制定出台种子基地建设 5 年规划，规划设计要科学合理，具有前瞻性和操作性，内容应包括基地基础建设、企业扶持等方面，应避免低水平重复建设和投资。各地要依据规划制定年度实施方案，严格做好财政资金使用和项目管理严格过程监管确保建设进度。规划应报请省级农业农村和财政部门联合审查，由农业农村部评审符合要求后，报农业农村部、财政部备案。

（三）实施绩效考核

各省应将种子单产水平、种子品质提升，基地设施改善，科学技术突破、良种应用推广、产业链上下畅通等作为重点内容，细化量化绩效指标，及时开展辖区内制种大县绩效评价。财政部、农业农村部严格资金管理，实行动态跟踪考核管理，强化评价结果运用，实现"有进有出、奖优罚劣"的动态奖励机制。中期评估存在较大问题的、年终考核不合格的要求限期整改，整改后仍不合格的予以退出。

（四）强化宣传引导

各级农业农村部门要积极总结辖区不同建设模式及成功经验，挖掘先进典型，加大示范推广力度，在主流媒体上开展系列宣传，营造良好舆论氛围。

3. 农业农村部关于开展国家现代农业全产业链标准化示范基地创建的通知

项目要点

主管部门	农业农村部
项目名称	关于开展国家现代农业全产业链标准化示范基地创建的通知
参考文件	农质发〔2022〕4 号
申报主体	县级单位
激励政策	其他优惠政策优先向其倾斜。
主要要求	以农业生产"三品一标"为路径，以农产品"三品一标"为导向，构建以产品为主线、全程质量控制为核心的现代农业全产业链标准体系，聚焦优势产业产区，高标准创建一批示范基地。

引用文件要求

农业农村部
关于开展国家现代农业全产业链
标准化示范基地创建的通知

农质发〔2022〕4 号

各省、自治区、直辖市农业农村（农牧）厅（局、委），新疆生产建设兵团农业农村局：

推进现代农业全产业链标准化是贯彻落实中央一号文件精神，统筹农业生产和农产品两个"三品一标"发展的重要举措。按照《"十四五"推进农业农村现代化规划》《国家标准化发展纲要》有关部署，依据第三批全国创建示范活动保留项目目录，农业农村部决定开展国家现代农业全产业链标准化示范基地（以下简称"示范基地"）创建，统一纳入农业高质量发展标准化示范项目管理。现就有关事项通知如下。

一、总体要求

（一）指导思想

坚持以习近平新时代中国特色社会主义思想为指导，全面落实"四个最严""产出来""管出来""既要保数量，也要保多样、保质量"等重要要求，按照保供固安全、振兴畅循环的工作定位，以农业生产"三品一标"为路径，以农产品"二品一标"为导向，构建以产品为主线、全程质量控制为核心的现代农业全产业链标准体系，聚焦优势产业产区，高标准创建一批示范基地，创新全产业链标准化模式和协同推进机制，加快培育按标生产主体，打造绿色优质农产品精品，为保障农产品质量安全、促进农业高质量发展提供有力支撑。

（二）总体目标

到"十四五"末，在全国创建 300 个左右国家现代农业全产业链标准化示范基地，打造标准化引领农产品质量效益竞争力提升的发展典型和两个"三品一标"协同发展的示范样板。

二、重点任务

（一）构建现代农业全产业链标准体系

以产品为主线，以强化全程质量控制、提升全要素生产率、促进融合发展为目标，聚焦产业链关键环节，开展标准梳理、比对分析和跟踪评价。按照"有标贯标、缺标补标、低标提标"的原则，加快产地环境、品种种质、投入品管控、产品加工、储运保鲜、包装标识、分等分级、品牌营销等方面标准的制修订，着力构建布局合理、指标科学、协调配套的现代农业全产业链标准体系。

（二）提升基地按标生产能力

建立健全基地标准化制度体系和实施激励机制。支持基地开展生产、加工、储运、保鲜等环节设施设备标准化改造，改善标准化生产条件。推行绿色生产技术和生态循环模式，制定与技术模式相配套的标准综合体，编制简明易懂的模式图、明白纸和风险管控手册。建立标准化专家队伍，开展标准宣贯培训，推动标准规程"进企入户"。构建产加销一体的全链条生产经营模式，提升各环节数字化、标准化水平。

（三）加强产品质量安全监管

强化生产者主体责任，加强产地环境和投入品使用管理。建立生产记录制度、完善农事操作和种植养殖用药记录档案，建立基地内检员队伍，落实自控自检要求，规范出具承诺达标合格证。推行质量追溯和信用管理，推动建立信息化质量控制体系。实施网格化管理，加强基地日常巡查检查，鼓励基地设立标牌，明示种养品种、地域范围、技术模式、责任主体等内容，推动质量安全情况公示上墙。

（四）打造绿色优质农产品精品

以绿色、有机、地理标志、良好农业规范等农产品为重点，培育绿色优质农产品精品。建立农产品营养品质指标体系，开展特征品质指标检测与评价，推动分等分级和包装标识。打造绿色优质农产品区域公用品牌、企业品牌和产品品牌，加强农批、商超、电商、餐饮、集采等单位与基地对接，培育专业化市场，建立健全优质优价机制。

（五）提升辐射带动作用和综合效益

支持基地采取"公司+合作社+农户"、订单农业等模式，通过统一品种、统一技术、统一管理，带动区域标准化生产和产业升级。开展专业化全程化生产技术服务，将小农户纳入标准化生产体系，建立利益联结机制，促进农民增收，巩固脱贫攻坚成果。依托产业化龙头企业，培育标准化领军主体，促进标准与产业、技术、品牌、服务深度融合，提升经济、社会和生态效益。

三、组织管理

示范基地采取"先创建、后认定、再推广"形式，在各省份农业农村部门组织创建的基础上，农业农村部择优认定并授牌一批示范基地，在全国示范推广。

（一）创建主体

示范基地采取"基地单位+技术单位+主管单位"联合创建模式，原则上由基地单位牵头申报。基地单位可为新型农业经营主体、农业产业园区、产业协会和联盟、科研推广机构等；技术单位为具有较强的技术研发、标准制定、示范推广能力的有关科研和推广单位；主管单位为基地单位所在市、县级政府或相关部门。鼓励在政府统筹指导下，全产业链各环节具有优势的多家主体联合申报。

申报基本要求如下。

一是申报主体应具有独立法人资格，资质良好，近两年内无违法行为。二是应选择1个产业基础好的主导产品进行申报。原则上，种植规模不低于

5000 亩，畜禽养殖不低于 5 万头猪当量，水产养殖面积不低于 3000 亩。地理标志农产品等地方特色农产品可以适当放宽条件。三是申报基地产业布局合理，覆盖产加销全链条，总产值 8000 万元以上，一产比例不低于 40%。四是申报基地建立农产品质量安全监管制度，主体及其产品纳入相关追溯平台管理，推行承诺达标合格证制度，已获得绿色、有机、地理标志农产品等相关证书。近三年未发生重大质量安全事件。五是已具有较好的标准化工作基础和技术团队，基地示范带动力强，促进小农户按标生产。

优先支持农业现代化示范区、国家现代农业产业园、国家农业绿色发展先行区、优势特色产业集群、产业强镇、地理标志农产品保护工程、国家农产品质量安全县、脱贫县的有关主体，以及省级以上农业产业化重点龙头企业、现代农业全产业链标准化试点基地申报。

（二）创建步骤

主体申请，县市审核。示范基地创建主体参照《农业全产业链标准化技术导则》及有关建设指南，制定示范基地创建方案。申报材料应包括申请表、创建方案及有关佐证材料。经县级农业农村部门审查、市级农业农村部门复核后，向省级农业农村部门申请。

组织创建，省级推荐。省级农业农村部门参照考核评价指标表组织遴选确定本省份示范基地创建名单，完善实施方案后报农业农村部农产品质量安全监管司备案。省市县农业农村部门结合实际，组织相关主体开展创建。省级农业农村部门对创建工作进行考核，根据农业农村部下达的示范基地推荐指标，择优推荐国家级示范基地。

专家评审，部级认定。农业农村部农产品质量安全监管司会同相关行业主管司局，组织专家对各省份推荐的示范基地进行评审，拟定示范基地建议名单。经农业农村部公示无异议后，公布并授牌。

2022 年，农业农村部将启动第一批示范基地遴选认定工作，具体通知另行下发。请各省级农业农村部门于 2022 年 9 月 30 日前完成示范基地创建实施方案备案，备案材料包括省级报备文件、示范基地创建名单及实施方案。

（三）监督管理

示范基地由农业农村部和省级农业农村部门共同监督管理。农业农村部不定期组织抽查检查。省级农业农村部门负责示范基地日常管理，定期向农业农村部报送示范基地进展情况。经认定的示范基地应在显著位置标明示范基地标识，明确责任。实施动态管理，对于发生重大农产品质量安全事件、不符合相关考核要求或存在违规违法行为的，经审定由农业农村部公示撤销其"示范基地"授牌。

四、工作要求

（一）强化组织实施

农业农村部农产品质量安全监管司负责组织实施示范基地创建，成立领导小组和专家组。各省级农业农村部门负责组织开展辖区内示范基地创建，制定工作方案，严格创建标准和申报程序，做好基地推荐和动态管理。申报创建基地所在地市县农业农村部门要高度重视，加强领导，完善措施，确保创建目标任务落到实处。

（二）强化技术指导

农业农村部农产品质量标准研究中心组织有关技术单位开展示范基地创建的技术指导，编制有关示范基地建设指南。各示范基地要加强与有关科研院所合作，组建标准化专家组，做好标准综合体及配套宣贯材料编制和实施应用。各农业有关专业标准化技术委员会加强对相关示范基地标准体系构建的指导。

（三）强化政策扶持

省级农业农村部门要积极统筹相关涉农资金支持基地建设，鼓励将产业融合发展项目、农业现代化示范区、国家农业绿色发展先行区、国家农产品质量安全县、地理标志农产品保护工程等与示范创建工作统筹实施。支持示范创建的相关标准立项及相关质量认证，支持有条件的企业申报企业标准"领跑者"。

（四）强化总结宣传

各级农业农村部门要加强示范创建工作总结，凝练一批农业标准化生产模式，打造一批统筹推进两个"三品一标"发展典型。利用各类媒体广泛宣传实施成效和典型经验，助力示范基地扩大影响，提高公众认知度和参与度，营造良好的社会氛围。

4. 关于开展绿色种养循环农业试点工作的通知

项目要点

主管部门	农业农村部、财政部
项目名称	关于开展绿色种养循环农业试点工作的通知
参考文件	农办农〔2021〕10 号
申报主体	县级单位
激励政策	中央财政资金每年 1000 万元，连续 5 年。
主要要求	促进绿色种养、循环农业发展，以推进粪肥就地就近还田利用为重点，以培育粪肥还田服务组织为抓手，通过财政补助奖励支持，建机制、创模式、拓市场、畅循环，力争通过 5 年试点，扶持一批粪肥还田利用专业化服务主体，形成可复制可推广的种养结合，养殖场户、服务组织和种植主体紧密衔接的绿色循环农业发展模式。

引用文件要求

农业农村部办公厅　财政部办公厅
关于开展绿色种养循环农业试点工作的通知

农办农〔2021〕10 号

有关省、自治区、直辖市农业农村（农牧）厅（局、委）、财政厅（局），北大荒农垦集团有限公司：

为落实中央经济工作会议、中央农村工作会议和中央一号文件要求。2021年中央财政支持开展绿色种养循环农业试点工作，加快畜禽粪污资源化利用，打通种养循环堵点，促进粪肥还田，推动农业绿色高质量发展。现将有关工作通知如下：

一、总体要求与目标

以习近平新时代中国特色社会主义思想为指导，坚定不移贯彻新发展理念，围绕全面推进乡村振兴，加快推动农业绿色低碳发展，助力 2030 年碳达峰、2060 年碳中和，坚持系统观念，促进绿色种养、循环农业发展，以推进粪肥就地就近还田利用为重点，以培育粪肥还田服务组织为抓手，通过财政补助奖励支持，建机制、创模式、拓市场、畅循环，力争通过 5 年试点，扶持一批粪肥还田利用专业化服务主体，形成可复制可推广的种养结合、养殖场户、服务组织和种植主体紧密衔接的绿色循环农业发展模式。

2021 年开始，在畜牧大省、粮食和蔬菜主产区、生态保护重点区域，选择基础条件好、地方政府积极性高的县（市、区），整县开展粪肥就地消纳、就近还田补奖试点，扶持一批企业、专业化服务组织等市场主体提供粪肥收集、处理、施用服务，以县为单位构建 1～2 种粪肥还田组织运行模式，带动县域内粪污基本还田，推动化肥减量化，促进耕地质量提升和农业绿色发展。通过 5 年的试点形成发展绿色种养循环农业的技术模式、组织方式和补贴方式，为大面积推广应用提供经验。

二、组织实施

县级人民政府是绿色种养循环农业试点工作的实施主体，鼓励创新机制培育主体、壮大市场、连接种养两端，畅通种养循环推动粪肥还田利用。

（一）实施范围

2021 年，聚焦畜牧大省、粮食和蔬菜主产区生态保护重点区域，优先在京津冀协同发展、长江经济带、粤港澳大湾区、黄河流域、东北黑土地、生物多样性保护等重点地区，选择北京、天津、河北、黑龙江、上海、江苏、浙江、山东、河南、安徽、江西、湖北、湖南、广东、四川、云南、甘肃等 17 个省份开展试点。其中北京、天津、上海和云南开展整省份试点；其他省份在畜牧大县或畜禽粪污资源量大的县（市、区）中，选择畜禽粪污处理设施运行顺畅、工作基础好、积极性高的粮食大县或经济作物优势县，开展整县推进。相关省份要积极创新支持机制。切实加大指导和投入力度。

试点县畜禽粪污产生量高于县域种植业消纳量的，可在本县（市、区）种植业满负荷消纳后，选择同隶属地市行政区内的 1～2 个县（市、区）就近消纳。允许北京、天津、上海跨省域消纳。

（二）支持方式

通过以奖代补等方式带动，扩大粪肥还田利用社会化服务市场规模，引导专业化服务主体加大投入，提高规模效益，降低运营成本，确保经济可行，促进增产提质，形成良性循环。中央财政对专业化服务主体粪污收集处理、粪肥施用到田等服务予以适当补奖支持，对试点县的支持原则上每年不低于1000万元。试点省份要统筹资金资源加大对绿色种植养殖农业试点的支持，鼓励通过PPP模式等方式，吸引社会资本投入，形成工作合力。同时，应当积极应用新技术、探索新方式、推广好经验，努力构建基于粪肥流向全程可追溯的补贴发放与管理机制；采取自愿申报与竞争性选择相结合的方式，按照不低于120%的比例进行差额选择确定试点县。试点县要按规定用好中央和省级相关资金，组织实施好试点工作。

（三）补奖内容

试点县可以结合本地畜禽粪污资源化利用主推技术模式，主要对粪肥还田收集处理、施用服务等重点环节予以补奖，不得用于补助养殖主体畜禽粪污处理设施建设和运营支持对象主要是提供粪污收集处理服务的企业（不包括养殖企业）、合作社等主体以及提供粪肥还田服务的社会化服务组织。试点补奖政策实施范围仅限耕地和园地，不含草场草地。相关省份根据粪污类型运输距离、施用方式还田数量等合理测算各环节补贴标准，依据专业化服务主体在不同环节的服务量予以补奖，补贴比例不超过本地区粪肥收集处理施用总成本的30%。对提供全环节服务的专业化服务主体，可依据还田面积按亩均标准打包补奖。试点优先安排蔬菜和粮食生产，兼顾果茶等经济作物。补奖资金对商品有机肥使用补贴不超过补贴总额的10%。粪肥还田利用机械不列入补奖范围，可通过农机购置补贴应补尽补。

（四）责任落实

县级人民政府作为项目实施主体，要科学谋划，落实落细，确保试点效果。相关省份要严格项目县遴选，加强项目实施指导，落实监管责任。农业农村部将会同财政部适时开展绩效评价，对试点成效好、机制创新力度大的试点县，原则上持续支持5年；对运行模式不畅、机制创新不足财政补奖资金使用不规范的县将剔除试点范围。

三、工作要求

各有关省级农业农村部门、财政部门要建立种植、畜牧等行业紧密协作的配合机制，加强统筹实施，确保责任落实，实现整县推进地区畜禽粪污以粪肥还田利用为主应用尽用。

（一）细化实施方案

各相关省份要及时制定省级项目实施方案，试点县要按照省级实施方案要求，细化实化县级实施方案明确实施方式、补助对象、补助标准和监管措施等，组织相关部门共同抓好落实。各相关省份应当在对县级实施方案组织审核后于 5 月 30 日前将省级实施方案和县级实施方案报送农业农村部种植业管理司、畜牧兽医局和财政部农业农村司备案，并同步上传至农业农村部农业转移支付项目管理系统。

（二）强化支持保障

各地要采取积极有效措施吸引社会资本参与粪肥还田利用，加大对专业化服务主体的引导扶持力度，加快粪肥还田利用服务市场主体培育，合理布局产业促进种养结合。加强技术服务与指导，分区域、分作物完善还田利用技术方案，应用"物联网 +"等信息化手段，提高技术到位率。采取科技讲座、进村入户、蹲点包片等形式，指导专业化服务主体、种植主体提高技术水平。

（三）严格技术要求

规模养殖场应当合理负担畜禽粪污无害化处理成本，粪肥还田前必须按照《畜禽粪便无害化处理技术规范》（GB/T 36195）进行无害化处理和腐熟堆沤，还田施用时的砷、汞、铅、镉、铬、粪大肠菌群数、蛔虫卵死亡率等限量指标符合《有机肥料》（NY 525—2012）要求。各地要结合作物需肥特点，根据不同地力条件、不同作物、不同产量目标，科学确定粪肥还田量和替代化肥比例，确保作物养分需求，提高作物产量，提升产品质量。做好施肥调查和效果监测，用监测数据展示粪肥还田在提质增效、化肥减量、地力培肥等方面的作用。

（四）科学监督评价

试点县要落实《农业农村部办公厅、生态环境部办公厅关于进一步明确畜禽粪肥还田利用要求强化养殖污染监管的通知》等有关要求，做好指导服务和监督管理，实现粪肥去向有据可查，监管不留死角。要按照相关技术规程，定期开展抽检，避免因粪肥还田利用技术不到位对农业生产造成负面影响。

（五）规范资金使用

强化资金使用监管，加强绩效考核，保障资金规范使用，提升资金使用透明度，采用适当形式公示补贴发放情况。

（六）强化宣传总结

广泛利用各种渠道，全方位、多角度加强政策宣传。总结推广各地的典型做法和创新机制，讲好农业绿色发展故事，营造良好的舆论氛围。各地应于11 月 30 日前将项目总结、整县推进典型模式报送农业农村部种植业管理司、畜牧兽医局和财政部农业农村司。

5. 关于做好 2024 年农村综合改革相关试点试验有关工作的通知

项目要点

主管部门	财政部、农业农村部
项目名称	关于做好 2024 年农村综合改革相关试点试验有关工作的通知
参考文件	财办农〔2023〕13 号
申报主体	县级单位
激励政策	农村综合改革相关试点试验中央财政资金 1.5 亿元，"五好两宜"和美乡村试点试验中央财政资金 2 亿元。
主要要求	农村综合性改革试点试验持续围绕创新富民乡村产业发展机制、创新数字乡村发展机制、创新乡村人才振兴机制、创新乡村治理机制，精准务实培育乡村产业，强化产业发展联农带农，促进农村一二三产业深度融合发展，增强乡村产业市场竞争力和综合效益，因地制宜探索财政支持乡村全面振兴示范样板。"五好两宜"和美乡村试点试验继续聚焦创新建管机制、创新组团发展机制、创新经营机制、创新治理机制，科学分类编制村庄规划，健全自下而上、农民参与的实施机制，深入挖掘和开发利用具有当地特色乡村资源，持续打通绿水青山就是金山银山的理念转向通道，把"生态优势"变成"民生福利"，积极探索和美乡村建设有效途径，打造"五好两宜"和美乡村，持续提升乡村建设水平。

引用文件要求

财政部办公厅　农业农村部办公厅
关于做好 2024 年农村综合改革相关
试点试验有关工作的通知

财办农〔2024〕2 号

各省、自治区、直辖市、计划单列市财政厅（局）、农业农村（农牧）厅（局），新疆生产建设兵团财政局、农业农村局：

为全面贯彻党的二十大精神，认真落实中央经济工作会议、中央农村工作会议和 2024 年中央一号文件等关于强化农村改革创新、发挥农村综合性改革试点试验示范带动作用、建设宜居宜业和美乡村等决策部署，在总结前期试点经验的基础上，学习运用"千万工程"经验，2024 年中央财政继续支持实施农村综合性改革试点试验和"五好两宜"和美乡村试点试验。现就有关工作通知如下。

一、重点任务

2024 年农村综合性改革试点试验和"五好两宜"和美乡村试点试验（以下简称两项试点）的重点任务、申报程序、试点周期、支持政策等，总体上继续按照 2023 年两项试点的有关政策文件执行。农村综合性改革试点试验持续围绕创新富民乡村产业发展机制、创新数字乡村发展机制、创新乡村人才振兴机制、创新乡村治理机制，精准务实培育乡村产业，强化产业发展联农带农，促进农村一二三产业深度融合发展，增强乡村产业市场竞争力和综合效益，因地制宜探索财政支持乡村全面振兴示范样板。"五好两宜"和美乡村试点试验继续聚焦创新建管机制、创新组团发展机制、创新经营机制、创新治理机制，科学分类编制村庄规划，健全自下而上、农民参与的实施机制，深入挖掘和开发利用具有当地特色乡村资源，持续打通绿水青山就是金山银山的理念转向通道，把"生态优势"变成"民生福利"，积极探索和美乡村建设有效途径，打造"五好两宜"和美乡村，持续提升乡村建设水平。

二、申报数量

河北、山东、河南、广东、四川 5 个乡村人口大省每项试点可申报 2 个，其他省、自治区、直辖市、计划单列市和新疆生产建设兵团（以下统称省）每项试点可申报 1 个；为体现正向激励导向、鼓励先行先试，对各级政府高度重视、工作成效好、前期投入大、资金使用管理规范的浙江、广东两省两项试点各增加 1 个申报名额。各省可不申报或少申报，但不可多申报。2022 年地方政府债务风险等级评定结果为红色的县（市、区、旗，以下统称县）不得申报。此前承担并完成同类试点任务且符合申报条件的县可继续申报。

县级财政部门牵头会同农业农村等有关部门结合实际、找准定位、深入研究，自主编制试点实施方案（参考提纲详见附件，略）确保方案内容可操作、可落地、可持续。试点实施方案内容力求简洁明了，正文（不包括附表）不超过 12000 字。省级财政部门要牵头会同农业农村等有关部门，严格审核县级申报材料，优先选择高度重视、基层组织战斗力强、农村综合改革积极性高、农村综合改革资金使用管理规范、工作基础好、具备较强区域代表性，以及机制探索具有创新性和引领性、财政资金引导撬动社会资本效果好的地方开展试点。涉及建设用地的，省级财政部门要牵头会同农业农村等有关部门，指导县级人民政府在实施方案中明确用地保障，标注具体位置，并在申报文件中附省级自然资源部门明确的审核意见。省级财政部门商省级农业农村部门后，于2024年5月20日前将试点的申报文件和试点实施方案报送财政部、农业农村部，逾期不报视为自愿放弃申报。

三、工作要求

各地要高度重视相关试点工作，学习运用"千万工程"蕴含的发展理念、工作方法和推进机制，坚持机制创新与项目建设并重，强化改革举措集成增效，加强资金监管和绩效管理，着力增强试点的系统性、整体性、协同性，更好发挥典型和示范引领作用，激发乡村振兴动力活力。

（一）加强组织领导

试点省份要健全省级财政部门牵头负责、农业农村等相关部门参与的工作机制，改进优化工作方式方法，切实加强对试点县工作的督促、指导、考评等，把握好工作时度效。要推动试点县构建由主要负责同志牵头、财政部门具体负责、农业农村等有关部门参加的县级试点工作推进机制，精准务实组织开展试点申报、实施、管理等工作。落实后期运营管护责任，确保项目正常运转并长期发挥效益。

（二）规范资金管理

各地要严肃财经纪律，加快预算执行进度，规范资金管理流程，确保财政资金规范高效安全使用。2024年启动试点的项目应于当年10月10日前完成招投标，未完成的将不安排2025年度中央财政试点资金；2025年2月底前提交试点2024年度评价报告时，对中央财政试点资金未有效形成支出（含以拨代支）的，在正式下达2025年度中央财政资金时将扣减当年试点资金，取消所在省份2025年相关试点的申报资格，并在对所在省份进行相关年度考核及绩效评价时予以扣分。要强化底线思维和风险意识，及时发现、纠偏出现的苗头性、倾向性问题，不断提高财政资金管理使用的科学性和精准性，确保试点工作稳步推进，涉及政府采购的，应当按照政府采购法律制度规定执行。

（三）严格试点管理

要强化负面清单管理，坚决杜绝违法违规占用耕地；坚决杜绝违规举债搞建设，不得新增地方政府隐性债务，不得新增村级债务。经评估备案的实施方案原则上不得调整，确因政策和实际情况发生较大变化需调整个别实施项目的，由试点县人民政府书面报告，省级财政部门要严格把关，确保调整后项目符合试点政策规定，有利于实现试点绩效，提出审核结论并报财政部备案同意后方能调整。

（四）加强考核评价

省级财政部门要坚持绩效导向，建立激励约束机制，按照试点实施方案，围绕试点任务推进、支持政策落实、年度预算执行进度、创新机制探索、经验总结推广、资金使用管理监督和试点成效，以及是否存在违反负面清单等方面以省为主开展年度评价，于后续年度 2 月底前将年度评价报告报送财政部（试点最后一年的年度报告为整体评价报告）。年度评价合格的，继续予以资金支持；评价不合格的，要在评价报告报送前予以整改，整改不到位的，不再安排资金支持，取消试点资格、予以通报，并在相关考核中扣分。

6. 关于开展 2023 年畜禽养殖标准化示范创建活动的通知

项目要点

主管部门	农业农村部
项目名称	关于开展 2023 年畜禽养殖标准化示范创建活动的通知
参考文件	农办牧〔2023〕4 号
申报主体	县级单位
激励政策	其他优惠政策优先向其倾斜。
主要要求	符合《畜禽养殖标准化示范创建活动工作方案（2018—2025 年)》确定的创建标准。畜种须在农业农村部公布的《国家畜禽遗传资源目录》范围之内，且有省级畜牧兽医主管部门公布的细化创建标准；创建的养殖场须在养殖场直联直报信息平台备案。

引用文件要求

农业农村部办公厅
关于开展 2023 年畜禽养殖
标准化示范创建活动的通知

农办牧〔2023〕4 号

各省、自治区、直辖市农业农村（农牧）、畜牧兽医厅（局、委），新疆生产建设兵团农业农村局：

为提升畜禽养殖设施化、标准化水平，增强畜牧业质量效益竞争力和畜产品供给保障能力，促进畜牧业高质量发展，按照农业高质量发展标准化示范项目管理要求，2023 年我部继续开展畜禽养殖标准化示范创建活动。现将有关事项通知如下。

一、基本条件

畜禽养殖标准化示范场须符合《畜禽养殖标准化示范创建活动工作方案

（2018—2025 年）》确定的创建标准。畜种须在农业农村部公布的《国家畜禽遗传资源目录》范围之内，且有省级畜牧兽医主管部门公布的细化创建标准；创建的养殖场须在养殖场直联直报信息平台备案。

二、指标分配

根据各省份畜牧业发展及近几年示范创建工作开展情况，分档设置 2023 年示范场创建控制指标，各省份申报数量原则上不超过控制指标。复验示范场不占本年度控制指标。

三、工作安排

（一）畜禽养殖标准化示范场创建

组织申报。4 月底前，省级畜牧兽医主管部门公布本省份示范场细化创建标准，按要求完成组织申报工作。同时将创建标准电子版发送至全国畜牧总站备案。

遴选考核。5—7 月，省级畜牧兽医主管部门依照创建标准，组织对申报养殖场进行材料审查和现场考核验收，对到期并继续创建的示范场，按标准现场复验。7 月底前，省级畜牧兽医主管部门将新创建示范场申请材料及现场考核验收结果、复验示范场审核意见的纸质和电子材料报送至全国畜牧总站。

审查确定。8—10 月，我部畜牧兽医局组织全国畜牧总站对各地申报养殖场进行材料审查，根据材料审查结果现场抽查部分养殖场，在此基础上召开专家评审会议确定示范场建议名单。12 月底前，我部按程序公示并发布 2023 年度示范场名单以及复验合格示范场名单。

（二）标准化示范场示范推广

启动示范推广宣传周活动。第二季度，省级畜牧兽医主管部门集中选择一周时间，组织开展国家级或省级标准化示范场新技术新工艺新模式宣传推广活动，通过技术培训、现场观摩、产品展示等多种形式，以设施养殖为重点，推广示范场在节约资源（土地、饲料、良种和人工等）、提高效率、绿色发展等方面的先进实用技术模式，供广大养殖场户学习借鉴。7 月底前，各省份将示范推广宣传情况及示范带动案例电子版发送至全国畜牧总站。

开展技术模式集成提炼。上半年，我部畜牧兽医局会同全国畜牧总站和国家现代畜牧产业技术体系，以生猪、奶牛、蛋鸡、肉鸡、肉牛和肉羊标准化示范场为重点，集成一批可复制、可推广的高效设施养殖整套技术模式；10 月底前，制定印发生猪、蛋鸡和肉鸡立体养殖技术指导意见，为各地发展设施畜牧业提供参考。

发布一批典型案例。12月底前，我部畜牧兽医局会同全国畜牧总站结合地方示范推广活动，优选公布一批畜禽养殖标准化示范场示范带动典型案例，组织行业主流媒体广泛宣传推介，适时通过多种渠道和方式对带动作用发挥显著的示范场予以倾斜支持。

7. 关于印发《国家农业科技园区发展规划（2018—2025 年）》的通知

项目要点

主管部门	科技部、农业部、水利部、国家林业局等
项目名称	关于印发《国家农业科技园区发展规划（2018—2025 年）》的通知
参考文件	国科发农〔2018〕30 号
申报主体	县级单位
激励政策	其他优惠政策优先向其倾斜。
主要要求	集聚创新资源，培育农业农村发展新动能，着力拓展农村创新创业、成果展示示范、成果转化推广和职业农民培训的功能。强化创新链，支撑产业链，激活人才链，提升价值链，分享利益链，努力推动园区成为农业创新驱动发展先行区、农业供给侧结构性改革试验区和农业高新技术产业集聚区，打造中国特色农业自主创新的示范区。

引用文件要求

科技部 农业部 水利部 国家林业局
中国科学院 中国农业银行
关于印发《国家农业科技园区发展规划
（2018—2025 年）》的通知

国科发农〔2018〕30 号

各省、自治区、直辖市、计划单列市科技厅（委、局）、农业厅（局）、水利（水务）厅（局）、林业厅（局），新疆生产建设兵团科技局、农业局、水利局、林业局，中国科学院院属各单位，农业银行各分行：

为深入贯彻落实党的十九大报告关于"实施乡村振兴战略"精神和中央一号文件关于"提升农业科技园区建设水平"要求，落实《"十三五"国家科技创新规划》和《"十三五"农业农村科技创新规划》要求，进一步加快国家农业科技园区创新发展，科技部、农业部、水利部、国家林业局、中国科学院、中国农业银行共同制定了《国家农业科技园区发展规划（2018—2025年)》。现印发给你们，请结合各地实际认真贯彻执行。

国家农业科技园区发展规划
（2018—2025 年）

当前，我国正处于深入实施创新驱动发展战略、全面深化科技体制改革、推进农业农村现代化的关键时期，处于全面建成小康社会和进入创新型国家行列的决胜阶段。为深入贯彻党的十九大关于"实施乡村振兴战略"部署和《中共中央国务院关于实施乡村振兴战略的意见》精神，认真落实《"十三五"国家科技创新规划》和《"十三五"农业农村科技创新规划》要求，进一步加快国家农业科技园区（以下简称"园区"）创新发展，制订本规划。

一、现状与成就

为落实中共中央、国务院《关于做好 2000 年农业和农村工作的意见》（中发〔2000〕3 号）中"要抓紧建设具有国际先进水平的重点实验室和科学园区，并制定扶植政策"和国务院办公厅《关于落实中共中央、国务院做好 2000 年农业和农村工作意见有关政策问题的通知》（国办函〔2000〕13 号）中"科学园区由科技部牵头，会同有关部门制定建设规划和政策措施"精神，自 2000 年以来，科技部联合农业部、水利部、国家林业局、中国科学院、中国农业银行等部门，启动了国家农业科技园区建设工作。园区发展经历了试点建设（2001 年至 2005 年）、全面推进（2006 年至 2011 年）、创新发展（2012年至今）三个阶段。截至 2017 年底，已批准建设了 246 个国家级园区，基本覆盖了全国所有省、自治区、直辖市、计划单列市及新疆生产建设兵团，初步形成了特色鲜明、模式典型、科技示范效果显著的园区发展格局。按照建设和运营主体的差异，园区形成了政府主导型（占 87.0%）、企业主导型（占9.7%）、科研单位主导型（占 3.3%）三种模式。近年来，园区基于自身发展模式和区域特色等，为适应创新驱动发展的需要，在功能定位、规划布局上出现了一系列新变化，政府主导型园区向农业高新技术产业培育和产城产镇产村融合的杨凌模式发展，其他两类园区分别向科技服务和成果应用方向发展。

自开始建设以来，园区建设得到了各有关部门、各级政府的大力支持，中央一号文件先后 7 次对园区工作做出部署，为园区有序、健康发展提供了坚实保障，同时也为依靠科技创新驱动现代农业发展提供了新型模式和示范样板。

（一）保障国家粮食安全的重要基地

在东北平原、华北平原、长江中下游平原的 13 个粮食主产省份，先后部署了 117 个园区。通过实施国家种业科技创新、粮食丰产科技工程、渤海粮仓科技示范工程等重大科技项目，园区已成为优良农作物新品种、粮食丰产技术集成创新的示范基地，为粮食产量十二连增作出了重要贡献。截至 2015 年底，园区累计增产粮食 5600 多万吨，增加效益 1000 多亿元，有力地带动了园区周边地区粮食增产增效，推动实现"藏粮于地、藏粮于技"。

（二）加快农业科技创新创业和成果转移转化的重要平台

园区注重政产学研合作交流平台和技术研发平台建设，吸引大学、科研院所和企业入驻，联合开展农业技术研发。深入推行科技特派员制度，积极引导科技人员创新创业，鼓励科技特派员创办农业科技型企业，建设星创天地，健全新型社会化农业科技服务体系，发展星火基地、农科驿站、专家大院、科技服务超市及农技信息化服务，加速农业科技成果的转移转化。目前已建成的 246 家园区核心区面积 579 万亩，示范区 2.0 亿亩。园区引进培育的农业企业总数达 8700 多家，其中高新技术企业 1555 家。累计引进培育新品种 4.09 万个，推广新品种 1.46 万个，引进推广各类农业新技术 2.2 万项，审定省级及以上植物和畜禽水产新品种 642 项，取得专利授权超过 4000 项。

（三）推动农业产业升级和结构调整的重要支撑

园区坚持以创新为动力，加速现代产业组织方式进入农业领域，产业发展形态由"生产导向"向"消费导向"转变，发展模式由"拼资源、拼环境"的粗放式发展向"稳数量、提质量"的集约式发展转变，有力地推动了产业升级和结构调整。园区内粮食、蔬菜、花卉、林果、农产品加工等传统产业不断发展壮大，农产品物流、科技金融、电子商务等现代服务业加速成长，推动了农村一二三产融合发展。园区以展示现代农业技术、培训职业农民为主攻方向，加强农业先进技术组装集成，促进传统农业改造与升级。2015 年，园区实现总产值 1.2 万亿元，培训农民 374 万人，带动当地农民 170 万人就业；全员劳动生产率 14.25 万元/人，比全国 8.90 万元/人高 60.1%，各项创新指标明显优于全国平均水平。

（四）探索农业科技体制机制改革创新的重要载体

按照加快转变政府职能与更好发挥市场作用相结合的要求，加强园区之间政策联动、投资结盟、信息共享、产业互动，进一步激发园区活力，形成了园区自我发展的长效机制，推动了园区产城产镇产村融合发展，推进了政府、市场、社会的协同创新，提升公共服务水平，推动金融资源更多向农村倾斜，为建设美丽宜居乡村，加快推进城乡二元结构破解做出新贡献。

二、形势与需求

当前，中国特色社会主义进入新时代，我国社会主要矛盾已经转化为人民日益增长的美好生活需要和不平衡不充分的发展之间的矛盾，我国经济也已由高速增长阶段转向高质量发展阶段。深化供给侧结构性改革，加快建设创新型国家，实施创新驱动发展战略和乡村振兴战略，有力推动了农业农村发展进入"方式转变、结构优化、动力转换"的新时期。园区发展既存在诸多有利条件和机遇，也面临不少困难和挑战，必须更加依靠科技进步实现创新驱动、内生发展。

（一）实施创新驱动发展战略为园区发展提供了新动源

实施创新驱动发展战略，建设世界科技强国，是以习近平同志为核心的党中央在新的历史方位立足全局、面向未来做出的重大战略决策。习近平总书记指出，"实施创新驱动发展战略，必须紧紧抓住科技创新这个'牛鼻子'，切实营造实施创新驱动发展战略的体制机制和良好环境，加快形成我国发展新动源。"当前，全球新一轮农业科技革命和产业变革蓄势待发，信息技术、生物技术、制造技术、新材料技术、新能源技术等广泛渗透到农业农村领域，带动了以绿色、智能、泛在为特征的群体性重大技术突破。深入推行科技特派员制度，创新创业进入活跃期，"大众创业、万众创新"深入人心，人才、知识、技术、资本等创新资源加速流动。园区要准确把握未来发展的阶段性特征和新的任务要求，以创新驱动发展战略为动源，打造科技先发优势，推动更多农业科技成果直接转化为新技术、新产品，形成新产业、新业态，培育新动能、新活力。

（二）推进供给侧结构性改革对园区发展提出了新要求

推进农业供给侧结构性改革任重道远。一方面，农产品价格封顶、农业生产成本抬升、进口农产品冲击、农业资源过度利用与紧缺双重约束日益加剧；另一方面，农村土地流转加速，规模经营比例扩大，新型农业经营主体参与，支撑新型农业经营体系的需求更加迫切；尤其是在经济发展速度放缓的背景下，农民持续增收的压力变大。园区作为农业科技创新、技术应用和产业发展的示范样板，要加快推进农业供给侧结构性改革，把提高农产品的供给质量和效率作为主攻方向,推进农业农村现代化;要建立创新驱动现代农业发展的新模式,融合聚集科教、资本等资源,探索多种模式和途径,孵化、培育农业高新技术企业,提升农业产业整体竞争力,充分发挥科技在农业现代化建设进程中的支撑引领作用。

(三)打赢脱贫攻坚战为园区发展带来新机遇

打赢脱贫攻坚战,全面建成小康社会,是中国共产党对全国人民的庄严承诺,也是中国政府对全世界的郑重宣告。当前我国进入全面建成小康社会决胜期,脱贫攻坚进入攻坚拔寨的冲刺阶段,园区要加强科技供给,发挥示范带动作用,服务于脱贫攻坚的主战场。要充分发挥园区产业集聚、平台载体、政策环境以及基础设施等方面的优势,加快先进适用科技成果的转化应用,培育创新创业主体,加强农民技能培训,推进创业式扶贫,以创业带动产业发展,以产业发展带动精准脱贫,增强贫困地区可持续发展的内生动力。

面对农业农村发展新时期以及供给侧结构性改革的新需求,农业科技园区建设在取得显著成绩的同时,也存在诸多需要进一步完善和亟待解决的新问题,主要表现在:一是引领示范现代农业发展的作用还未充分凸显,园区创新创业、成果转化水平仍需进一步提高,新产业和新业态的集聚效应不够,农业产业竞争力不强;二是区域布局有待进一步优化,园区发展不平衡,建设水平参差不齐,创新资源和要素流动不畅,同质化竞争严重,支撑区域发展显示度不高,东部地区的园区布局密度、发展水平明显高于中西部地区;三是资源整合力度有待加大,园区的组织领导和业务指导有待加强,园区缺乏支撑政策,特别是土地配套政策、金融贷款政策和社会投资政策,导致园区科教资源和创新型企业的集聚力度不强。因此,必须按照党中央国务院的战略部署,按照十九大提出的战略目标,牢牢把握战略机遇,乘势而上,推动园区发展迈上新台阶。

三、总体要求

(一)指导思想

全面贯彻党的十九大精神,以习近平新时代中国特色社会主义思想为指导,统筹推进"五位一体"总体布局和协调推进"四个全面"战略布局,牢固树立和贯彻落实新发展理念,以实施创新驱动发展战略和乡村振兴战略为引领,以深入推进农业供给侧结构性改革为主线,以提高农业综合效益和竞争力为目标,以培育和壮大新型农业经营主体为抓手,着力促进园区向高端化、集聚化、融合化、绿色化方向发展,发展农业高新技术产业,提高农业产业竞争力，推动农业全面升级；着力促进产城产镇产村融合，统筹城乡发展，建设美丽乡村，推动农村全面进步；着力促进一二三产业融合，积极探索农民分享二三产业利益的机制，大幅度增加农民收入，推动农民全面发展。

（二）建设定位

集聚创新资源，培育农业农村发展新动能，着力拓展农村创新创业、成果展示示范、成果转化推广和职业农民培训的功能。强化创新链，支撑产业链，激活人才链，提升价值链，分享利益链，努力推动园区成为农业创新驱动发展先行区、农业供给侧结构性改革试验区和农业高新技术产业集聚区，打造中国特色农业自主创新的示范区。

（三）基本原则

1. 坚持创新引领。深入实施创新驱动发展战略，以科技创新为核心，大力强化农业高新技术应用，培育农业高新技术企业，发展农业高新技术产业，建设一批农业高新技术产业集聚的园区，统筹推进科技、管理、品牌、商业模式等领域全面创新。

2. 加强分类指导。根据各地区的资源禀赋与发展阶段，立足区域农业生态类型和产业布局，对园区进行分类建设和指导，促进区域特色优势产业集聚升级。

3. 强化示范带动。创新完善园区核心区、示范区、辐射区之间的技术扩散和联动机制，增强园区科技成果转移转化和辐射带动能力，提高农业生产的土地产出率、资源利用率和劳动生产率。

4. 发挥"两个作用"。更好地发挥政府的引导作用，集成科技、信息、资本、人才、政策等创新要素，加大对园区支持；更好地发挥市场在资源配置中的决定性作用，调动园区与高等院校、科研院所、企业、新型经营主体等各方面的积极性。

（四）发展目标

到 2020 年，构建以国家农业科技园区为引领，以省级农业科技园区为基础的层次分明、功能互补、特色鲜明、创新发展的农业科技园区体系。

——园区布局更加优化。国家级农业科技园区达到 300 个，带动省级园区发展到 3000 个，基本覆盖我国主要农业功能类型区和优势农产品产业带。

——园区成果转移转化能力不断增强。累计推广应用农业新技术 4000 项、新品种 6000 个以上，授权发明专利数在 1000 个以上。

——园区高新技术产业集聚度有较大提升。培育 20 个产值过 100 亿元、

30 个产值过 50 亿的园区，3000 个农业高新技术企业，10000 个农业技术成果推广示范基地。

——园区大众创业万众创新成效显著。园区累计创建 500 个"星创天地"，创新创业活动持续涌现，创新创业氛围更加浓厚。

——园区精准脱贫带动能力大幅提升。累计培训农民 1000 万人次以上，带动周边农民收入增长 20% 以上，推动园区成为科技扶贫、精准脱贫的重要载体。

到 2025 年，把园区建设成为农业科技成果培育与转移转化的创新高地，农业高新技术产业及其服务业集聚的核心载体，农村大众创业、万众创新的重要阵地，产城镇村融合发展与农村综合改革的示范典型。

四、重点任务

（一）全面深化体制改革，积极探索机制创新

以体制改革和机制创新为根本途径，在农业转方式、调结构、促改革等方面进行积极探索，推进农业转型升级，促进农业高新技术转移转化，提高土地产出率、资源利用率、劳动生产率。通过"后补助"等方式支持农业科技创新，深入推进科研成果权益改革试点。加快落实农业科技成果转化收益、科技人员兼职取酬等制度规定。完善政策、金融、社会资本等多元投入机制，着力优化投入结构，创新使用方式，提升支农效能，通过创新驱动将小农生产引入现代农业发展的轨道。

（二）集聚优势科教资源，提升创新服务能力

引导科技、信息、人才、资金等创新要素向园区高度集聚。吸引汇聚农业科研机构、高等学校等科教资源，在园区发展面向市场的新型农业技术研发、成果转化和产业孵化机构，建设农业科技成果转化中心、科技人员创业平台、高新技术产业孵化基地。支持园区企业和科研机构结合区域实际，自主承担或联合参与国家科研项目，开展特色优势产业关键共性技术研发和推广。吸引汇聚农业科研机构、高等学校等科教资源，搭建各类研发机构、测试检测中心、院士专家工作站、技术交易机构等重大功能型和科研公共服务平台，促进国际先进技术、原创技术的对接与转化。引导园区积极开展技术培训、创新创业、企业孵化、信息交流、投融资等一体化服务，加强先进实用技术集成示范，打造科技精准扶贫模式，发挥园区窗口效应和带动作用。

（三）培育科技创新主体，发展高新技术产业

打造科技创业苗圃、企业孵化器、星创天地、现代农业产业科技创新中心等"双创"载体，培育一批技术水平高、成长潜力大的科技型企业，形成农业高新技术企业群。依托园区资源禀赋和产业基础，打造优势特色主导产业，实现标准化生产、区域化布局、品牌化经营和高值化发展，形成一批带动性强、特色鲜明的农业高新技术产业集群。发展"互联网＋园区"等创新模式和新型业态，强化现代服务业与农业高新技术产业的融合发展。加强特色优势产业共性关键技术研发，增强创新能力和发展后劲。突出"高""新"特征，强化高新技术在农业中的应用，使产业链向中高端延伸，形成现代农业发展和经济增长的新业态。

（四）优化创新创业环境，提高园区双创能力

构建以政产学研用结合、科技金融、科技服务为主要内容的创新体系，提高创新效率。建设具有区域特点的农民培训基地，提升农民职业技能，优化农业从业者结构，培养适应现代农业发展需要的新农民。按照实施人才强国战略的要求，聚集一批农业领域战略科技人才、科技领军人才、青年科技人才和高水平创新团队，打造一支素质优良、结构合理的农业科技创新创业人才队伍。促进园区更加注重吸引、培养、使用、激励人才，更加注重发挥创新型企业家、专业技术人才在园区发展中的作用，营造集聚创新创业人才的生态环境。坚持高端人才引进与乡土人才培养并重，鼓励有条件的园区建立创业服务中心和科技孵化器。鼓励大学生、企业主、科技人员、留学归国人员自主创新创业，使各类"双创"主体成为推动农业创新发展的主力军。

（五）鼓励差异化发展，完善园区建设模式

全面推进国家农业科技园区建设，引导园区依托科技优势，开展示范推广和产业创新，培育具有较强竞争力的特色产业集群。按照"一园区一主导产业"，打造具有品牌优势的农业高新技术产业集群，提高农业产业竞争力。建设区域农业科技创新中心和产业发展中心，形成区域优势主导产业，探索创新驱动现代农业发展的特色模式，形成可复制可推广的经验做法。

（六）建设美丽宜居乡村，推进园区融合发展

走中国特色新型城镇化道路，探索"园城一体""园镇一体""园村一体"的城乡一体化发展新模式。整合园区基础设施、土地整治、农业综合开发、新型城镇化等各类资源，兼顾园区生产生活生态协调发展。强化资源节约、环境友好，确保产出高效、产品安全。推进农业资源高效利用、提高农业全要素生产率，发展循环生态农业，打造水体洁净、空气清新、土壤安全的绿

色园区。依托园区绿水青山、田园风光、乡土文化等资源，促进农业与旅游休闲、教育文化、健康养生等产业深度融合，发展观光农业、体验农业、创意农业。打造"一园一品""一园一景""一园一韵"，建设宜业宜居宜游的美丽乡村和特色小镇，带动乡村振兴。

五、保障措施

（一）强化组织领导

建立科技部牵头，联合农业部、水利部、林业局、中科院、中国农业银行等相关部门统筹协调，省级科技主管部门业务指导，园区所在市人民政府具体推进的工作联动机制，形成国家和地方共同支持园区创新发展的新模式，建立管理科学、运转高效、部门协同、部省联动的运行机制。适时调整园区协调指导小组成员单位，加强对园区的组织领导、顶层设计。各省级科技行政管理部门要成立园区工作领导小组，推进园区建设。各园区要设立管理委员会，落实必要的管理职权和专职人员，推进"放管服"改革，构建精干高效的管理体系。实施园区"建管分离、管评分离"的管理机制，发挥好各类创新战略联盟的作用，加强园区之间的培训交流、成果对接，为产业发展提供示范引领和服务支撑。加强园区智库建设，成立园区专家咨询委员会，建立区域性园区核心专家库制度。

（二）加大政策支持

结合中央财政科技计划（基金、专项等）管理改革，通过技术创新引导专项（基金）、"三区"人才支持计划科技人员专项计划等，支持园区开展农业科技成果转化示范、创新创业。鼓励国家重点研发计划农业领域项目优先在园区研发试验、科技示范。科技部会同有关部门，探索制定园区土地、税收、金融以及鼓励科技人员创新创业的专项政策，赋予更大的改革试验权。创新科技金融政策，通过政府和社会资本合作（PPP）等模式，吸引社会资本向示范区倾斜，支持园区基础设施建设；鼓励社会资本在示范区投资组建村镇银行等农村金融机构。创新信贷投放方式，鼓励政策性、商业性金融机构在业务范围内为符合条件的示范建设项目提供信贷支持。各园区所在地人民政府结合本地情况，制定符合当地实际且操作性强的支持园区发展相关政策。各级科技行政管理部门要加大涉农科技计划项目与园区建设的资源整合。对园区创新驱动发展涌现出的新典型、新模式、新机制，及时总结推广，加大对先进单位和个人的表彰力度。

（三）加强协同发展

进一步转变政府职能、提高服务效能，在投融资、技术创新、成果转化、人才管理以及土地流转等方面进行探索创新，推进园区协同创新。建立园区统一的信息平台、交易平台、成果平台、专家平台，实现园区资源整合和互联互通。引导各地园区建立区域联盟主导产业联盟，开展技术、成果、市场、信息共享，推动园区产业发展。国家级农业科技园区在推进农业科技成果转化、农业新兴产业培育、现代农业管理模式创新方面发挥示范作用。省级农业科技园区要因地制宜，突出区域优势，针对区域农业发展瓶颈，开展联合攻关，解决制约区域农业发展的重大问题。进一步加快农业科技成果转化，加强职业农民培训，推进科技扶贫精准脱贫。可结合实际成立园区投资管理公司或园区服务公司，作为园区工程建设、科技研发与企业服务的执行机构，推进园区建设发展。

（四）开展监测评价

落实国家创新调查制度，加强园区创新能力监测评价研究，更加注重经济发展质量和效益，突出对园区科技创新、产业发展、企业培育、辐射带动、脱贫攻坚等方面的考核和评价。建立园区年度创新能力监测与评价制度和工作体系，组织开展园区年度创新能力监测与评价，根据评价结果和区域发展需求进行针对性指导，在对园区评价监测基础上，采取后补助机制及政府购买服务等形式，重点支持科技创新能力提升和高新技术成果转化应用。强化园区动态管理，建立淘汰退出机制，对已经验收的园区定期进行评估，优先支持成绩优秀的园区。对评估不达标的园区责令限期整改，整改后仍不达标的取消国家农业科技园区资格。

8. 关于全面推进农产品产地冷藏保鲜设施建设的通知

项目要点

主管部门	农业农村部、财政部
项目名称	关于全面推进农产品产地冷藏保鲜设施建设的通知
参考文件	农办市〔2021〕7 号
申报主体	县级单位
激励政策	中央资金 2000 万元。
主要要求	围绕鲜活产品，聚焦新型主体，相对集中布局，标准规范引领，农民自愿自建，政府以奖代补，助力降损增效，推动产地冷藏保鲜能力、商品化处理能力和服务带动能力显著提升，促进"互联网＋"农产品出村进城加快实施、农产品产销对接更加顺畅、小农户与大市场有效衔接，更好满足城乡居民需求。

引用文件要求

农业农村部办公厅　财政部办公厅
关于全面推进农产品产地冷藏保鲜
设施建设的通知

农办市〔2021〕7 号

各省、自治区、直辖市及计划单列市农业农村（农牧）厅（局、委）、财政厅（局），新疆生产建设兵团农业农村局、财政局，北大荒农垦集团有限公司、广东省农垦总局：

　　加强农产品产地冷藏保鲜设施建设，是加快形成"双循环"新发展格局下的有效举措，是现代农业重大牵引性工程和促进产业消费"双升级"的重要内容，对提高重要农副产品供给保障能力、巩固拓展脱贫攻坚成果同乡村振兴有效衔接、提升乡村产业链供应链现代化水平具有重要意义。根据中央经济工作会议、中央农村工作会议和 2021 年中央一号文件精神，现就全面推进农产品产地冷藏保鲜设施建设工作有关事宜通知如下。

一、主要目标

以习近平新时代中国特色社会主义思想为指导，坚持供给侧结构性改革和注重需求侧管理，充分发挥市场在资源配置中的决定性作用，坚持"农有、农用、农享"的原则，围绕鲜活产品，聚焦新型主体，相对集中布局，标准规范引领，农民自愿自建，政府以奖代补，助力降损增效，推动产地冷藏保鲜能力、商品化处理能力和服务带动能力显著提升，促进"互联网＋"农产品出村进城加快实施、农产品产销对接更加顺畅、小农户与大市场有效衔接，更好满足城乡居民需求。

二、建设重点

（一）实施区域

实行扩面推广与典型示范相结合，中央财政支持将农产品产地冷藏保鲜设施建设区域扩大至全国 31 个省（自治区、直辖市）及新疆生产建设兵团、北大荒农垦集团有限公司、广东省农垦总局、中国融通农业发展集团有限公司（以下简称"各省"），聚焦鲜活农产品主产区、特色农产品优势区和 832 个脱贫县，选择产业重点县（市、区）（以下简称"县"），重点围绕蔬菜、水果，兼顾地方优势特色品种开展设施建设，鼓励向 832 个脱贫县倾斜。在此基础上，择优选择 100 个产业基础好、主体积极性高、政策支持力度大的蔬菜、水果等产业重点县，中央财政支持开展农产品产地冷藏保鲜整县推进试点，同时支持北大荒农垦集团有限公司、广东省农垦总局、中国融通农业发展集团有限公司推进试点，推动形成绿色、高效、全链条的农产品产地冷藏保鲜服务网络。

（二）建设内容

1. 通风贮藏库。在马铃薯、甘薯、山药、大白菜、胡萝卜、生姜等耐贮型农产品主产区，充分利用自然冷源，因地制宜建设地下、半地下贮藏窖或地上通风贮藏库，采用自然通风和机械通风相结合的方式保持适宜贮藏温度。

2. 机械冷库。在果蔬及其他种植类农产品主产区，根据贮藏规模、自然气候和地质条件等，采用土建式或组装式建筑结构，配备机械制冷设备，新建保温隔热性能良好、低温环境适宜的冷库和果蔬速冻库；也可对闲置的房屋、厂房、窑洞等进行保温隔热改造，安装制冷设备，改建为机械冷库。

3. 气调贮藏库。在苹果、梨、香蕉等呼吸跃变型农产品主产区，建设气密性较高、可调节气体浓度和组分的气调贮藏库，配备有关专用气调设备，对商品附加值较高的产品进行气调贮藏。

4. 预冷及配套设施设备。根据产品特性、市场发展和储运加工的实际需要，规模较大的设施，可配套建设强制通风预冷、差压预冷或真空预冷等预冷库或预冷设施，配备必要的称量、清洗、分级、检测、信息采集等设备以及新建贮藏设施专用的供配电设备。

（三）支持对象

依托县级以上示范家庭农场和农民合作社示范社（832 个脱贫县可不受示范等级限制），已登记的农村集体经济组织，以及北大荒农垦集团有限公司、广东省农垦总局下属农场，中国融通农业发展集团有限公司（以下简称"建设主体"）实施。试点县可因地制宜鼓励引导农业龙头企业、农业产业化联合体，以及可有效实现联农带农、"农超对接"的相关市场主体，积极参与农产品产地冷藏保鲜设施建设。

（四）补助标准

根据农业生产发展资金有关要求，采取"双限"适当支持。按照不超过建设设施总造价的 30% 进行补贴，832 个脱贫县不高于 40%，单个主体（不含农垦农场和中国融通农业发展集团有限公司）补贴规模最高不超过 100 万元，具体补贴标准由地方制定。对每个农产品产地冷藏保鲜整县推进试点县（以下简称"试点县"）给予重点补奖，原则上第一年安排补助资金 2000 万元，具体由各地结合实际并根据规定的支持对象和补助标准确定，下一年重点根据试点县农产品产地冷藏保鲜服务网络绩效评价结果，再适当安排奖励资金继续支持。对农民合作社获得的财政直接补助形成的资产要量化到全体成员并记载在成员账户中；对农村集体经济组织获得的财政直接补助形成的资产要量化为集体成员持有的股份。

三、组织实施

按照自愿申报、自主建设、定额补助、先建后补的程序，支持建设主体新建或改扩建设施。各地要准确把握政策，完善工作流程，实行申请、审核、公示到补助发放全过程线上管理，确保公开公平公正。

（一）编报实施方案

省级农业农村部门要摸清底数，会同财政部门编制省级整体实施方案，明确基本情况、思路目标、空间布局、建设内容和任务、资金支持和进度安排等，于4月30日前报农业农村部、财政部备案。要按照《农产品产地冷藏保鲜整县推进试点县工作方案》（附后）的要求，认真开展遴选并组织试点县编制实施方案，于4月30日前汇总后上报农业农村部、财政部进行审核，对未通过审核的直接取消试点资格，项目不再递补，资金予以抵扣。

（二）组织立项申报

省级农业农村部门、财政部门应及时发布实施方案、补助控制标准等重点信息，县级农业农村部门、财政部门应在申报工作启动前10个工作日向社会公布相关事宜，指导相关主体下载农业农村部新型农业经营主体信息直报系统APP或农业农村部重点农产品市场信息平台农产品仓储保鲜冷链物流信息系统APP，开展申报工作。坚持建设主体自愿申报，按规定提交申请资料，对真实性、完整性和有效性负责，并承担相关法律责任。

（三）自主开展建设

建设主体要按照本地技术方案要求，自主选择具有专业资质和良好信誉的施工单位开展建设、采购符合标准的设施设备。建设主体对建设和采购的设施设备拥有所有权，同时承担安全建设运营的主要责任。

（四）及时组织核验

建设主体提出验收申请后，县级农业农村部门、财政部门应会同相关部门，对设施建设的规范性、申报内容的一致性、技术方案的符合性等开展核验，有条件的县可委托第三方评估机构验收。鼓励各地探索将合法收据、普通发票和完整建设记录等纳入核验凭据范围。

（五）兑付补助资金

县级农业农村部门、财政部门应按照职责分工和时限要求，及时向验收通过的建设主体发放补助资金，并公示补助发放情况。对享受补助的冷藏保鲜设施，应设立专门的标识和编号。

北大荒农垦集团有限公司、广东省农垦总局、中国融通农业发展集团有限公司参照上述要求做好相关工作，实施方案按规定报农业农村部、财政部进行审核。

四、工作要求

（一）强化组织领导

省级农业农村部门、财政部门要高度重视，明确职责分工，密切沟通配合，形成工作合力；要科学确定实施区域，强化信息手段运用，加强全过程管理。任务实施县、农垦农场等要切实落实主体责任，主要负责同志要牵头抓总，建立健全联合工作机制，成立工作专班，切实做好各项建设工作。鼓励开展"一站式"服务，保证工作方向不偏，资金规范使用，建设取得实效。

（二）加大政策支持

各地要统筹用好中央和地方财政资金支持开展设施建设。要主动协调金融机构加大信贷支持，充分发挥全国农业信贷担保体系作用，鼓励创设冷藏保鲜设施建设专属信贷产品。切实落实农业设施用地政策，鼓励通过入股、租用等方式将村集体闲置房屋、废弃厂房或经营性建设用地等用于设施建设。在明确设施产权归建设主体所有、合理确定合作方式和收益分配的基础上，鼓励与批发市场、邮政快递、电商平台等企业开展合作，试点示范支持一批田头公益市场。

（三）高效使用资金

省级财政部门要会同农业农村部门切实加强资金监管，定期调度和报送资金使用进度。对于资金结转量大、工作推进慢的地区将调减或不再安排下一年任务资金；对于绩效考核结果较差或出现严重负面影响的试点县将采取通报整改、扣减资金或终止试点资格等措施进行处理。加强与中央财政衔接推进乡村振兴补助资金管理支持项目的衔接，区分重点、统筹安排，避免交叉重复。

（四）严格风险防控

各地要建立设施建设内部控制规程，规范业务流程，强化监督制约，开展廉政教育。任务实施县要压实建设主体责任，严格核验程序，确保设施质量。对倒卖补助指标、套取补助资金、搭车收费等严重违规行为，要坚决查处。省级农业农村部门要对 2020 年度设施建设情况进行全面自查，逐项梳理查找风险点和不足，制定防控举措和解决办法，并于 2021 年 6 月 30 日前将自查情况报农业农村部市场与信息化司。

（五）加强宣传示范

各地要通过发放明白纸、张贴宣传画、现场教学和建设样板库等方式，开展专业化、全程化、实用化培训，提升政策实施效果。鼓励各地结合实际开展农产品产地市场信息数据采集，加强与邮政、快递、电商等企业合作，促进区域内设施资源整合，实现上游产品和下游服务高效对接，拓展延伸产业链供应链。要及时总结先进经验，综合运用报纸杂志、广播电视、互联网等渠道强化宣传，指导试点县做好总结评估，推出一批机制创新、政策创新、模式创新的典型案例，切实发挥试点示范带动作用。

9. 关于做好 2025 年乡村振兴 （和美乡村建设及农村产业融合发展方向）中央预算内投资项目储备工作的通知

项目要点

主管部门	国家发展改革委、农业农村部
项目名称	关于做好 2025 年乡村振兴（和美乡村建设及农村产业融合发展方向）中央预算内投资项目储备工作的通知及关于做好 2025 年和美乡村建设中央预算内投资项目前期工作的函
参考文件	—
申报主体	县域
激励政策	中央财政资金 5000 万元。
主要要求	和美乡村建设项目，常住人口在 1000 人以上的行政村每个定额安排中央预算内投资 300 万元，常住人口在 2000 人以上的行政村每个定额安排中央预算内投资 500 万元。单个项目县安排的行政村数量由项目县根据本办法第六条确定的支持范围和乡村演变趋势、农村基础设施现状、前期工作条件等合理确定，原则上不超过 20 个行政村。县域农村产业融合发展项目，单个项目县安排的中央预算内投资总规模不超过 5000 万元，分两年安排，中央预算内投资不超过总投资的 50%。其中，第一年原则上不超过 3000 万元；第二年安排与否、安排规模将视第一年项目建设成效、相关评价指标完成情况，按照奖优惩劣的原则统筹确定。

引用文件要求

中华人民共和国国家发展和改革委员会
关于做好 2025 年乡村振兴（和美乡村建设及农村产业融合发展方向）中央预算内投资项目储备工作的通知

各省、自治区、直辖市、计划单列市及新疆生产建设兵团发展改革委：

按照我委工作部署要求，现就做好 2025 年乡村振兴（和美乡村建设及农村产业融合发展方向）中央预算内投资项目储备有关工作通知如下。

一、总体要求

请认真对照《乡村振兴（和美乡村建设及县域农村产业融合发展方向）中央预算内投资专项管理办法》要求，结合实际需求，梳理报送 2025 年中央预算内投资储备项目清单重点明确项目名称、主要建设内容、项目前期工作情况、项目总投资和中央预算内投资需求，储备项目要确保明年下达投资后即可开工、配套资金能够及时到位。

二、关于和美乡村建设项目

要选择县级人民政府积极性高：其他农口项目实施进度较快的县，以县为单元编制项目前期工作文件。重点支持将长期存续、常住人口较多的集聚提升类村庄。涉及项目建设的村庄已完成村庄规划编制审批工作，农民建设意愿强烈，村集体经济年收入在 20 万元以上，基层组织完备、领导力较强，确保项目能够顺利实施。项目建设地点在村庄内部，根据农村区位、地形地貌、气候、生产生活习惯、经济发展水平、产业发展条件等合理确定项目建设内容。

三、关于农村产业融合发展项目

要选择产业特色鲜明、融合模式清晰的县，主导产业必须具备一定的规模，并以县为主体开展项目前期和申报工作。项目建设区域必须边界清晰，重点突出，在空间上适当集聚，功能上紧密衔接。建设内容与农村产业融合发展紧密关联，能够直接发挥带动促进作用，项目建设内容和投资安排不得与其他农业农村投资建设项目重复。每个省可储备报送不超过 8 个项目（含 2024 年已安排投资的续建项目），并体现初步排序意见。

请抓紧开展项目筛选把关，于 10 月 22 日（周二）下班前将储备项目填报推送至国家重大建设项目库重大项目储备区（重大项目储备区模块预计 10 月 20 日在国家重大建设项目库上线）原则上应将明年拟安排的项目全部纳入清单，并加快推动项目前期工作，确保后续计划下达后能尽快形成实物工作量。

农业农村部乡村建设促进司、国家发展改革委农村经济司关于做好 2025 年和美乡村建设中央预算内投资项目前期工作的函

河北、山西、内蒙古、辽宁、吉林、黑龙江、安徽、江西、河南、湖北、湖南、广西、海南、重庆、四川、贵州、云南西藏、陕西、甘肃、青海、宁夏、新疆等省（自治区、直辖市）和新疆生产建设兵团、大连市农业农村（农牧）厅（局、委）、发展改革委：

按照《关于做好 2025 年乡村振兴（和美乡村建设及农村产业融合发展方向）中央预算内投资项目储备工作的通知》（以下简称《通知》）要求，现就做好 2025 年和美乡村建设中央预算内投资项目前期工作安排如下。

一、确定重点县

省级农业农村部门结合省域乡村建设总体布局、年度工作任务和地方实际需求，重点依据乡村建设信息监测平台反映的建设短板和乡村建设项目库入库项目储备情况，按照《通知》明确的和美乡村建设要求，提出意向重点县清单。省级发展改革部门根据意向重点县人民政府积极性、其他农口项目实施进度，对意向重点县进行把关，会同农业农村部门确定重点县清单，并于 10 月 22 日下班前通过国家重大建设项目库推送储备项目。

二、编制工作方案

省级农业农村、发展改革部门组织重点县农业农村、发展改革部门自下而上梳理汇总本县境内符合条件的和美乡村建设需求，编制和美乡村建设中央预算内投资项目工作方案。工作方案经县级人民政府同意后，于 10 月下旬报送省级有关部门。省级发展改革、农业农村部门会同有关部门开展工作方案评议工作，根据项目建设合规性、必要性、可行性，确定推荐不超过 8 个项目县名单和次序，指导项目县开展前期工作编制、审批工作。对于分类加强政府投资项目管理的重点省份，要按照有关要求尽快开展提级论证工作。

工作方案包括以下四方面内容：一是项目村基本情况：包括常住人口数

量、村庄类别、村庄规划编制审批、村集体经济收入等并提供相关证明材料。二是和美乡村建设方案，包括村庄公共设施、生活污水处理设施、生活垃圾处理设施现状及存在的突出问题，项目建设内容、投资估算和资金筹措方案等。常住人口在 1000 人以上的行政村，每个行政村项目建设总投资不少于 350 万元；常住人口在 2000 人以上的行政村，每个行政村项目建设总投资不少于 550 万元。三是项目建设管理，包括建设管理模式、农民参与项目建设、建后管护机制和经费等情况。四是保障措施，包括县级人民政府组织领导方式、基层组织建设情况等。

三、做好投资计划申报准备工作

省级发展改革、农业农村部门要指导项目县按照《乡村振兴（和美乡村建设及农村产业融合发展方向）中央预算内投资专项管理办法》的规定，以县级行政区域为单元编制和美乡村建设项目前期工作文件，于 12 月底前完成项目可行性研究报告审批工作，并将项目可行性研究报告和批复文件作为 2025 年中央预算内投资计划申请文件的附件一并报送国家发展改革委、农业农村部。

乡村振兴（和美乡村建设及县域农村产业融合发展方向）中央预算内投资专项管理办法

第一章　总　　则

第一条　为加强和规范乡村振兴（和美乡村建设及县域农村产业融合发展方向）中央预算内投资专项管理，保障项目顺利实施，提高资金使用综合效益，根据《政府投资条例》（国务院令第 712 号）、《中央预算内投资补助和贴息项目管理办法》（国家发展改革委 2016 年第 45 号令）、《中央预算内投资项目监督管理办法》（国家发展改革委 2023 年第 10 号令）、《国家发展改革委关于规范中央预算内投资资金安排方式及项目管理的通知》（发改投资规〔2020〕518 号）等有关规定，制定本办法。

第二条　本办法适用于乡村振兴专项中和美乡村建设、县域农村产业融合发展项目使用中央预算内投资的申报、审核、下达和监管等，贯彻投资项目全生命周期管理要求，坚持项目申报、实施和监督管理责任相统一，建立健全上下联动、部门协同的投资管理体制机制，压实项目单位（法人）的投资项目实施和投资计划执行主体责任，以及项目日常监管责任单位的投资项目建设实施日常监管责任。

第三条　本专项按照"大专项＋任务清单"模式管理，全部为约束性任务。坚持公平公正、程序完备、综合监管的原则，平等对待各类投资主体。

第四条　本专项中央预算内投资应用于计划新开工或在建项目，原则上以县级行政区域（以下简称县域）为单位组织实施，不得用于已完工项目。

第五条　专项实施期限原则上为 5 年，如实施期满仍需继续执行，按照有关规定重新申请设立。

第二章　支持范围和标准

第六条　和美乡村建设方向重点支持东北地区、中部地区（含河北省）和西部地区（含海南省和新疆生产建设兵团）省份，聚焦未来将长久存续、人口集中的行政村（含农林牧场，其中：辽宁省、吉林省、黑龙江省、西藏自治区、内蒙古自治区、陕西省、甘肃省、青海省、宁夏回族自治区、新疆维吾尔自治区、新疆生产建设兵团安排常住人口在 1000 人以上的行政村，其他省份安排常住人口在 2000 人以上的行政村），优先支持集聚提升类村庄开展和美乡村建设，推动农村基础设施建设与产业发展互促互进。中央预算内投资支持的建设内容为：

（一）村庄公共设施，主要是村内道路、公共照明、公共绿地等基础设施建设，以及必要的公共服务设施。

（二）农村生活污水处理设施，主要是整村或联村集中式处理设施和配套管网建设，以及接入城镇污水管网的管道建设。

（三）农村生活垃圾处理设施，主要是生活垃圾转运、处置设施建设。鼓励集中建设区域农村有机废弃物综合处置利用设施，协同推进农村有机生活垃圾、厕所粪污、农业生产有机废弃物就地就近就农处理和资源化利用。

第七条　县域农村产业融合发展方向重点支持依托当地农业农村资源，补齐农业发展短板，延伸农业产业链条，拓展农业多种功能，实现乡村多元价值，联农带农机制健全的农村一二三产业融合发展项目，优先支持国家乡村振兴重点帮扶县、大型易地扶贫搬迁安置区周边和相关部门联合认定（含纳入第四批创建名单）的国家农村产业融合发展示范园范围内的项目，以点带面促进乡村产业高质量发展。中央预算内投资支持的建设内容为：

（一）农业生产基地配套基础设施，主要是农业种植养殖基地的灌溉排水、电力增容、生产道路、农业生产、污水处理等设施。

（二）农产品加工流通集聚区配套基础设施，主要是服务聚集区内农产品加工流通企业的公用性仓储保鲜、检验检测、冷链物流、集聚区内部公共道路等设施。

（三）促进乡村农文旅融合发展的给排水、污水处理、道路等设施。

第八条　各地应根据当地政府投资能力，统筹采取加大地方财政投入，合理使用地方政府专项债券、政策性贷款、国际金融组织贷款等多种方式，探索建立市场化、社会化投入机制引进社会资本参与项目建设，加大投入力度，多渠道保障项目建设资金需求。

本专项中央预算内投资不得用于各类楼堂馆所和"门墙亭廊栏"等景观类设施建设，不得安排已列入其他规划、已纳入中央预算内投资其他专项或中央财政资金支持范围的建设项目，不得用于已安排过中央预算内投资其他专项或中央财政资金的项目。

第九条　本专项中央预算内投资采取定额补助方式。

和美乡村建设项目，常住人口在 1000 人以上的行政村每个定额安排中央预算内投资 300 万元，常住人口在 2000 人以上的行政村每个定额安排中央预算内投资 500 万元。单个项目县安排的行政村数量由项目县根据本办法第六条确定的支持范围和乡村演变趋势、农村基础设施现状、前期工作条件等合理确定，原则上不超过 20 个行政村。

县域农村产业融合发展项目，单个项目县安排的中央预算内投资总规模不超过 5000 万元，分两年安排，中央预算内投资不超过总投资的 50%。其中，第一年原则上不超过 3000 万元；第二年安排与否、安排规模将视第一年项目建设成效、相关评价指标完成情况，按照奖优惩劣的原则统筹确定。

第十条　对符合相关条件的项目，国家发展改革委采取直接投资、投资补助等方式给予支持，中央预算内投资直接下达到具体项目。

第三章　前期工作管理

第十一条　以县级行政区域为单位组织开展和美乡村建设、县域农村产业融合发展项目的前期工作。

和美乡村建设项目要选择农民建设意愿强烈、产业基础好的集聚提升类村庄，瞄准农村基本具备现代生活条件的目标，统筹基础设施和公共服务布局，补齐和美乡村建设短板，为宜居宜业创造良好基础设施条件。项目前期工作要符合农业农村部、国家发展改革委制定的和美乡村建设项目管理导则，根据村庄区位、地形地貌、气候、人口聚集程度、生产生活习惯、经济发展水平、产业发展条件等合理确定重点建设任务，不搞千村一面。

县域农村产业融合发展项目要聚焦种养循环、农业产业链延伸、农文旅融合、产城（镇）融合等类型，在县域内合理布局。项目建设区域必须边界清晰，重点突出，在空间上适当集聚，功能上紧密衔接，充分发挥对农村产业融合发展的带动和促进作用。项目建设内容和投资安排不得与其他农业农村投资建设项目重复。

第十二条　地方各级发展改革、农业农村部门要会同有关部门加强项目储备，及时将符合条件的项目纳入全国投资项目在线审批监管平台（国家重大建设项目库）。要严格执行相关政策要求和技术规程规范，扎实做好项目前期工作，确保达到规定的深度和要求。

第十三条　本专项支持项目均为地方项目，项目审批权限由省级发展改革、农业农村部门商相关部门确定，按照地方有关规定执行。申请使用本专项中央预算内投资计划的项目，必须按规定完成可行性研究报告审批程序。

第十四条　省级发展改革、农业农村部门要会同省级有关部门，对和美乡村建设项目村选取的合理性进行把关，避免重复建设、过度超前建设、投资浪费等。在建设任务确定、组织实施方式等方面，要充分听取村民意见，尊重村民意愿，将项目建设管理全过程纳入村务公开范畴，切实保障村民的知情权、参与权、监督权。要创新建设模式，积极调动村民和经营主体力量，区别不同情况，既可采取专业化、市场化方式，也可通过村民自建等方式组织实施。要探索健全完善财政补贴、村集体经济组织付费和农户付费合理分担机制，切实建立起有制度、有标准、有队伍、有经费、有督查的和美乡村建设管护机制，确保项目长期发挥效益。

第十五条　项目可行性研究报告要明确项目总体思路和目标、建设地点、建设内容、建设规模、投资估算、资金来源、建设进度安排、管护机制、保障措施等。在项目可行性研究阶段要明确项目实施主体和责任部门，夯实工作责任。

第四章　投资计划申报

第十六条　和美乡村建设方向年度中央预算内投资计划申请报告，由省级发展改革、农业农村部门根据前期工作情况、项目批复的建设工期等，按照年度中央预算内投资计划草案编报的有关要求，联合向国家发展改革委、农业农村部报送；县域农村产业融合发展方向年度中央预算内投资计划申请报告，由省级发展改革部门向国家发展改革委报送。投资计划报送单位要对申请材料的真实性、合规性负责。

年度中央预算内投资计划申请报告包括项目的规划依据、前期工作及批复情况、年度投资需求、建设内容、绩效目标等。

第十七条　投资计划报送单位应对所报送项目和年度中央预算内投资计划是否符合本专项支持范围和支持标准、是否多头重复申报或超额申报中央预算内投资及其他中央财政建设性资金、项目是否完成审批手续、所需资金是否落实相应渠道、项目单位是否涉及被依法纳入严重失信主体名单等情况进行严格审查。要确保计划新开工项目前期工作完备、在建项目各项建设条件成熟，避免执行过程中调整投资计划或投资计划下达后形成沉淀资金。对项目单位、日常监管责任单位、汇总申报单位在投资计划申请、审核、下达、监管中，违反有关法规和本办法有关规定的，应当根据《政府投资条例》《中央预算内投资项目监督管理办法》等法规规章规定予以处罚。

第十八条　各地方申请中央预算内投资计划应符合当地政府投资能力，防范加重地方政府债务风险。

第十九条　申报投资计划时，应明确每个项目的项目单位和项目责任人、项目日常监管责任单位及监管责任人，并经项目日常监管责任单位及监管责任人认可。

第五章　投资计划下达与执行

第二十条　国家发展改革委会同农业农村部下达和美乡村建设方向中央预算内投资计划；国家发展改革委负责下达县域农村产业融合发展方向中央预算内投资计划。要综合考虑项目前期工作质量、上一年度绩效评价、各地投资建议计划上报情况等，做好投资计划编制下达工作。

第二十一条　省级相关部门要在收到中央预算内投资计划文件 10 个工作日内转发下达投资计划和绩效目标，明确相关工作要求。其中：

和美乡村建设方向中央预算内投资计划和绩效目标由省级发展改革、农业农村部门转发下达，将投资计划转发文件报国家发展改革委、农业农村部备案，并及时在全国投资项目在线审批监管平台（国家重大建设项目库）填报信息。

县域农村产业融合发展方向中央预算内投资计划和绩效目标由省级发展改革部门转发下达，将投资计划转发文件报国家发展改革委备案，并及时在全国投资项目在线审批监管平台（国家重大建设项目库）填报信息。

第二十二条　各地在转发下达中央预算内投资计划时要加强财力统筹，及时足额落实到位地方建设资金。

第二十三条　投资计划下达后原则上不得调整。因个别项目不能按时开工建设或者建设规模、标准和内容发生较大变化等情况，确需调整的，原则上仅限在本专项支持方向内调整项目。调入项目应符合支持方向要求，能够及时开工建设或已开工建设，累计安排中央预算内投资不应超过按标准计算的规模。项目调整后应及时在重大建设项目库中更新信息。

和美乡村建设方向内调整的，由省级发展改革、农业农村部门联合将调整申请报送国家发展改革委、农业农村部审核调整。

县域农村产业融合发展方向内调整的，由省级发展改革部门将调整申请报送国家发展改革委审核调整。

第六章　绩效管理和监督管理

第二十四条　国家发展改革委牵头指导做好项目筛选、项目储备以及投资计划管理等工作。农业农村部负责各省和美乡村建设方向投资建议计划初审，牵头指导地方做好项目前期工作，组织开展项目实施监管和考核评估工作。

省级发展改革、农业农村部门要严格落实中央投资计划执行和项目实施的监督管理责任，及时协调解决存在问题。

地方各级发展改革、农业农村部门要加强与自然资源、生态环境、住房城乡建设、交通运输、卫生健康等其他部门的协同配合，按照职责分工做好相关工作。

第二十五条　项目日常监管责任单位负责对项目实施、建设管理、计划执行、资金拨付与使用等重点环节的日常监督管理，督促项目单位（法人）规范项目管理和资金使用，确保建设质量和投资效益。

第二十六条　自转发投资计划的次月起，组织开展项目建设进展调度。项目法人要通过投资项目在线审批监管平台（国家重大建设项目库），于每月 10 日前，填报年度中央预算内投资计划下达与分解转发、项目开工、投资完成、工程形象进度、竣工验收等情况信息。县级农业农村部门商发展改革部门将和美乡村建设项目信息同步录入乡村建设项目库。省级发展改革、农业农村部门要加强对填报信息的审核，力求填报及时准确，提高调度质量。

第二十七条　监督检查工作要抓住投资计划下达、项目实施、工程建设管理、资金拨付与使用等关键环节，加强对投资计划执行、项目实施、整体任务落实情况的考核评估。其中，和美乡村建设项目由省级农业农村、发展改革部门会同有关部门依法开展监督检查；县域农村产业融合发展项目，省级发展改革部门要会同有关部门依法开展监督检查。

项目（法人）单位以及有关设计、施工、监理等单位应当自觉接受各级发展改革、农业农村、审计、监察等部门的监督检查。

第二十八条　农业农村部每年至少开展 1 次和美乡村建设中央预算内投资项目监管，并对本方向投资计划执行、投资项目实施、绩效目标实现等情况组织开展自评，将监管情况和年度绩效评估报告及时报送国家发展改革委。监管时应当开展必要的实地检查，查看相关档案文件资料，与相关部门、单位、人员座谈交流、了解情况，必要时向监管事项有关的第三方进行调查了解。

第二十九条　国家发展改革委组织对中央预算内投资计划执行情况进行绩效评估，综合考虑绩效评估结果、整体工作落实进展、投资完成情况、信息填报真实性与及时性等，结合月调度和审计、专项检查情况，对各地项目实施情况进行综合评价。对综合评价结果较差的省份，采取扣减下一年度专项中央预算内投资额度、暂缓受理中央预算内投资计划申请等措施，扣减下来的投资用于奖励综合评价情况较好的省份。

对于审计、检查中发现的问题，严格按照中央预算内投资监督管理有关规定进行处理。对于情节严重或造成重大损失的，除限期整改外，要进行通报，涉嫌违纪违法的问题线索，按照规定移交纪检监察部门、司法机关，依法依纪追究其行政或法律责任。

第七章　附　　则

第三十条　本办法由国家发展改革委负责解释。各地可根据实际情况作进一步细化。

第三十一条　本办法自印发之日起施行，有效期 5 年。本办法施行后，《农村人居环境整治中央预算内投资专项管理暂行办法》和《农村产业融合发展示范园建设中央预算内投资管理办法》废止。此前印发的相关管理规定与本办法不一致的，以本办法为准。

10. 关于开展全国农业全产业链重点链和典型县建设工作的通知

项目要点

主管部门	农业农村部
项目名称	关于开展全国农业全产业链重点链和典型县建设工作的通知
参考文件	农办产〔2021〕8 号
申报主体	县级单位
激励政策	其他优惠政策优先向其倾斜。
主要要求	全国农业全产业链重点链（侧重于省域范围内重要农产品）和全国农业全产业链典型县（侧重于县域范围内优势特色农产品），立足区域优势，在产业规模、市场份额、参与主体、品牌传播等方面已有一定基础，并从理念、技术、机制等多方面，引领和驱动本产业和本区域农业全产业链建设。

引用文件要求

农业农村部办公厅
关于开展全国农业全产业链
重点链和典型县建设工作的通知

农办产〔2021〕8 号

各省、自治区、直辖市农业农村（农牧）厅（局、委），福建省海洋与渔业局，新疆生产建设兵团农业农村局：

为贯彻落实今年中央 1 号文件精神，依托乡村优势资源，贯通产加销、融合农文旅，打造农业全产业链，树立农业全产业链标杆，推动乡村产业高质量发展，让农民分享更多产业增值收益，按照《农业农村部关于加快农业全产业链培育发展的指导意见》（农产发〔2021〕2 号）部署，我部决定开展全国农业全产业链重点链和典型县建设工作，现将有关事项通知如下。

一、建设领域

全国农业全产业链重点链和典型县建设需符合《全国乡村产业发展规划（2020—2025 年）》《全国特色农产品优势区建设规划纲要》等相关要求，围绕重要农产品和优势特色农产品打造重点链和典型县。

（一）重要农产品

主要针对稻谷、小麦、玉米、大豆、棉花、食用植物油、食糖、猪肉、牛羊肉、乳制品、天然橡胶等 11 种重要农产品。

（二）优势特色农产品

主要针对县域内占据主导地位、最具竞争力的优势特色农产品（包括粮经作物、园艺产品、畜产品、水产品等）。

二、建设条件

全国农业全产业链重点链（侧重于省域范围内重要农产品）和全国农业全产业链典型县（侧重于县域范围内优势特色农产品），立足区域优势，在产业规模、市场份额、参与主体、品牌传播等方面已有一定基础，并从理念、技术、机制等多方面，引领和驱动本产业和本区域农业全产业链建设。

（一）共性条件

1. 产业链条全。围绕区域农业主导产业，构建现代农业全产业链标准化机制，将农业研发、生产、加工、储运、销售、品牌、体验、消费、服务、金融等各个环节和主体链接成紧密关联、有效衔接、耦合配套、协同发展的有机整体。

2. 创新能力强。围绕产业链部署创新链，围绕创新链配置资金链、资源链，引进培育核心关键人才，建立"产学研用"协同创新机制，拥有授权专利或科研成果奖励，促进技术创新、产品创新、模式创新和管理创新。

3. 绿色底色足。围绕构建绿色生产体系，集成推广适应性广、实用性强的绿色技术模式，绿色田园（牧场、渔场）、绿色加工、绿色商贸齐备，实现全产业链绿色化发展。

4. 联合机制紧。由产业链上起主导作用的龙头企业牵头，组织产业链上各环节的各主体、特别是新型农业经营主体建立农业产业化联合体，以集团军的方式打造农业全产业链。完善利益联结和分配机制，增加农民就地就近就业增收渠道。

（二）全国农业全产业链重点链条件

1. 建有农业全产业链"链长制"。按照"一个链条、一个链长、一套班子、一套政策、一个团队"要求，由省级领导担任"链长"，把培育发展农业全产业链作为重要任务，以省级政府或省级政府办公厅文件出台了指导意见或发展规划，并有配套支持政策。

2. 建有农业全产业链"链主制"。绘制农业全产业链各个环节和主体在内的"图谱"，选择在农业全产业链建设中起主导作用的龙头企业担任"链主"，牵头构建农业产业化联合体。"链主"企业原则上是农业产业化国家重点龙头企业。

3. 形成全产业链协同发展格局。产业基础好，优势特色鲜明，对全国产业发展有一定影响力，东、中、西部上一年度主导产业生产、加工、物流、营销、服务等全产业链总产值分别达到100亿元、80亿元、60亿元以上（西藏、新疆可放宽为30亿元），主导产业加工业产值与一产产值比分别达到2.6：1、2.4：1、2.2：1，并具有较大的发展潜力；已初步形成集中连片发展格局，有较强的科研支撑力量，有较好的品牌培育基础；产业经营主体活跃，有多家省级以上农业产业化龙头企业带动和较多经营主体深度参与。

（三）全国农业全产业链典型县条件

1. 主导产业地位突出。农业全产业链主导产业优势明显、特色鲜明，产业规模较大。主导产业在县域"十四五"规划中有明确要求，全产业链产值占县域内农业总产值比例超过50%，已初步形成标准化原料基地、集约化加工链条、网络化服务体系、品牌化营销渠道于一体发展格局。

2. 联结机制健全。县级党委、政府积极主动谋划农业全产业链建设，制定区域内农业全产业链建设相关规划，且思路清晰、目标明确、措施可行、并配有相关扶持政策。配有全产业链"链长"，明确"链主"，构建了农业产业化联合体。

3. 融合层次较深。县域内主导产业已初步形成农村一二三产业融合发展的格局，主体多元、业态多样、类型丰富、增收显著。主导产业加工业产值与一产产值比高于所在省（自治区、直辖市）平均水平。

4. 基础设施完善。主导产业发展与当地基础设施、资源禀赋、生态环境、经济区位等相匹配，发展功能定位准确，县域公共基础设施完备，服务设施配套，产业发展与乡镇村庄建设、生态宜居同步推进。

5. 参与主体多元。推动企业、农村集体经济组织、农民合作社、家庭农（牧）场、社会化服务组织、小农户以及科研院所、高等院校、行业协会等多元主体积极参与全产业链建设，形成相互协同、共同发展的格局，通过产业链打造为农（牧）民增加更多就业机会，让农（牧）民更多分享产业链增值收益。原则上"链主"企业为1家省级以上农业产业化龙头企业。

三、申报程序

各地申报采取自下而上、自愿申报方式开展。

（一）省级推荐

全国农业全产业链重点链由省级农业农村部门申报，填写《2021年全国农业全产业链重点链申报表》。全国农业全产业链典型县由县级农业农村部门申报，填写《2021年全国农业全产业链典型县申报表》，经县级人民政府核准，逐级报送地市级、省级农业农村部门。省级农业农村部门对申报材料进行审核和遴选，应严格按照申报名额分配表，将符合条件的全国农业全产业链重点链及全国农业全产业链典型县申报材料汇总并形成推荐函，以省级农业农村部门文件报送农业农村部，纸质版和电子版各一套。

（二）部级审核

农业农村部组织专家开展评价，审核申报材料，重点对建设条件、已开展工作、成效经验、促进全产业链培育发展等情况，作出综合评价。根据专家评价意见择优形成建设名单，并将结果进行公示，公示无异议后发文公布。

（三）监测评估

对公布的全国农业全产业链重点链、全国农业全产业链典型县开展动态信息监测和评价，对工作组织有力、建设成效显著的典型标杆开展宣传推介。

四、有关要求

各级农业农村部门要高度重视，认真做好农业全产业链培育建设工作。

（一）加强组织领导

省级农业农村部门根据《农业农村部关于加快农业全产业链培育发展的指导意见》（农产发〔2021〕2号）和全国农业全产业链建设现场推进会要求，结合"十四五"规划乡村产业发展布局，加强指导，精心组织，认真做好评估推荐工作。开展实地考察评审，遴选出科技驱动、基地推动、企业带动、品牌拉动的全国农业全产业链标杆，确保推荐过程公开、公平、公正。

（二）组织梳理遴选

组织开展对本地主要农业全产业链现状、相关产业发展情况的调查研究，尽快形成能够代表全国水平的全国农业全产业链重点链、全国农业全产业链典型县建设名单，并于 2021 年 8 月 31 日前报送农业农村部乡村产业发展司，电子版材料发送至电子邮箱。

（三）加大支持力度

农业农村部推动全国农业全产业链重点链和典型县建设与农业产业化国家重点龙头企业认定工作、农业产业融合发展等项目实施进行有效衔接。鼓励各省（自治区、直辖市）综合运用财政、税收、金融、用地、人才等政策支持农业全产业链发展，发挥示范带动作用。

（四）形成全产业链梯队建设

做好省级、市级、县级农业全产业链重点链和省级、市级农业全产业链典型县建设工作，构建全产业链梯队发展格局。针对不同级别农业全产业链链条短板或产业缺口等薄弱环节，有针对性地扶持或引进一批龙头企业，分层次开展主导产业建链、加工流通延链、科技创新补链、园区集群壮链、融合发展优链工作。

（五）营造良好环境

充分运用报刊、电视、广播、网络等全媒体资源，加强宣传推介，发挥示范带动效果，为更多农业全产业链建设提供可复制、可推广、可借鉴的经验，提供相关图谱信息和技术支撑，提供农业全产业链"人地钱物"要素直通车服务，营造主体参与、社会关注、媒体支持的良好氛围。

11. 关于开展全国休闲农业重点县建设的通知

项目要点

主管部门	农业农村部
项目名称	关于开展全国休闲农业重点县建设的通知
参考文件	农产发〔2021〕1 号
申报主体	县级单位
激励政策	其他优惠政策优先向其倾斜。
主要要求	以农村一二三产业融合发展为路径，充分发挥乡村食品供给、生态涵养、休闲体验、文化传承等功能，在打造美丽宜人、业兴人和的社会主义新乡村的基础上，建设一批资源独特、设施完备、业态丰富、创新活跃、联农紧密的休闲农业重点县，为乡村全面振兴和农业农村现代化提供支撑。

引用文件要求

农业农村部　关于开展全国休闲农业
重点县建设的通知

农产发〔2021〕1 号

各省、自治区、直辖市农业农村（农牧）厅（局、委），新疆生产建设兵团农业农村局：

为贯彻落实今年中央 1 号文件和《国务院关于促进乡村产业振兴的指导意见》（国发〔2019〕12 号）精神，根据《农业农村部关于落实好党中央、国务院 2021 年农业农村重点工作部署的实施意见》和《全国乡村产业发展规划（2020—2025 年）》部署，打造休闲农业升级版，我部决定开展全国休闲农业重点县建设。现将有关事项通知如下。

一、总体思路

（一）指导思想

以习近平新时代中国特色社会主义思想为指导，立足新发展阶段，贯彻新发展理念，构建新发展格局，紧扣农业高质高效、乡村宜居宜业、农民富裕富足目标，以农业供给侧结构性改革为主线，以农村一二三产业融合发展为路径，充分发挥乡村食品供给、生态涵养、休闲体验、文化传承等功能，在打造美丽宜人、业兴人和的社会主义新乡村的基础上，建设一批资源独特、设施完备、业态丰富、创新活跃、联农紧密的休闲农业重点县，为乡村全面振兴和农业农村现代化提供支撑。

（二）基本原则

——市场决定、政府引导。发挥市场在资源配置中的决定性作用，发挥政府聚集资源、聚合要素的引导作用，形成以农民为主体、企业带动和社会参与相结合，满足消费升级、释放内需潜力、构建内循环产业链的格局，打造区域一流、全国领先、世界知名的乡村休闲旅游目的地。

——绿色引领、创业活跃。践行"绿水青山就是金山银山"理念，在保护生态环境前提下，推动生产生活生态协调发展，促进宜居宜业乡村建设。吸引人才返乡创业，激发业态和模式创新，让农村财富源泉充分涌流、创新创业创造活力竞相迸发。

——整合资源、传承文化。依托区域、全国乃至世界独特性、稀缺性资源要素，利用特色农业、绿水青山、田园风光，挖掘农耕文化、民俗风情、传统工艺，发展农家乐、乡村民宿、休闲农庄、休闲农业聚集村和休闲旅游精品线路等，彰显地域特色、承载乡村价值、体现乡土气息。

——跨界融合、带农增收。依托乡村独特自然文化资源，跨界配置农业与文化、旅游、教育、康养等要素，使各要素交叉重组、渗透融合，催生新产业新业态新模式，让资源优势变经济优势，让农民就地就业增收。

（三）目标任务

紧紧围绕发挥乡村多种功能，丰富乡村产业业态、拓展农民就业空间、增加农民致富渠道，以农耕文化为魂、以田园风光为韵、以村落民宅为形、以绿色农业为基、以创新创意为径，彰显"土气"、回味"老气"、焕发"生气"、融入"朝气"，到2025年建设300个在区域、全国乃至世界有知名度、有影响力的全国休闲农业重点县，形成一批体制机制创新、政策集成创设、资源要素激活、联农带农紧密的休闲农业创业福地、产业高地、生态绿地、休闲旅游打卡地。

二、申报条件

（一）资源优势明显

资源条件具有稀缺性，具备以下条件之一：

一是具有世界知名自然文化资源。县域范围内拥有世界自然遗产、世界文化遗产、世界非物质文化遗产或全球重要农业文化遗产等稀缺资源。

二是具有全国独特自然文化资源。县域范围内拥有全国独特的山川河流、森林草木、美丽田园、草原湿地等别具一格地质地貌；或具有独特气候、冰雪天地、阳光沙滩等鲜明气象物候特征；或具有农耕文化、古老传说、古建遗存、传统技艺和戏剧曲艺等民族民俗风情。

三是具有区域鲜明自然文化资源。县域范围内拥有临近著名景点、名胜风景区、交通物流节点、城乡连绵带等良好区位；或具有丰富乡土文化、多样农耕体验、精彩农业节庆、优秀旅居场所，以及"乡字号""土字号"乡村休闲旅游产品。

（二）设施条件良好

一是基础设施完备。具备良好的基础设施条件和完善的接待服务能力。乡村休闲旅游点交通、水电气、通讯、网络等基础设施完备，餐饮、住宿、休闲、体验、购物、停车等设施条件符合相关建设要求和标准，公共安全、健康卫生、教育培训等配套建设相对完善。

二是融入活态元素。乡村民风淳朴、和谐有序、充满活力。农民向上向善、孝老爱亲、重义守信。地方和民族特色文化资源得到传承，乡村原有建筑风貌和村落格局保存良好，民族民间文化与现代元素有机融合，融入时尚元素、现代要素、时代朝气。

三是村容村貌整洁。卫生厕所普及率高，主要景点和园区建立了生活垃圾收运处置体系，农村污水得到有效治理和综合利用，农村人居环境基本干净、整洁、便捷，形成一批各具特色的"一村一景""一村一韵"美丽休闲乡村。

（三）产业发展领先

一是产业规模成型。乡村休闲旅游成为县域经济发展的主导产业之一，主要指标（包括经营收入、接待人次、人均消费水平等）在全国领先；东部地区年接待游客 200 万人次以上，中部地区 150 万人次以上，西部地区

100 万人次以上，2017 至 2019 年三年游客接待数和营业收入年均增速均超 6%。

二是业态活跃丰富。农林牧渔"内向"融合、产加销服"顺向"融合、农文旅教"横向"融合、科工贸金"逆向"融合、产园产村产城"多向"融合广泛开展，农家乐、乡村民宿、休闲观光园区、休闲农庄、休闲乡村、康养和教育基地等业态类型丰富，至少具有五项上述类型，分布在县域 1/3 以上乡镇。在全国具有较高知名度的休闲农业和乡村旅游点 5 个以上，包括省级以上美丽休闲乡村（其中至少 1 个中国美丽休闲乡村）、休闲农业聚集村、休闲农业园区、农家乐、乡村民宿等，并形成了乡村休闲旅游精品线路。

三是富民兴农明显。产业带动能力强，初步形成"美丽宜人、业兴人和"格局。有效吸引社会资本投入，经营主体创新发展，联农带农机制健全，从业人员中农民就业比例达 60% 以上，农民人均收入高于省内平均水平 5% 以上。经营农家乐、乡村民宿等小农户能够实现稳定就业增收，农民分享二三产业增值收益有保障。脱贫摘帽地区通过发展休闲农业保持农民收入稳定增长效果显著，脱贫攻坚成果进一步巩固拓展。

（四）组织保障有力

一是规划布局合理。已制定县域乡村休闲旅游发展规划，发展思路清晰，功能定位准确，布局结构合理。发展规划与县域国土空间规划、主体功能区规划、土地利用规划、城乡规划、美丽乡村规划等多规合一、紧密衔接。休闲农业发展与村庄建设、生态宜居统筹谋划、同步推进，形成产园融合、产村融合、产镇融合和产城融合格局。

二是政策体系完善。党委、政府高度重视，将休闲农业和乡村旅游纳入乡村振兴的重要内容，在用地保障、资金安排、金融服务、人才支撑等方面有务实的举措，出台了相应的配套政策，特别在解决供地和融资难题方面取得突破，政策指向性、精准性和可操作性强。

三是管理制度健全。休闲农业管理机构健全，职责职能清晰，人员配备齐全。信息咨询、宣传推介、教育培训等基本公共服务覆盖面广、标准高。行业管理规范，农家乐、乡村民宿、休闲农园、休闲农庄、休闲乡村等管理制度或标准完善，近三年无食品安全、生态环境等违法违规事件发生。政府引导有力，形成了多主体参与、多要素聚集、多业态打造、多机制联结、多模式推进的格局。

三、申报安排

（一）申报数量

农业农村部将根据各地休闲农业发展水平，确定每年总量及分省申报控制数。今年每省（自治区、直辖市）申请名额不超过 2 个（计划单列市名额计入本省指标）。

（二）申报程序

申报主体为县（市、区），由县级人民政府申请，省级农业农村部门遴选上报。

（三）申报材料

主要包括申报文件、申报表、重点县建设的有关规划及实施方案等。规划及实施方案应充分体现重点县建设的推进思路、建设目标、主要内容、产业模式、环境影响评价、运行机制、保障措施等内容。如有出台相关政策性文件以附件形式一并提供。

（四）申报时间

省级农业农村部门按照农业农村部要求，在 2021 年 5 月 31 日前提交申报材料。

四、认定监测

（一）专家评审

为确保评审结果公开、公平、公正，农业农村部将适时成立专家组，根据申报条件对各地申报材料进行评审，充分考虑各地资源条件、产业水平及工作基础等因素，提出全国休闲农业重点县建议名单，并在农业农村部网站公示。

（二）发文公布

公示无异议后，农业农村部将发文予以认定。

（三）监测评估

建立全国休闲农业重点县动态运行监测机制。从认定当年起每年 12 月 25 日前，省级农业农村部门将审核后的重点县总结报告及监测数据报送农业农村部。农业农村部每三年组织进行一次综合评估。评估达标的重点县继续保留资格。对评估不达标的重点县，责令限期整改，整改后仍不能达标的，取消"全国休闲农业重点县"称号。

五、保障措施

（一）加强组织领导

省级农业农村部门要建立"省负总责、县抓落实"的工作机制，把休闲农业重点县作为促进乡村产业发展的重要抓手，加强协调，加大投入，强化指导，重点打造。休闲农业重点县要成立由政府主要负责同志任组长的推进指导组，细化实施方案，统筹项目资金，强化责任落实，有序推进休闲农业重点县建设。

（二）加强政策扶持

地方农业农村部门要主动加强与发改、财政、金融、文旅等部门的沟通协调，统筹资金安排，加大支持力度。鼓励创新投资、建设、运营方式，撬动金融和社会资本投入休闲农业重点县建设。

（三）加强宣传引导

高度重视宣传工作，边建设边总结，树立一批典型，打造一批品牌。注重和市场对接，加强休闲农业精品推介力度，营造推动休闲农业持续健康发展的良好氛围。

12. 关于开展第八批农业产业化国家重点龙头企业申报工作的通知

项目要点

主管部门	农业农村部
项目名称	关于开展第八批农业产业化国家重点龙头企业申报工作的通知
参考文件	农办产〔2023〕5 号
申报主体	省级龙头企业
激励政策	其他优惠政策优先向其倾斜。
主要要求	以经营业绩、带动农户数等为主要指标，优中选优遴选一批发展势头好、行业影响力大、品牌知名度高、联农带农紧的国际级龙头企业。

引用文件要求

农业农村部办公厅
关于开展第八批农业产业化国家
重点龙头企业申报工作的通知

农办产〔2023〕5 号

各省、自治区、直辖市农业农村（农牧）厅（局、委），新疆生产建设兵团农业农村局：

为贯彻中央 1 号文件精神和习近平总书记在中央农村工作会议上关于"强龙头、补链条、兴业态、树品牌，推动乡村产业全链条升级"重要指示精神，经全国农业产业化联席会议（"农业产业化联席会议"以下简称"联席会议"）研究，决定开展第八批农业产业化国家重点龙头企业认定工作。现将有关事宜通知如下。

一、认定原则

（一）国家统筹、省级负责

农业农村部会同全国联席会议成员单位制定实施方案，提出认定条件、认定程序和分配名额。省级农业农村部门会同省级联席会议成员单位具体实施，组织县级、市级农业农村部门会同相关部门做好龙头企业的筛选和推荐，经省级人民政府分管负责同志审定后报农业农村部。

（二）严格规范、公平公正

按照认定条件，严格工作程序、严肃工作纪律，逐级把关，体现规范性、严肃性和公正性。省级农业农村部门会同省级联席会议成员单位共同审核申报材料的真实性、合规性。农业农村部会同全国联席会议成员单位组织专家评审，并提请联席会议审议。

（三）联农带农、示范引领

以经营业绩、带动农户数等为主要指标，优中选优遴选一批发展势头好、行业影响力大、品牌知名度高、联农带农紧的农业企业。

二、申报条件和数量

（一）申报条件

按照全国联席会议议定的"提高认定门槛，确保优中选优"原则，东部、中部地区企业资产总额、固定资产总额、营业收入（交易额）、带动农户数等四项重要指标在原标准基础上同时提高20%，西部地区提高10%。具体如下：

1. 综合实力。资产规模，东部地区企业资产总额1.8亿元以上，中部地区1.2亿元以上，西部地区5500万元以上；东部地区固定资产总额6000万元以上，中部地区3600万元以上，西部地区2200万元以上。经营收入，东部地区年营业收入2.4亿元以上，中部地区1.56亿元以上，西部地区6600万元以上；农产品专业批发市场年交易额东部地区18亿元以上，中部地区12亿元以上，西部地区8.8亿元以上；农产品电商企业年营业收入12亿元以上。企业效益，总资产报酬率应高于当年1年期贷款市场报价利率（LPR）平均水平。市场竞争力，企业创新能力、产品科技含量在同行业处于领先水平。

2. 联农带农。利益联结机制紧密，企业应与农户建立契约型、分红型、股权型等合作模式，让农民分享更多全产业链增值收益。东部地区企业直接或紧密联结带动农户数量4800户以上，中部地区4200户以上，西部地区1650户以上。农产品电商企业带动农户数量需达到4200户以上。基地直采比重大，从农业经营主体或自建基地直接采购的原料或购进的货物占所需原料量或所销售货物量的70%以上。

3. 履行社会责任。诚信守法经营，按时发放工资、按时缴纳社会保险，无重大违法行为；践行绿色发展理念，产品符合国家环保政策；履行食品安全责任，近 2 年内没有发生产品质量安全事件。

4. 其他要求。脱贫地区推荐的龙头企业可适当降低标准。在同等条件下，优先支持大豆企业、种业企业和外贸企业。休闲农业企业和农业社会化服务企业可以申报，参照农产品生产、加工、流通企业的条件和标准，但对企业从农业经营主体或自建基地直接采购原料或购进货物占比、企业产品竞争力等不作要求。

（二）申报数量

第八批拟认定 330 家农业产业化国家重点龙头企业。一是根据各省（自治区、直辖市）省级龙头企业数量、营业收入 1 亿元以上的龙头企业数量、农牧渔业产值、粮食产量、脱贫县数量、县级以上龙头企业数量、规模以上农产品加工企业营业收入总额等情况，按权重进行名额测算分配 300 个；二是为引导大豆加工企业在主产区布局，全国大豆主产省份单独增加名额 30 个，专项用于以大豆为主营业务的加工流通企业申报。此外，第十次农业产业化国家重点龙头企业监测未使用的递补名额，相关省份可在此次认定中统筹使用。

三、申报程序

申报程序按照农业产业化国家重点龙头企业认定和运行监测管理办法相关规定执行。

（一）企业申报

省级农业农村部门按照分配名额和认定条件，组织遴选符合条件的龙头企业按程序申报。

（二）省级审核

省级农业农村部门对企业所报材料的真实性进行核实，并依据本通知以及管理办法确定的基本标准对材料进行审核。

（三）行文上报

申报材料经省级联席会议成员单位审议，报省级人民政府分管负责同志审定后，以省级农业农村部门名义报送农业农村部。

四、申报时间及材料

请于 2023 年 9 月 15 日前将以下纸质材料 1 份报送农业农村部乡村产业发展司。

（一）省级农业农村部门的正式推荐文件

文中请详细说明申报的过程和做法，企业的有关情况并附推荐企业名单（如属于大豆企业、种业企业、外贸企业、休闲农业企业、农业社会化服务企业、脱贫地区企业，请予以注明）。

（二）已征求省级联席会议成员单位意见和报省级人民政府分管领导同意的有关证明材料。

（三）第八批农业产业化国家重点龙头企业申报书

企业需在信息系统中填报，通过系统打印带有"国家重点龙头企业申报材料"水印字样的纸质材料。省级农业农村部门需通过信息系统对企业申报材料进行审核，确保电子材料与纸质材料相符。

五、有关要求

（一）严格按照分配名额进行等额申报，不得超报。严格遵守相关纪律和规定，不得泄露认定的有关信息，做到公正、公平、廉洁认定。

（二）龙头企业要对申报材料真实性负责，不得弄虚作假。一经查实弄虚作假行为，将取消该企业申报资格。

13. 关于做好 2022 年地理标志农产品保护工程实施工作的通知

项目要点

主管部门	农业农村部
项目名称	关于做好 2022 年地理标志农产品保护工程实施工作的通知
参考文件	农办质〔2022〕11 号
申报主体	县级单位
激励政策	其他优惠政策优先向其倾斜。
主要要求	在全国范围内重点支持 200 个地理标志农产品发展。通过实施保护工程，得到支持的地理标志农产品综合生产能力明显增强，产品知名度、美誉度和市场占有率显著提高。

引用文件要求

农业农村部办公厅
关于做好 2022 年地理标志农产品
保护工程实施工作的通知

农办质〔2022〕11 号

各省、自治区、直辖市及大连、青岛、宁波市农业农村（农牧）厅（局、委），深圳市市场监督管理局：

保护和发展地理标志农产品是推进农业生产和农产品"三品一标"的重要内容，是增加绿色优质农产品供给、促进农业高质量发展的重要举措。根据《农业农村部、财政部关于做好 2022 年农业生产发展等项目实施工作的通知》（农计财发〔2022〕13 号）部署要求，为做好 2022 年地理标志农产品保护工程（以下简称"保护工程"）组织实施，现将有关事项通知如下。

一、总体要求

（一）工作思路

坚持以习近平新时代中国特色社会主义思想为指导，按照保供固安全、振兴畅循环的工作定位，围绕统筹推进农业生产和农产品"三品一标"工作部署，以发展特色产品、振兴乡村产业、促进农民增收为目标，以推动生产标准化、产品特色化、身份标识化、全程数字化为重点，着力打造一批"特而优""特而美""特而强"的地理标志农产品，建立健全地理标志农产品保护与产业发展的长效机制，为农业高质量发展和乡村产业振兴作出新贡献。

在具体实施上突出四个方面：一是突出特性保持。围绕地理标志农产品的独特地域、独特生产方式、独特品质和独特历史文化，强化产品特色挖掘，提高市场辨识度和认可度。二是突出系统提升。每个产品全面推进"六个一"建设标准，培优一个区域特色品种、建设一个以上核心生产基地、建立一套特征品质指标、集成应用一套全产业链标准、叫响一个区域特色品牌、健全一套质量管控机制，让地理标志农产品可展示、可量化、可感知。三是突出全链条推进。以产品为主线、全程质量控制为核心，推进现代农业全产业链标准化，强化全链条质量安全监管，加强分等分级、包装标识、仓储保鲜，延伸产业链，提升价值链。四是突出富民增收。加强产品推介和专业市场建设，创新产销对接模式，让好产品产得出，更要卖得好。建立产业发展与农户利益联结机制，让中小农户切实分享发展成果。

（二）建设目标

2022 年，在全国范围内重点支持 200 个地理标志农产品发展。通过实施保护工程，得到支持的地理标志农产品综合生产能力明显增强，产品知名度、美誉度和市场占有率显著提高，有效带动农民持续增收，形成一批地理标志农产品助力农业高质量发展、乡村产业振兴的样板。

二、实施重点

围绕农业生产和农产品"三品一标"重点任务，聚焦特色资源发掘、特色产业发展和农耕文化发扬，重点实施以下内容。

（一）培优区域特色品种

坚持种质保护与品种培优相结合，建设区域特色品种保存和繁育基地，加强区域特色品种的调查收集、提纯复壮和繁育选育，保护核心种质（原种）

资源，培优一批优良品种，提升地理标志农产品特色品种供种能力。

（二）建设核心生产基地

实施特色农产品生产基地建设行动，建设和提升一批地理标志农产品核心生产基地。改善基地生产设施条件及配套仓储保鲜设施条件，保护特定产地环境，推行绿色化、清洁化、循环化生产模式，提高地理标志农产品综合生产能力。支持相关加工工艺及设备改造升级，促进产加销一体化发展。

（三）提升产品特色品质

实施品质提升行动，开展地理标志农产品特征品质监测鉴定，厘清产品品质与独特地域和独特生产方式关联，加强特色品质保持技术集成和试验转化。建立特征品质数据库，选择外观、质构、风味等方面关键指标，构建产品特征品质指标体系，开展品质评价，推动分等分级和包装标识，推动产品特色化。

（四）推进全产业链标准化

以传统生产方式为基础，结合现代农业新技术新装备的应用，构建以产品为主线、全程质量控制为核心的全产业链标准体系和标准综合体，加快关键环节标准制修订。加大标准化指导、宣贯和培训，加强标准简明化应用，编制模式图、明白纸和风险防控手册等标准宣贯材料，推动标准进企入户、上墙上网。

（五）叫响区域特色品牌

挖掘传统农耕文化，培育以地理标志农产品为核心的区域品牌。加强产品宣传推介，举办和参加地理标志农产品展览展示、文化节庆等活动。依托地标农品中国行、国家地理标志农产品展示体验馆等公益平台扩大品牌影响。实施消费促进行动，打造电商专区、市场专柜，壮大专业经销队伍，创新产销对接模式，促进优质优价。开展绿色食品和有机农产品认证。

（六）建立质量管控机制

建立生产经营主体名录和信用档案，健全质量管理体系，完善生产日志，强化全过程质量控制。实施达标合格农产品亮证行动，推动规范开具合格证。加强质量标识和追溯管理，完善地理标志农产品监管和服务体系。利用现代信息技术，建立或使用智慧生产、营销、监管、服务等信息化平台，推动身份标识化和全程数字化。

三、组织实施

（一）建设条件

一是产品特色突出，文化底蕴深厚，区域优势明显，产业基础较好，发展潜力较大。二是建立按标生产管理制度，生产管理规范有效，承诺达标合格证开具、网格化管理、产品检验检测等监督、指导、服务措施到位，三年内未发生过重大质量安全事件。三是相关主体在产加销环节具有较强的组织能力，示范带动力较强，建立脱贫帮扶机制，能够有效带动农民增收。四是项目符合地方产业发展总体规划，地方政府高度重视，相关主体参与积极性高。优先支持国家农产品质量安全县参与项目实施。

（二）实施方式

省级农业农村部门负责组织实施保护工程，制定本省份重点培育产品目录和年度实施方案，明确支持产品范围、建设目标、建设内容、时间节点、资金使用、政策配套、工作考评等相关要求。组织相关市县遴选确定支持的具体产品、内容、方式和对象。对于影响力大、带动能力强的重点产品，可持续支持。有关省份要加大对乡村振兴重点帮扶县的支持力度。实施单位应按项目要求制定具体产品实施方案，经批准后实施。省级年度实施方案报农业农村部农产品质量安全监管司备案，并同步上传农业农村部农业转移支付项目管理平台。

（三）绩效管理

省级农业农村部门按照《农业相关转移支付资金绩效管理办法》建立健全保护工程绩效评价机制，定期调度项目执行进展和资金使用情况。项目实施单位要按照考核要求有序高效推进项目实施，妥善处理项目执行中遇到的各类问题。项目委托中国绿色食品发展中心以绩效监控与抽查复核等方式开展绩效评价，绩效评价结果与下年度预算安排挂钩。

四、工作要求

（一）强化组织领导

建立健全"县级实施、省级考评、部门指导"的工作机制。省级农业农村部门要成立保护工程实施领导小组和工作组，制定保护工程实施管理办法，明确建设要求，细化管理措施，指导市、县级农业农村部门做好政策落实。要发挥有关科研推广单位和社会化服务组织作用，强化技术指导和专业化服务，建立协同推进机制。

（二）强化实施管理

省级农业农村部门要加强工作部署和统筹实施，做好检查指导、信息公开、绩效评价和组织验收，强化进展调度，加快项目执行。项目所在市、县级农业农村部门要加强与财政等部门沟通，做好具体实施方案，建立资金台账，规范资金使用。鼓励将保护工程与现代农业全产业链标准化示范基地创建统筹实施，提升实施效果。

（三）建立长效机制

各省（自治区、直辖市）农业农村部门要以保护工程为契机，加快建立地理标志农产品保护与产业发展的长效发展机制。做好本区域有关产业发展规划，建立重点培育的地理标志农产品目录，建设并命名地理标志农产品生产核心基地，争取扶持政策，强化产销对接，建立健全技术标准、生产经营、品牌宣传、质量监管、政策扶持等支撑保障体系。支持有条件地区打造地理标志农产品助力乡村产业振兴的发展典型。

（四）强化宣传总结

各级农业农村部门要认真总结、广泛宣传保护工程的实施成效和经验做法，做好典型案例遴选和推荐。每个实施产品要总结凝炼发展模式，在地理标志农产品核心生产基地树立标牌。请各省（自治区、直辖市）农业农村部门于 2022 年 6 月 30 日前将保护工程实施方案和备案表、2023 年 1 月 15 日前将年度实施情况总结，报送农业农村部农产品质量安全监管司。

14. 渔业发展补助资金管理办法

项目要点

主管部门	财政部、农业农村部
项目名称	关于印发《渔业发展补助资金管理办法》的通知
参考文件	财农〔2021〕24号
申报主体	县级单位
激励政策	根据当地发展需要，区分轻重缓急，在渔业发展补助资金专项内调剂使用资金。
主要要求	建设国家级海洋牧场、现代渔业装备设施、渔业基础公共设施、渔业绿色循环发展、渔业资源调查养护和国际履约能力提升等一批建设项目。

引用文件要求

财政部　农业农村部
关于印发《渔业发展补助资金管理办法》的通知

财农〔2021〕24号

各省、自治区、直辖市财政厅（局）、农业农村（农牧）厅（局、委），福建省海洋与渔业局，各计划单列市财政局、渔业主管局，新疆生产建设兵团财政局、农业农村局：

为加强和规范渔业发展补助资金管理，提高资金使用效益，推进渔业高质量发展，根据《中华人民共和国预算法》、《中华人民共和国预算法实施条例》等法律法规和《中共中央国务院关于全面实施预算绩效管理的意见》等有关制度规定，财政部会同农业农村部制定了《渔业发展补助资金管理办法》。现予印发，请遵照执行。

渔业发展补助资金管理办法

第一章　总　　则

第一条　为加强和规范渔业发展补助资金管理，提高资金使用效益，推进渔业高质量发展，根据《中华人民共和国预算法》、《中华人民共和国预算法实施条例》等法律法规和《中共中央国务院关于全面实施预算绩效管理的意见》等有关制度规定，制定本办法。

第二条　本办法所称渔业发展补助资金，是指中央财政对建设国家级海洋牧场、现代渔业装备设施、渔业基础公共设施、渔业绿色循环发展、渔业资源调查养护和国际履约能力提升等进行适当奖补的共同财政事权转移支付资金。渔业发展补助资金实施期限至2025年，届时根据法律、行政法规、国务院有关规定和渔业发展、政策实施等情况评估确定是否继续实施和延续期限。

第三条　财政部负责编制渔业发展补助资金预算，对农业农村部提供的资金分配建议方案进行审核，并下达预算和绩效目标，组织开展预算绩效管理工作，指导地方加强资金管理等相关工作。地方财政部门负责渔业发展补助资金预算的分解下达、审核拨付、预算绩效管理等工作，并对资金分配的政策合规性和有效性进行监督。

农业农村部负责渔业产业发展规划编制，指导、推动和监督开展渔业发展工作，负责资金测算、提出资金分配建议方案，做好任务完成情况监督，绩效目标管理、绩效监控和绩效评价，落实绩效管理结果应用等工作，对地方上报有关材料进行审核，会同财政部下达年度工作任务。地方农业农村部门主要负责本地区（含农垦，下同）渔业发展补助资金相关规划或实施方案编制、项目组织实施和监督等，研究提出绩效指标分解安排建议方案，并对方案的真实性和准确性负责，做好本地区预算执行和绩效管理具体工作。

第四条　渔业发展补助资金可以采取先建后补、以奖代补、直接补助、贴息等支持方式。具体补助标准由财政部会同农业农村部确定。

第二章　资金使用范围

第五条　国家级海洋牧场支出用于对国家级海洋牧场中人工鱼礁、配套平台等方面进行适当奖补。

第六条　现代渔业装备设施支出同等条件下优先用于对拥有自主知识产权

的装备设施进行适当奖补，主要包括纳入支持范围符合条件的捕捞渔船及船上防污消防、救生、通信、北斗智能定位与监控导航、生产生活等设施设备更新改造，深远海养殖设施设备、智能增氧系统、水产品初加工和冷藏保鲜等设施设备配备。

第七条 渔业基础公共设施建设支出用于对国家级沿海渔港经济区区域内的渔港相关公益性基础设施进行更新改造和整治维护，支持建设远洋渔业基地等方面进行适当奖补。

第八条 渔业绿色循环发展支出用于对集中连片的内陆养殖池塘标准化改造和养殖业尾水达标治理，智能水质监测与环境调控系统配备等方面进行适当奖补。

第九条 渔业资源调查养护和国际履约能力提升支出用于对履行国际公约以及养护国际渔业资源的远洋渔船、开展渔业资源调查养护等方面进行适当奖补。

第十条 渔业发展补助资金不得用于兴建楼堂馆所、弥补预算支出缺口等与渔业发展无关的支出。

第十一条 渔业发展补助资金支持对象主要是承担相关任务的渔民、新型经营主体，以及其他相关单位。

第三章　资金测算分配

第十二条 渔业发展补助资金实行"大专项+任务清单"管理方式。各地在完成约束性任务的前提下，可根据当地发展需要，区分轻重缓急，在渔业发展补助资金专项内调剂使用资金，并应当全面落实预算信息公开的要求。其中，指导性任务采用因素法进行测算分配。测算分配因素包括基础资源、政策任务等基础性因素，并将绩效评价结果等作为调节因素进行适当调节。各项支出测算因素及标准如下：

1. 国家级海洋牧场。为约束性任务，对纳入支持范围符合条件的国家级海洋牧场予以适当定额补助。

2. 现代渔业装备设施。为指导性任务，资金按基础资源因素（40%）、政策任务因素（60%）测算。基础资源因素包括渔船船数和功率数、水产养殖产量和面积、水产品加工量等。政策任务因素包括完成年度下达的现代渔业装备设施更新改造任务的渔船船数和设施设备数量等。

3. 渔业基础公共设施。为约束性任务，对纳入支持范围符合条件的国家级沿海渔港经济区和远洋渔业基地予以适当定额补助。

4. 渔业绿色循环发展。为指导性任务，资金按基础资源因素（40%）、政策任务因素（60%）测算。基础资源因素包括养殖池塘面积、国家级原良种场数量等。政策任务因素包括完成年度下达的渔业绿色循环发展设施设备配备数量、池塘标准化改造面积等。

5. 渔业资源调查养护和国际履约能力提升。为指导性任务，资金按基础资源因素（40%）、政策任务因素（60%）测算。基础资源因素包括远洋渔船船数和吨位等。政策任务因素包括完成年度下达的履约奖补渔船船数、远洋渔船履约基数、渔业资源调查监测评估站位数等。

以上5项支出中涉及的装备，已享受农机购置补贴政策的不重复支持。

第十三条 计划单列市和新疆生产建设兵团可采取定额分配方式。

第四章　预算下达

第十四条 财政部应于每年全国人民代表大会审查批准中央预算后30日内将渔业发展补助资金预算下达省级财政部门，同时抄送农业农村部、省级农业农村部门和财政部当地监管局，并同步下达各地分区域或分项目绩效目标表，作为开展绩效监控、绩效评价的依据。渔业发展补助资金分配结果在资金预算下达文件印发后20日内向社会公开，涉及国家秘密的除外。

第十五条 省级财政部门接到渔业发展补助资金转移支付预算后，应在30日内将预算分解下达本行政区域县级以上各级财政部门，将转移支付分配结果报财政部备案并抄送财政部当地监管局。

第十六条 地方财政部门应当按照相关财政规划要求，做好渔业发展补助资金使用规划，加强与中央补助资金和有关工作任务的衔接。

第五章　资金使用和管理

第十七条 各级财政、农业农村部门应当加强预算执行管理，提高资金使用效益。结转结余的渔业发展补助资金，按照《中华人民共和国预算法》和财政部有关结转结余资金管理的相关规定处理。

第十八条 省级财政部门会同农业农村部门，根据本办法和财政部、农业农村部下达的绩效目标，结合本地区渔业发展实际情况，制定本省年度资金使用方案，于6月30日前以正式文件报财政部、农业农村部备案，抄送财政部当地监管局。

第十九条 地方各级农业农村部门应当组织核实资金支持对象的资格、条件，督促检查工作任务清单完成情况，为财政部门按规定标准分配、审核拨付资金提供依据。

第六章　监督和绩效管理

第二十条　各级财政、农业农村部门应当加强对渔业发展补助资金分配、使用、管理情况的监督，发现问题及时纠正。财政部各地监管局根据职责和财政部统一部署开展监督和绩效评价。

第二十一条　渔业发展补助资金实行全过程预算绩效管理，各级财政、农业农村部门按照《农业相关转移支付资金绩效管理办法》（财农〔2019〕48号）等有关制度规定，建立健全全过程预算绩效管理机制，按规定科学合理设定绩效目标，对照绩效目标做好绩效监控，认真组织开展绩效评价，强化评价结果应用，将绩效评价结果作为渔业发展补助资金分配的重要依据，做好绩效信息公开，提高资金配置效率和使用效益。财政部、农业农村部根据工作需要适时组织开展重点绩效评价。

第二十二条　各级财政、农业农村部门及其工作人员在资金分配、审核等工作中，存在违反规定分配资金、向不符合条件的单位、个人分配资金或者擅自超出规定的范围、标准分配或使用资金，以及存在其他滥用职权、玩忽职守、徇私舞弊等违法违纪行为的，按照《中华人民共和国预算法》、《中华人民共和国公务员法》、《中华人民共和国监察法》以及《财政违法行为处罚处分条例》等国家有关规定追究相关责任；涉嫌犯罪的，依法移送有关国家机关处理。

第二十三条　资金使用单位和个人虚报冒领、骗取套取、挤占挪用渔业发展补助资金，以及存在其他违反本办法规定行为的，按照《中华人民共和国预算法》、《财政违法行为处罚处分条例》等有关规定追究相应责任。

第七章　附　　则

第二十四条　财政部、农业农村部根据工作实际结合本办法研究制定实施指导意见。省级财政部门应当会同省级农业农村部门根据本办法，结合各地工作实际制定实施细则，报财政部和农业农村部备案，并抄送财政部当地监管局。

第二十五条　本办法所称省级是指省、自治区、直辖市、计划单列市和新疆生产建设兵团。农业农村部门是指农业农村、渔业等行政主管部门。

第二十六条　本办法由财政部会同农业农村部负责解释。

第二十七条　本办法自印发之日起施行。《财政部关于＜船舶报废拆解和船型标准化补助资金管理办法＞的补充通知》（财建〔2019〕5号）同时废止。

15. 关于开展渔业绿色循环发展试点工作的通知

项目要点

主管部门	农业农村部、财政部
项目名称	关于开展渔业绿色循环发展试点工作的通知
参考文件	农办渔〔2024〕4号
申报主体	县级单位
激励政策	中央财政资金支持试点县额度为0.8亿~1亿元。
主要要求	在全国水产养殖重点区域打造一批产业特色鲜明、要素集聚显著、设施装备领先、生产方式环保、经济效益突出、辐射带动有力的渔业绿色循环发展样板，示范引领水产养殖业绿色高质量发展，试点区域实现养殖尾水资源化利用和达标排放的池塘面积比例达到85%以上。

引用文件要求

农业农村部办公厅　财政部办公厅
关于开展渔业绿色循环发展
试点工作的通知

农办渔〔2024〕4号

各省、自治区、直辖市农业农村（农牧）、渔业厅（局、委）、财政厅（局），计划单列市渔业主管局、财政局，新疆生产建设兵团农业农村局、财政局：

为贯彻落实党中央、国务院关于渔业绿色循环发展的决策部署，根据《财政部、农业农村部关于实施渔业发展支持政策推动渔业高质量发展的通知》（财农〔2021〕41号）和《全国现代设施农业建设规划（2023—2030年)》（农计财发〔2023〕6号）有关要求，经商财政部同意，现将2024年渔业绿色循环发展试点（以下称"试点"）有关事项通知如下。

一、总体要求

以习近平新时代中国特色社会主义思想为指导，深入贯彻落实党的二十大精神，按照中央一号文件要求，遵循基础设施提升、产业配套完善、产品质量安全、生态环境友好、监管治理有效的建设理念，整县推进渔业绿色循环发展试点建设水平提档升级。在全国水产养殖重点区域打造一批产业特色鲜明、要素集聚显著、设施装备领先、生产方式环保、经济效益突出、辐射带动有力的渔业绿色循环发展样板，示范引领水产养殖业绿色高质量发展，试点区域实现养殖尾水资源化利用和达标排放的池塘面积比例达到85％以上。

二、建设条件和任务

（一）建设条件

试点原则上优先考虑水产健康养殖和生态养殖成效突出的县。

（二）重点任务

试点主要围绕养殖生产基础设施、水产苗种生产、生产服务保障等方面开展。各试点可根据已有基础和实际需求选择建设内容。

1. 养殖生产基础设施条件提升

（1）池塘养殖。开展养殖池塘标准化提升和工程化养殖等基础设施设备建设。开展养殖尾水处理，推动养殖尾水循环利用或达标排放。建设水质监控和环境调控系统。不得在养殖池塘的主养水面开展光伏等影响养殖生产的建设活动。

（2）工厂化养殖。开展工厂化养殖车间（含鱼菜共生）、陆基圆池等设施养殖模式建设，配备相关机械自动作业装备及水处理设备，搭建物联网系统。

2. 水产苗种生产能力提升

开展水产原良种场和苗种场生产设施和装备配套建设，配备精准投喂、智能化增氧、水质监控等设备，升级改造进排水、屏障、消毒、废弃物和生物垃圾暂存、尾水处理等设施。开展原良种亲本更新和核心亲本保种培育。

3. 生产服务保障能力提升

（1）水生动物防疫。开展水生动物疫病防控和水产苗种产地检疫，配备水生动物防疫相关设备，推进设施设备更新改造。

（2）水产品质量安全。开展水产品质量检测，配套水产品质量安全检测设备。开展水产品质量安全快速检测能力建设。

（3）信息化管理。结合大数据、物联网等技术，开展智能化养殖系统、养殖实时监测系统、环境监测系统、智慧监管系统等建设，加强数据整合共享，提升水产养殖和监管信息化水平。

注重发挥联农带农作用，统筹产业增效、就近就业和农民增收，延长产业链条，开展水产品加工、仓储冷链物流、市场品牌打造，开展生产服务、看护管理等养殖综合服务，完善联农带农利益联结机制，促进农民增收致富。

三、组织实施

（一）奖补政策

中央财政给予分类分档支持（每个试点 0.8 亿 ~1 亿元）。中央财政奖补资金重点用于试点相关公益性基础设施的新建、改造和整治维护，原则上 70% 以上用于养殖生产基础设施条件提升和水产苗种生产能力提升；池塘养殖补助标准中东部地区不超过 3000 元/亩，西部地区不超过 5000 元/亩；工厂化养殖和水产苗种生产补助比例不超过其项目总投资的 30%。3 年内财政资金已支持的建设内容不予重复支持。中央财政原则上在开展试点的第一年安排奖补资金（每个试点 5000 万元左右）。农业农村部开展调度督促等工作，在试点建设完成后，通过适当方式组织复核验收。农业农村部、财政部根据试点情况，分类分档确定奖补资金规模，试点验收为"优秀"、"合格"的，分别分档安排后续第二批资金；试点验收不合格的，将取消试点资格，不再安排第二批资金，并视情况扣回前期已拨付的奖补资金。

（二）试点遴选

在统筹考虑基础条件、前期工作成效、试点积极性等因素的基础上，农业农村部、财政部研究确定年度分省份试点申报指标。省级农业农村（渔业）部门根据年度申报 指标组织试点申报，试点县应填写试点基本情况表，并编制试点实施方案，实施方案中单个项目内容应达到可行性研究报告编制深度要求。省级农业农村（渔业）部门会同财政部门组织开展评审遴选，并将试点实施方案报送农业农村部审核备案。

（三）实施监督

省级农业农村（渔业）部门建立监督考核制度，督促试点县填报农业农村部转移支付管理平台，实时监控试点实施情况，2025 年 1 月 31 日前将本省本年度试点实施情况报农业农村部备案。

（四）试点验收

农业农村部组织制定渔业绿色循环发展试点验收规程。省级农业农村（渔业）部门、财政部门组织试点验收，并将验收结果报农业农村部。农业农村部会同财政部组织复核验收，对经复核通过的试点，安排后续奖补资金。

（五）激励机制

农业农村部、财政部对渔业绿色循环发展试点实行激励机制，将试点验收情况与奖补资金安排及各地申报指标相挂钩。

四、工作要求

相关省级农业农村（渔业）部门要及时贯彻农业农村部前期部署要求，提前研究谋划，强化组织领导，会同省级财政部门加强政策资金衔接和协调配合，形成分工协作的工作机制，切实履行责任，加强对试点工作的指导。各相关省份要统筹资金投入，采取积极有效措施吸引金融和社会资本参与试点建设，合理布局产业，推动渔业绿色循环发展建设取得实效。试点县要建立工作台账管理制度，明确建设任务、责任单位及完成时限，及时跟踪进展，发现解决问题。总结推广各地试点建设的典型经验，广泛利用各种渠道加强宣传，营造良好舆论氛围。

16. 关于开展第四批国家农业绿色发展先行区创建工作的通知

项目要点

主管部门	农业农村部
项目名称	关于开展第四批国家农业绿色发展先行区创建工作的通知
参考文件	农办规〔2023〕22 号
申报主体	县级单位
激励政策	统筹资金安排给予支持。
主要要求	以促进生产生活生态协调、增产增效增收并重为主攻方向，以农业资源利用集约化、投入品减量化、废弃物资源化、产业模式生态化为重点，集聚要素增动力，集成技术提效率，创新机制激活力，全链协同促转型，加快探索不同区域农业绿色发展路径模式。

引用文件要求

农业农村部办公厅
关于开展第四批国家农业绿色发展
先行区创建工作的通知

农办规〔2023〕22 号

各省、自治区、直辖市农业农村（农牧）厅（局、委），新疆生产建设兵团农业农村局：

为贯彻落实《中共中央、国务院关于做好 2023 年全面推进乡村振兴重点工作的意见》部署，加快推进农业发展全面绿色转型，农业农村部、国家发展改革委、科技部、财政部、自然资源部、生态环境部、水利部、国家林草局等部门开展第四批国家农业绿色发展先行区（以下简称"先行区"）创建工作。现就有关事项通知如下。

一、总体要求

以习近平新时代中国特色社会主义思想为指导，全面贯彻党的二十大精神，完整、准确、全面贯彻新发展理念，加快构建新发展格局，着力推动高质量发展，锚定建设农业强国目标，以促进生产生活生态协调、增产增效增收并重为主攻方向，以农业资源利用集约化、投入品减量化、废弃物资源化、产业模式生态化为重点，集聚要素增动力，集成技术提效率，创新机制激活力，全链协同促转型，加快探索不同区域农业绿色发展路径模式，在引领农业发展绿色转型、带动乡村生态振兴上作表率，为全面推进乡村振兴、加快建设农业强国提供有力支撑。

二、创建任务

综合考虑各地资源禀赋、区域特点和发展基础等因素，聚焦重点、突出特色，全链统筹、系统推进，加快探索符合不同生态类型的农业绿色发展模式，示范带动同类地区农业发展全面绿色转型。

（一）突出节约集约，提高农业资源利用效率

统筹保护和利用，促进耕地、水等重要农业资源可持续利用。加强耕地保护修复。落实最严格的耕地保护制度，牢牢守住耕地和永久基本农田保护红线。加强高标准农田建设，率先把符合条件的永久基本农田全部建成高标准农田。强化黑土地保护，有序推进退化耕地治理，提高耕地地力水平。发展高效节水农业。统筹工程节水、农艺节水、品种节水等措施，全面实行农业用水总量控制和定额管理，大力发展高效节水灌溉和旱作农业，提高农业用水效率。保护农业生物资源。加强农业种质资源保护，养护水生生物资源，防控外来物种入侵。

（二）突出系统集成，全域推进面源污染防治

加快构建整建制全要素全链条农业面源污染综合防治机制，净化农业产地环境。推进源头减量。集成推广科学施肥用药新技术、新产品、新装备，提高化肥农药利用效率。以果菜茶等经济作物为重点，提高测土配方施肥技术覆盖率，加快有机肥替代化肥，促进化肥施用精量管控。推行病虫害统防统治，推广生态调控、生物防治、理化诱控等绿色防控技术，促进农药减量增效。推进全量利用。整建制开展畜禽粪污资源化利用，推进粪肥就地就近还田，探索建立规模以下畜禽粪污集中收运利用体系。统筹推进秸秆科学还田和离田高效利用，科学推广加厚高强度地膜，有序推广全生物降解地膜，整治违规农膜生产销售使用行为。加快构建农业废弃物循环利用体系，实现应收尽收、就地利用。推进末端治理。南方水网区、河套灌区等地区开展作物种植氮磷生态治

理，畜禽、水产养殖量大的地区推行养殖污水、尾水达标排放和循环利用。统筹农业面源污染与农村生活污水、地下水污染防治，推进"无废乡村"建设，提高农村生产生活废弃物减量化、资源化、无害化管理水平。

（三）突出全链开发，培育发展绿色低碳产业

统筹生产、加工、流通等各环节，推进产业生态化、生态产业化。推进绿色生产。全域实施品种培优、品质提升、品牌打造和标准化生产提升行动，建设一批农业生产和农产品"三品一标"基地，提升农产品绿色化、优质化、特色化和品牌化水平。发展绿色产业。加快农产品加工、冷链物流等设施低碳化改造，统筹发展农产品初加工、精深加工和副产物加工利用，推广农产品绿色电商模式。建设绿色园区。建设一批生态低碳、绿色循环的农产品加工园、现代农业产业园和产业强镇，开展低碳化、循环化改造，推进产村产镇生态协调。

（四）突出循环稳定，系统提升农业生态功能

坚持山水林田湖草沙一体化保护和系统治理，提高农业生态系统稳定性、多样性、持续性。稳定生态系统。因地制宜推进草原禁牧、休牧和轮牧，加强荒漠化沙化土地治理和湿地保护，巩固退耕还林还草成果，着力培育健康稳定、功能完备的森林、草原、湿地、荒漠生态系统。加强农田生态廊道和农田林网建设，因地制宜推广稻渔综合种养模式，增加农田生态系统多样性。促进循环畅通。加快构建农户内部小循环、种养产业中循环、社会层面大循环协调互促的农业生态循环体系，推广生态种养模式，推动建立植物生产、动物转化、微生物还原的循环系统，促进多种形式的产业循环链接和集成发展。

（五）突出机制创新，构建农业绿色发展支撑体系

强化制度和政策创新，支撑保障农业绿色发展。建立农业绿色发展监管约束机制。严格执行农业资源环境保护、农产品质量安全、农业投入品生产使用等法律法规，制定实施农业生产负面清单，压实农业生产经营主体责任。建立农产品优质优价机制。推广资源节约型、环境友好型农业生产标准，实施绿色优质农产品生产基地动态监测，健全优质农产品品质评价体系，完善分等分级制度，推进优质优价，让好产品卖出好价钱。建立农业生态产品价值实现机制。加强生态低碳技术装备研发和推广应用，提升农业生态系统碳汇功能。探索开发茶园、果园、沼气等农业碳汇项目，鼓励符合条件的农业碳汇项目参与温室气体自愿减排交易，促进生态产品价值转化。

三、创建管理

（一）遴选条件

参照《农业农村部办公厅关于开展第三批国家农业绿色发展先行区创建工作的通知》（农办规〔2022〕6号）确定的申报条件，突出遴选农业资源利用效率高、农业面源污染防治成效好、绿色低碳农业产业链健全、生态治理成效显著的地区创建先行区。创建主体原则上以县（市、区）为单位，优先支持国家现代农业产业园所在县、农业现代化示范区、乡村振兴示范县、国家农产品质量安全县等申报创建。

（二）指标分配

第四批先行区拟批准创建80个左右。结合各省份产业基础、生态类型等，分基础性、竞争性两类指标。请各省份严格按照指标分配安排，结合本省实际，确定申报创建单位，超出指标的不予受理。北大荒农垦集团有限公司、广东省农垦总局和计划单列市由所在省份统筹申报。

（三）申报程序

按照"创建主体申请、省级部门择优遴选、国家部委批准创建"的程序，开展申报创建工作。由先行区所在地人民政府提出申请，材料包括创建方案和有关基础数据表等。省级农业农村部门会同有关部门择优遴选推荐创建名单，经省级人民政府同意后报送农业农村部等八部门。请于9月5日前将相关申报材料报送农业农村部发展规划司，包括部门联合上报文件、拟推荐先行区申报材料等，逾期不予受理。

（四）评审方式

农业农村部等八部门共同组织开展先行区创建评审工作。对申报基础性指标的单位，采取书面审核的形式进行评审，符合条件的纳入批准创建名单，不符合条件的直接取消资格，不再递补。对申报竞争性指标的单位，采取竞争性遴选方式进行评审，择优确定批准创建名单。农业农村部等八部门视先行区创建进展，适时开展认定工作。

四、工作要求

（一）强化组织领导

各省级农业农村部门要高度重视，发挥好省级先行区建设领导小组办公室作用，统筹推进先行区创建工作。承担创建任务的县（市、区）要成立由党委政府主要负责同志任组长的工作推进小组，细化创建工作方案，明确责任分工，列出时间表、路线图，加强工作调度，有序推进各项任务落实。

（二）强化政策扶持

鼓励符合条件的先行区申报绿色高产高效等政策支持。创新农业基础设施投融资机制，鼓励金融机构依法合规创设专属绿色信贷和保险产品，吸引更多期限长、成本低的信贷资金向先行区集聚。搭建绿色引资平台，建立绿色发展项目库，优化县域营商环境，吸引社会资本投入。

（三）强化指导服务

依托大专院校、科研院所等组建农业绿色发展专家组，筛选技术、政策、管理等领域专家，建立"一对一"联系指导机制，定期开展指导服务。完善人才引进、培养、使用、评价机制，吸引各类人才参与先行区建设。发挥部属联系指导单位作用，加强技术指导和模式总结，协调解决先行区建设出现的问题。

（四）强化技术创新

推动建立绿色技术创新平台，分品种、分环节、分生态类型开展技术创新集成，全链条组装推广农业绿色生产技术，创制绿色农机装备，推动农业生产数字化、智能化改造。建设农业绿色发展长期固定观测试验基地，创新运用农业遥感、物联网等技术，定期开展农业资源环境监测，完善重要农业资源台账。

（五）强化宣传引导

围绕集成技术、设施装备、政策制度等，分生态类型、分行业领域总结凝练农业绿色发展主推模式，形成一批可借鉴可推广的示范样板。综合运用传统媒体和新媒体，通过典型案例发布、短视频展播等方式，开展全方位、多角度宣传，扩大先行区影响力，以点带面促进区域农业绿色发展。

17. 关于开展 2022 年农村黑臭水体治理试点工作的通知

项目要点

主管部门	财政部、生态环境部
项目名称	关于开展 2022 年农村黑臭水体治理试点工作的通知
参考文件	农办规〔2023〕22 号
申报主体	县级单位
激励政策	根据项目投资额和治理黑臭水体面积给予 2 亿元、1 亿元、5000 万元的分档定额奖补。
主要要求	支持纳入生态环境部农村黑臭水体国家清单名录且农村黑臭水体面积达一定规模的地级及以上城市（以下简称城市），可整合本地治理任务重、工作有基础的县（区、市）项目申报。

引用文件要求

财政部办公厅 生态环境部办公厅
关于开展 2022 年农村黑臭水体
治理试点工作的通知

财办资环〔2022〕5 号

各省、自治区、直辖市、计划单列市财政厅（局）、生态环境厅（局），新疆生产建设兵团财政局、生态环境局：

为落实党中央、国务院关于深入打好污染防治攻坚战和全面推进乡村振兴有关重要决策部署，提升农村人居环境质量，财政部、生态环境部拟在各省（自治区、直辖市、计划单列市，含兵团，以下统称省）遴选有基础、有条件的地区支持开展农村黑臭水体治理试点。现将相关工作要求通知如下：

一、支持范围和补助标准

纳入生态环境部农村黑臭水体国家清单名录且农村黑臭水体面积达一定规

模的地级及以上城市（以下简称城市），可申请纳入支持范围。城市可整合本地治理任务重、工作有基础的县（区、市）项目申报。申报城市纳入国家级监管清单的农村黑臭水体总数应不少于 10 个，或总面积不低于 10 万平方米。

中央财政对纳入支持范围的城市，根据项目投资额和治理黑臭水体面积给予 2 亿元、1 亿元、5000 万元的分档定额奖补，资金分年安排。原则上，对投资额≥4 亿元的奖补 2 亿元，对 2 亿元≤投资额＜4 亿元的奖补 1 亿元，对 1 亿元≤投资额＜2 亿元的奖补 5000 万元。其中，按 2 亿元奖补的城市治理面积应不低于 60 万平方米，不足 60 万平方米的奖补 1 亿元；按 1 亿元奖补的城市治理面积应不低于 30 万平方米，不足 30 万平方米的奖补 5000 万元。

二、支持试点内容

资金主要支持地方通过控源截污、清淤疏浚、水系连通、水生态修复等综合性、系统性治理措施，开展农村黑臭水体治理。黑臭水体周边农村生活污水、垃圾等系统性一体化治理任务也可纳入支持范围，具体内容由地方结合实际自主确定。

分清政府与市场的责任边界，有明确社会责任主体的治理任务，如农村地区相关企业污染治理等，不得纳入中央奖补资金支持范围。

三、申报方案编制

试点实施方案以城市为单位编制，方案应明确目标任务、实施路径、具体项目、资金需求等，并按年细化分解，确保如期完成治理任务。编制大纲见附件 1（略）。

方案编制应立足于当地实际，成因分析准确深入，治理路线和技术模式科学可行，项目任务、计划进度清晰明确，绩效目标合理，项目前期手续完备，后续运营维护有保障，与乡村振兴等农业农村相关规划有效衔接，注重工程措施和长效机制的有机结合。

四、申报评审程序

（一）省级推荐

各省结合本地实际，择优推荐 1 个城市（可以不推荐），并组织编制农村黑臭水体治理试点实施方案。推荐文件、实施方案（纸版和电子版）及相关证明材料应于 2022 年 4 月 15 日前报财政部、生态环境部。

（二）审核和竞争性评审

财政部会同生态环境部根据治理面积、投资额等要求对地方申报材料进行合规性审核后，确定参加竞争性评审的城市名单。竞争性评审采取答辩方式，相关城市代表陈述工作方案、接受专家问询。试点城市名单根据专家打分结果确定。具体答辩形式、评审时间另行通知。

五、有关工作要求

（一）中央支持突出重点

中央财政重点支持治理目标可达、实施路径清晰、资金投入有保障、与相关规划有效衔接等工作基础扎实以及后续长效运营有保障的城市。中央财政资金重点用于控源截污、清淤疏浚、水系连通、水生态修复等重点治理任务，支持试点城市探索有效治理技术模式。通过竞争性评审确定的项目按程序纳入中央生态环境资金项目储备库。

（二）地方落实主体责任

各试点城市政府是试点工作的责任主体，要强化项目前期规划论证，合理测算工程项目预算，科学设定项目总体绩效目标和分年度绩效目标，抓好项目方案实施。要充分考虑财力可能，避免形成地方政府隐性债务。要发挥好中央财政资金的引导作用，多渠道筹措资金，"十四五"末期消除本地区较大面积黑臭水体。要按照《农村环境整治资金管理办法》（财资环〔2021〕43号）及相关规定要求使用中央财政资金，不得用于"华而不实"的景观，以及道路硬化、绿化工程等。财政部将会同生态环境部对试点城市治理情况开展绩效评价和持续跟踪问效，并根据结果安排后续资金，体现结果导向。

（三）因地制宜开展治理

要根据污染成因，结合农村类型、自然环境及经济发展水平等因地制宜开展试点，并做好与其他政策的统筹衔接。要遵循黑臭水体治理科学规律，既注重采取工程措施，强化污染治理，又注重系统推进、源头管控，削减污染来源，突出治理实效。严禁表面治理和虚假治理，禁止简单采用冲污稀释、一填了之等"治标不治本"做法。试点城市要建立完善制度，鼓励村民参与农村黑臭水体治理后的日常管护，探索采用政府补贴、受益者付费等方式建立健全农村黑臭水体治理管护长效机制，切实避免返黑返臭，不断提升农村生态环境质量。

18. 关于做好 2023 年农业产业融合发展项目申报工作的通知

项目要点

主管部门	农业农村部、财政部
项目名称	关于做好 2023 年农业产业融合发展项目申报工作的通知
参考文件	农办计财〔2023〕5 号
申报主体	县级单位、省农业农村厅、乡镇级单位
激励政策	国家现代农业产业园中央财政资金 0.7 亿元~1 亿元；优势特色产业集群中央财政资金 1.5 亿元；农业产业强镇中央财政资金 1000 万元。
主要要求	2023 年，重点聚焦稻谷、小麦、玉米、大豆、油菜、花生、牛羊、生猪、淡水养殖、天然橡胶、棉花、食糖、乳制品、种业、设施农业等关系国计民生的重要农产品，在对以前年度符合条件的项目给予延续支持的基础上，中央财政支持新创建 50 个国家现代农业产业园、40 个优势特色产业集群、200 个农业产业强镇，推动乡村产业布局更优化、结构更合理、链条更完整、业态更丰富，示范引领带动乡村产业高质量发展。

引用文件要求

农业农村部办公厅 财政部办公厅
关于做好 2023 年农业产业融合
发展项目申报工作的通知

农办计财〔2023〕5 号

各省、自治区、直辖市农业农村（农牧）、畜牧兽医、渔业厅（局、委）、财政厅（局），新疆生产建设兵团农业农村局、财政局，广东省农垦总局、北大荒农垦集团有限公司：

贯彻落实党中央、国务院关于推进农村产业融合发展的决策部署，为更好发挥中央财政资金使用效益，引导和撬动更多资源要素向乡村汇聚，探索产业集聚发展模式，整体提升农业产业链供应链现代化水平，农业农村部、财政部

2023 年继续统筹推进农业产业融合发展工作。现将有关事宜通知如下。

一、总体目标

坚持以习近平新时代中国特色社会主义思想为指导，深入贯彻党的二十大精神和中央经济工作会议、中央农村工作会议精神，按照 2023 年中央 1 号文件部署，锚定建设农业强国目标，以促进乡村产业融合发展为重点，统筹国家现代农业产业园、优势特色产业集群、农业产业强镇政策任务资金，紧扣稳产保供重点任务，强化藏粮于地、藏粮于技，紧紧抓住耕地和种子两个要害，着力做好"土特产"文章，开发乡土资源，突出地域特点，推动乡村产业全链条升级。进一步优化产业布局，集聚要素发展，强龙头、补链条、兴业态、树品牌，完善联农带农利益联结机制，增强市场竞争力和可持续发展能力，为加快建设农业强国和实现乡村全面振兴、农业农村现代化提供有力支撑。

2023 年，在对以前年度符合条件的项目给予延续支持的基础上，中央财政支持新创建 50 个国家现代农业产业园、40 个优势特色产业集群、200 个农业产业强镇，推动乡村产业布局更优化、结构更合理、链条更完整、业态更丰富，示范引领带动乡村产业高质量发展。

二、申报条件

2023 年国家现代农业产业园、优势特色产业集群、农业产业强镇的建设内容和申报条件要求，总体上继续参照《农业农村部办公厅、财政部办公厅关于统筹做好 2021 年农业产业融合发展项目申报工作的通知》（农办计财〔2021〕9 号）执行。同时，要进一步突出"抓主抓重"、"联农带农"：一是重点围绕保障粮食和重要农产品稳定安全供给。聚焦稻谷、小麦、玉米、大豆、油菜、花生、牛羊、生猪、淡水养殖、天然橡胶、棉花、食糖、乳制品、种业、设施农业等关系国计民生的重要农产品（简称"重点品种"），适当兼顾其他优势特色农产品。二是夯实农业产业发展基础。项目申报区域应已完成高标准农田建设任务，同时结合粮食生产功能区、重要农产品生产保护区、特色农产品优势区等规划以及本省份农产品发展规划布局，把握产业梯度转移的机遇，提高项目布局的前瞻性、科学性和耦合性。三是强化农业科技和装备支撑。发挥平台集聚效应，加快以种业为重点的农业科技创新，大力发展智慧农业，配套组装和推广应用现有先进技术和装备，探索科技成果熟化应用有效机制。四是统筹推进乡村产业高质量发展和农民增收。注重延长产业链，大力发展农产品加工、仓储冷链物流、市场品牌销售等，遵循产业发展规律，细化实化完善联农带农利益联结机制的具体举措，统筹产业增效、就近就业和农民增收，把全产业链增值收益更多留在农村、留给农民。

三、申报评审

各地应严格按照《2023 年农业产业融合发展项目申报指标表》进行申报，超出指标的一律不予受理。申报指标包括；一是基础性指标。根据农林牧渔业总产值及相关资源条件等因素分配各省份；二是政策性指标。为落实党中央、国务院决策部署，突出加大对大豆油料、早稻等生产的支持力度，在基础性指标外设立政策性指标。

各地应按照竞争择优的原则确定申报项目，农业农村部、财政部将采取书面审查和竞争遴选相结合的方式进行项目评审。国家现代农业产业园，北京、天津、上海、广东省农垦总局、北大荒农垦集团有限公司按竞争遴选项目进行申报，其他省份应在分配基础性指标和政策性指标限额内，原则上至少申报 1 个"重点品种"类项目，并自主选择 1 个项目纳入书面审查项目申报，其余均作为竞争遴选项目申报。优势特色产业集群，各省份应将基础性指标对应的项目，向"重点品种"类项目聚焦，基础性指标和政策性指标对应的项目全部作为竞争遴选项目申报。农业产业强镇，继续采取地方择优竞争申报、农业农村部和财政部书面审查的方式。纳入书面审查的项目，农业农村部、财政部将组织专家进行严格审核，符合条件的纳入批准建设名单；审核不通过的直接取消资格，不再递补。对纳入竞争遴选的项目，农业农村部、财政部将采取公开答辩等方式，择优纳入批准创建名单。

四、资金支持

对批准创建或建设的国家现代农业产业园、优势特色产业集群、农业产业强镇，中央财政分年分类给予奖补支持。

（一）国家现代农业产业园

通过竞争遴选的国家现代农业产业园，原则上每个奖补资金总额 1 亿元，创建、中期评估和认定分别按 0.3 亿元、0.3 亿元、0.4 亿元安排。通过书面审查的国家现代农业产业园，原则上每个奖补资金 0.7 亿元，创建和认定分别支持 0.3 亿元、0.4 亿元。奖补资金主要支持规模种养、产业链供应链完善提升、科技创新平台建设、智慧农业建设、农产品认证与品牌培育、联农带农增收等方面。

（二）优势特色产业集群

通过竞争遴选的优势特色产业集群，原则上每个奖补资金总额 2 亿元，按照 1 亿元、0.5 亿元、0.5 亿元分三年安排。奖补资金主要用于支持规模生产基地标准化生产水平提升，农产品加工和物流设施设备、农业全产业链数字化等建设，市场品牌体系和公共服务平台建设，以及经营主体和服务主体培育壮大等方面。支持的项目区域要合理确定在集群中的功能定位，促进各功能区合理布局、有效衔接，防止"小而全"或"各自为战"。

（三）农业产业强镇

采取批准建设时补助 300 万元、通过认定再奖补 700 万元的方式，进一步调动地方主动作为、加大投入的积极性，提升建设效果。奖补资金主要支持主导产业关键领域、薄弱环节发展，提升种养基地、加工物流等设施装备水平，培育壮大经营主体，促进主导产业转型升级、由大变强。各地可结合实际创新完善联农带农机制，通过折股量化、收益分红等方式让农民直接受益，切实发挥产业融合发展项目带动农民增收作用。积极创新方式，引导和撬动金融资本和社会资本参与建设，提高产业发展的内在活力和竞争力。中央财政奖补资金不得"撒胡椒面"，不得搞平均分配；不得用于建设楼堂馆所、市政道路、农村公路，不得用于一般性支出、列支管理费和项目咨询、论证评审费，原则上不得用于购买生产资料、发展休闲农业；对挤占挪用中央财政奖补资金的，一经发现，以后年度不再安排资金支持，并予以通报。

五、工作要求

（一）加强组织领导

各省（自治区、直辖市）要高度重视、高位推动，建立由分管省领导亲自抓，省级农业农村、财政部门牵头，各相关部门共同参与的工作协调机制，统筹做好项目申报和建设管理，并做好产业融合发展项目中长期规划和项目库建设。各省级农业农村部门要相应建立健全工作机制，计划财务、发展规划、乡村产业及相关行业处室联合组成项目推进组，加强协同配合，形成工作合力。

（二）强化工作统筹

各省级农业农村部门要立足优势资源，优化产业融合发展项目布局，并逐步推动与农业现代化示范区所在县（市、区）相衔接。要依据申报指标统筹设计，明确主导产业、建设布局和投资安排，重点对申报条件、规划布局、建设内容、联农带农、投入政策、资金使用等方面进行充分研究论证，形成项目整体申报方案。要结合相关审计报告及舆情风险等问题，开展政策性合规性评估。经省级农业农村部门党组会或常务会研究并报省级政府审定同意后，联合省级财政部门统一行文上报农业农村部、财政部，并同步做好竞争性项目答辩评审的各项准备工作。

（三）按时报送材料

各省份应于 2023 年 3 月 27 日前报送农业产业融合发展项目申报材料，超期不予受理。项目实施方案原则上应由各省份农业农村、财政部门结合实际、深入研究、自主编制。申报材料应包括申报函（主要包括总体思路、规划布局、建设任务、资金筹措、组织领导等情况，国家现代农业产业园、优势特色产业集群应明确书面审查或竞争遴选项目类别），并附国家现代农业产业园、优势特色产业集群和农业产业强镇分项申报材料。其中，国家现代农业产业园分项材料包括产业园创建方案、经县级政府审批的建设规划、中央财政奖补资金使用方案、产业园创建基本情况表；优势特色产业集群分项材料包括产业集群建设方案、主导产业基本情况表、项目建设县（市、区）基本情况表、资金使用分配表以及 2021 年批准建设、2023 年延续支持的产业集群续建方案；农业产业强镇分项材料包括省级推荐名单、各镇（乡）申报表、建设方案和相关附件证明材料。

19. 关于开展 2023 年农业现代化示范区创建工作的通知

项目要点

主管部门	农业农村部、财政部、国家发展改革委
项目名称	关于开展 2023 年农业现代化示范区创建工作的通知
参考文件	农规发〔2023〕15 号
申报主体	县级单位
激励政策	统筹资金安排给予支持。
主要要求	聚焦农业设施化、园区化、融合化、绿色化、数字化发展，完善设施夯基础、集成科技增动能、绿色发展促转型、全链开发提效益、数字赋能强优势，分类分区探索差异化、特色化农业现代化发展模式，整体提升农业现代化示范区建设水平。

引用文件要求

农业农村部　财政部　国家发展改革委
关于开展 2023 年农业现代化
示范区创建工作的通知

农规发〔2023〕15 号

各省、自治区、直辖市及计划单列市农业农村（农牧）厅（局、委）、财政厅（局）、发展改革委，新疆生产建设兵团农业农村局、财政局、发展改革委，北大荒农垦集团有限公司、广东省农垦总局；

为贯彻落实《中共中央、国务院关于做好 2023 年全面推进乡村振兴重点工作的意见》部署，深入推进农业现代化示范区建设，探索一体推进农业现代化和农村现代化路径模式，现就做好 2023 年农业现代化示范区创建工作通知如下。

一、总体要求

以习近平新时代中国特色社会主义思想为指导，全面贯彻落实党的二十大精神，锚定建设农业强国目标，聚焦农业设施化、园区化、融合化、绿色化、数字化发展，完善设施夯基础、集成科技增动能、绿色发展促转型、全链开发提效益、数字赋能强优势，分类分区探索差异化、特色化农业现代化发展模式，整体提升农业现代化示范区建设水平，带动有条件地区率先建设一批农业强县，为全面推进乡村振兴、加快农业农村现代化提供有力支撑。

二、创建任务

2023 年，围绕粮食生产、优势特色产业、都市农业、智慧农业、高效旱作农业和脱贫地区"小而精"特色产业等，以县（市、区）为单位，创建 100 个农业现代化示范区（以下简称"示范区"）。落实《农业农村部、财政部、国家发展改革委关于开展农业现代化示范区创建工作的预通知》（农规发〔2021〕19 号）要求，结合年度重点任务，扎实做好创建工作。

（一）推进粮食等重要农产品稳定生产，夯实建设农业强县的物质基础

严格落实粮食安全党政同责，启动实施新一轮千亿斤粮食产能提升行动，稳定粮食面积和产量，在全方位夯实粮食安全根基上作表率。巩固提升谷物生产，挖掘玉米面积潜力。加力扩种大豆油料，在有条件的地方推广粮豆轮作、棉豆轮作和稻油轮作，开发利用冬闲田扩种油菜。提升生猪等畜产品供给能力，丰富"菜篮子"产品。适度开发森林、草地、江河湖海等资源，拓展食物来源。

（二）推进农业设施装备提档升级，强化建设农业强县的重要支撑

按照逐步把永久基本农田全部建成高标准农田的要求，加强高标准农田项目建设管理，扎实完成年度新建和改造提升任务，切实提高建设质量。推动农业机械化全程全面发展，加快大型大马力高端智能农机、丘陵山区小型农机和园艺机械创制应用，鼓励集成北斗智能监测终端及辅助驾驶系统。实施设施农业现代化提升行动，推进老旧设施集中连片改造提升，因地制宜发展日光温室、植物工厂和畜禽立体养殖，推广工厂化循环水渔业养殖模式。

（三）推进先进适用技术集成应用，激活建设农业强县的发展动能

加快农业科技集成创新平台建设，推动各种单项技术集成配套、整体协同。实施主要农作物单产提升行动，推进良田良种良法良机良制组装配套，带动大面积均衡增产。完善基层农技推广体系，推动稳产高产、绿色高效技术措施到户到田。深入实施种业振兴行动，建设一批区域性农作物良种繁育基地、畜禽核心育种场站和水产原良种场，推广应用高产、优质、多抗新品种。促进

数字技术与现代农业深度融合，建设一批智慧农（牧、渔）场和数字农业园区，拓展农业数字化应用场景。

（四）推进农业全产业链开发，增强建设农业强县的产业韧性

落实"土特产"要求，发展乡村特色产业，开发具有鲜明地域特点、民族特色、乡土特征的产品产业。深入实施农产品加工业提升行动，引导企业在县域建设原料基地、布局加工产能，建设一批农产品加工园。实施数商兴农和农产品出村进城工程，鼓励有条件的地方整县推进产地仓储保鲜冷链物流设施建设。推动农业与旅游、教育、康养等深度融合，打造乡村休闲旅游精品景点线路。统筹推动乡村产业发展、公共设施建设和生态环境保护，促进产村融合、产镇融合，建设宜居宜业和美乡村。

（五）推进农业全面绿色转型，筑牢建设农业强县的坚实底盘

加强农业资源保护利用，持续开展退化耕地治理，分区域分作物推广农业节水技术，鼓励有条件的地方积极发展高效节水灌溉和旱作农业。集成推进农业面源污染防治，促进农药、化肥源头减量，开展农业废弃物资源化利用，加强养殖尾水、生活污水等污染末端治理，探索建立整县全要素全链条综合防治工作机制。深入推进农业生产和农产品"三品一标"，落实农产品质量安全承诺达标合格证制度，扩大绿色、有机、地理标志和名优特新产品规模。

三、创建管理

（一）遴选条件

按照农业现代化示范区建设布局和遴选条件要求，选择农业现代化建设基础好、发展潜力大，地方政府支持保障有力、建设路径模式清晰、示范带动能力较强的县（市、区）先行创建，同等条件下优先支持国家现代农业产业园、国家农业绿色发展先行区、国家乡村振兴示范县、国家农村产业融合发展示范园所在县和脱贫县（市、区）创建。计划单列市由所在省统筹申报。各地严格按照《2023 年农业现代化示范区申报创建指标分配表》申报创建，超出指标数的一律不予受理。

（二）申报程序

按照"县级人民政府申请，省级部门择优遴选，省级人民政府同意，农业农村部财政部和国家发展改革委批准创建"的程序，开展申报创建工作。省级农业农村部会同财政、发展改革部，指导申报创建的县级政府部门研究创建定位和主攻方向、找准短板弱项和建设重点、科学设计推进路径和发展模

式、明确创建时间表和路线图，认真编写《省市县农业现代化示范区创建方案》，经省级人民政府同意后，报农业农村部、财政部、国家发展改革委。请于 2023 年 6 月 20 日前提交纸质申报材料，报农业农村部，超期不予受理。

（三）评审方式

对申报基础性和政策性指标的县（市、区），农业农村部、财政部和国家发展改革委采取书面评审的方式，组织专家严格评审，符合条件的纳入批准创建名单；审核不通过的直接取消资格，不再递补。对申报竞争性指标的县（市、区），农业农村部、财政部和国家发展改革委采取竞争遴选方式，择优纳入批准创建名单。

四、工作要求

（一）完善推进机制

建立健全省级层面示范区创建推进指导组，加强组织领导，强化政策支持，推动高标准农田建设、大豆油料整建制高产打造、农业生产全程机械化示范、绿色种养循环农业试点、数字农业建设等农业现代化重点任务在示范区率先落地。承担创建任务的县（市、区）党委政府履行主体责任，成立由主要负责同志任组长的示范区建设领导小组，压实工作责任，制定清单台账，集聚资源力量，推动创建任务落实落地。

（二）推动资源整合

稳步提高土地出让收益用于农业农村比例，将符合条件的乡村振兴项目纳入地方政府债券支持范围。创新金融服务，完善融资项目推送机制，探索不同类型地区政策性开发性金融整县授信服务模式，引导金融资金向示范区倾斜。强化用地保障，积极稳妥盘活利用农村闲置建设用地，入市土地优先支持示范区重大工程项目建设。

（三）引导多方参与

优化县域营商环境，引进和培育一批有实力的农业产业化龙头企业，加快培育农业产业化联合体，完善联农带农利益联结机制。梳理主导产业发展技术需求清单，鼓励科研院所、高等院校、高新技术企业等与承担示范创建任务的县（市、区）开展产学研对接，建立长期稳定合作机制。建立健全人才需求清单，完善人才引进、培养、使用、评价和激励机制，创新专家指导服务，吸引各类人才参与示范区建设。

（四）开展监测评价

制定农业现代化示范区监测评估方案和指标体系，有序开展常态化监测和年度评估，及时总结分析示范区建设进展、工作成效和存在问题。强化结果运用，鼓励把示范区建设纳入所在县党政领导班子和领导干部推进乡村振兴实绩考核内容，对工作扎实有力、成效明显的予以表彰，对工作进展缓慢的约谈通报。

（五）强化宣传推广

总结推进路径和创建模式，分产业分类型挖掘典型、凝炼经验，开展模式发布、范例交流、现场观摩等活动，推广具有区域特色、可复制可借鉴的模式路径。创新宣传方式，综合利用传统媒体和新媒体，推广示范区建设亮点成效，及时将好经验好做法报农业农村部、财政部和国家发展改革委。

20. 关于实施中央财政油茶产业发展奖补政策的通知

项目要点

主管部门	国家林业和草原局
项目名称	关于实施中央财政油茶产业发展奖补政策的通知
参考文件	财办资环〔2023〕22 号
申报主体	县级单位
激励政策	东、中、西部地区每个项目不超过 4 亿元、5 亿元、6 亿元（实施期 5 年分年奖补，第 1~2 年各安排 30%、第 3~5 年各安排 10%；第 6 年验收合格后再安排剩余 10%）。
主要要求	聚焦重点、示范带动，从加大油茶营造力度和打造油茶产业发展示范高地两方面发力，实行"中央奖补、省级统筹、市县实施"的油茶产业奖补政策，支持油茶"扩面"、"提产"，促进提升油茶产业发展水平。

引用项目文件

关于实施中央财政油茶产业
发展奖补政策的通知

财办资环〔2023〕22 号

有关省、自治区、直辖市财政厅（局）、林业和草原主管部门：

为深入贯彻习近平总书记重要指示批示精神，落实党的二十大精神和党中央、国务院决策部署，积极推动油茶产业高质量发展，财政部、国家林草局决定实施中央财政油茶产业发展奖补政策。现将有关事项通知如下：

一、总体要求和目标

坚持市场主导、政府扶持原则，以问题和目标为导向，立足"打基础、补短板、树典型、抓推广、强绩效"，按照系统化设计、目标化管理、项目化推进，聚焦重点、示范带动，从加大油茶营造力度和打造油茶产业发展示范高地两方面发力，实行"中央奖补、省级统筹、市县实施"的油茶产业奖补政策，支持油茶"扩面"、"提产"，促进提升油茶产业发展水平，增强我国油料安全保障能力。

二、政策实施内容

（一）油茶营造补助

1. 实施方式。聚焦《加快油茶产业发展三年行动方案（2023—2025年)》（林改发〔2022〕130号）确定的现有油茶林面积大、种植改造任务重的200个重点县，推动扩大高产油茶林种植面积，加强低产低效林改造。

2. 资金安排及使用范围。中央财政按照年度工作任务、资源状况、政策因素等将林业草原改革发展资金油茶营造补助分配下达到省（自治区、直辖市，以下统称省），由省按照要求细化分配。有关省应结合现有油茶林林分结构和林龄现状，因地制宜，分类实施新造和改造。

3. 项目入库。坚持"资金跟着项目走"的原则，以省为单位编制项目实施方案，项目入库程序及审核要求按中央财政国家公园和林业草原项目入库指南通知执行。对2023年项目，请于6月25日前完成项目入库并结合项目任务情况报送绩效目标表。

（二）油茶产业发展示范奖补

1. 实施方式。财政部、国家林草局通过竞争性评审方式，择优筛选现有相对集中连片油茶林面积高于50万亩（鼓励面积大的项目）、总投资超过10亿元的项目实施油茶产业发展示范奖补，打造油茶产业发展的示范样板和高地。

2. 资金安排及使用范围。中央财政通过林业草原改革发展资金对东、中、西部地区分别按照每个项目不超过4亿元、5亿元、6亿元安排定额奖补。项目实施期为5年，实施期内分年安排资金，第1～2年各安排30%、第3～5年各安排10%；第6年国家林草局组织验收，验收合格后再安排剩余10%。中央财政资金支持良种培育、种植改造、管护抚育等产业链前端，地方统筹安排资金并引导社会资本，支持加工、品牌建设、销售等产业链中后端，以及基础设施建设和科技研发等，合力提升项目区域全产业链发展水平。

3. 申报内容和程序。

（1）省级统筹规划，统一组织遴选推荐地市作为项目主体进行上报，每省申报的项目数量不超过1个。有关省应构建统筹协调机制，按照建设全国统一大市场和全产业链发展的要求，统筹考虑实际情况，结合油茶产业发展布局和产能及加工能力，合理确定项目建设范围和实施内容，相对集中布局，推动强链延链补链。要根据"国土三调"成果和国土空间规划布局，合理安排油茶用地。按照国家相关技术规范，结合本地实际，科学确定项目技术路线。项目实施要采用良种良艺良法，建设高标准油茶林，优化一二三产业布局。有关省要统筹整合资金投入，科学合理测算项目总投资，明确省级财政、市县财政资金预算额度以及社会资本投入渠道和额度。有关省要按要求编制中央财政油茶产业发展示范项目实施方案，项目实施方案应明确全产业链建设内容和资金渠道，突出具体措施，确保合理可行。

（2）2023年6月25日前，省级财政部门会同林业和草原主管部门按照通知要求，报省级人民政府同意后，将申报材料联合行文报送财政部、国家林草局，逾期视为无效申报。申报材料包括：省级财政部门联合林业和草原主管部门申报文件、项目实施方案、项目绩效目标申报表和必要的佐证材料等。实施区域及内容要在中央林草任务和国土绿化落图系统完成上图。省级林业和草原主管部门负责登录"全国林业和草原财政资金信息管理系统"的"项目管理—项目申报"模块，对项目内容及相关材料进行填报。待财政部会同国家林草局开展竞争性评审择优确定项目后，纳入中央财政林业和草原项目储备库。

（3）财政部和国家林草局组织专家对申报项目开展竞争性评审，选择产业发展基础好、全产业链部署推进有力、典型代表性强的地市实施油茶产业发展示范奖补。国家林草局指导地方制定项目技术方案和投资标准，加强项目实施全过程的技术指导和监督考核，组织开展项目验收，促进提升项目实施水平和实效。

三、工作要求

（一）切实履行地方政府主体责任

有关地方要履行主体责任，加强统筹规划，细化落实油茶产业发展目标任务。要择优选取示范区域，构建统筹协调机制，保障油茶生产用地，整合保障资金投入，结合本地实际，科学合理确定项目实施方案，组织项目建设和验收，建立长效运行机制，确保油茶产业发展取得明显成效。

（二）扎实做好项目组织和实施

有关省级财政、林业和草原主管部门要对项目实施方案进行认真审查，严格把关，根据职责分工，对审查结果及申报材料的真实性、合规性、准确性负责。有关省应充分考虑本地实际，根据财力情况合理确定项目规模，加强政策资金统筹，规范资金使用和监督管理。严禁"堆大户"、"造盆景"，不搞政绩工程、形象工程、景观工程，避免盲目上项目、导致产能过剩，严禁新增政府隐性债务。中央财政资金不支持以下内容（纳入负面清单）：不符合国土空间规划布局、自然保护地、生态保护红线等管控要求的项目，违规占用耕地的项目，未落地上图的油茶营造任务，涉及审计、督查发现问题未有效整改的项目，未明确社会资本参与情况的项目，已获其他中央财政资金支持的项目（与中央财政国土绿化试点示范项目地块不重叠），涉及基础设施建设（道路、管护用房等，不含水肥一体化设施）、信息化建设项目等（必要的基础设施建设、信息化建设应通过其他资金解决）。

（三）全面推进绩效管理

将绩效理念和和要求全面融入项目申报、立项实施、验收全过程。对油茶营造补助，应明确新造油茶林和低产低效林改造面积及成活率、茶油总产量及亩均产量、林木良种使用率等绩效目标，推动扩大种植面积，提高存活率和单产。对油茶产业发展示范奖补项目，应实现亩产茶油高于全国平均水平30个百分点以上，并在多种经营和一二三产业融合、产业发展质量、技术创新、可持续经营方面开展绩效评价。有关省应按照要求组织开展绩效自评，加强全过程监控和项目验收管理。中央奖补资金安排将与绩效评价结果直接挂钩，切实提高财政资金使用效益。

21. 关于开展 2023 年全国现代设施农业创新引领区及创新引领基地遴选
    工作的通知

项目要点

主管部门	农业农村部发展规划司
项目名称	关于开展 2023 年全国现代设施农业创新引领区及创新引领基地遴选工作的通知
参考文件	农办计财〔2023〕26 号
申报主体	县（市、区）级人民政府
激励政策	中央预算内投资农业相关建设项目、中央财政相关补助项目等对其予以优先支持，优先向金融机构推送，并支持其申请中央财政现代设施农业贷款贴息。
主要要求	1. 每个县同一类型创新引领基地不超过 1 个。2. 设施农业产业类型符合本区域农业主导产业发展方向，符合节能宜机为主的现代设施种植业、高效集约为主的现代设施畜牧业、生态健康养殖为主的现代设施渔业、仓储保鲜和烘干为主的现代物流设施的典型特征。3. 节水节药技术全面普及，畜禽粪污得到有效利用尾水排放达到管控要求，设施农产品质量安全抽检合格率稳定在 98% 以上。

引用项目文件

农业农村部办公厅
关于开展 2023 年全国现代设施农业创新
引领区及创新引领基地遴选工作的通知

农办计财〔2023〕26 号

各省、自治区、直辖市农业农村（农牧）畜牧兽医、海洋渔业厅（局、委）、新疆生产建设兵团农业农村局，北大荒农垦集团有限公司：

按照《全国现代设施农业建设规划（2023—2030 年)》《设施农业现代化

提升行动实施方案（2023—2030 年）》有关部署，为加快推动全国现代设施农业建设，引领带动设施农业高质量发展，农业农村部组织开展 2023 年全国现代设施农业创新引领区及创新引领基地遴选工作，有关事项通知如下。

一、总体要求

以习近平新时代中国特色社会主义思想为指引，贯彻落实党中央、国务院决策部署，围绕推动现代设施农业高质量发展，遴选区域特色明显、技术装备先进、科技创新突出、联农带农显著、投融资模式易推广、辐射带动能力强的全国现代设施农业创新引领区及创新引领基地，选树一批可学可复制可推广的创新引领典型模式，带动提升设施农业资源利用率和要素投入产出率，加快构建布局科学、用地节约、智慧高效、绿色安全、保障有力的现代设施农业发展格局，为全面推进乡村振兴、加快建设农业强国提供有力支撑。

二、遴选对象

（一）全国现代设施农业创新引领区

原则上以现代设施农业综合发展水平较高的县为单位进行申报；分省指标超过 1 个，且现代设施农业发展基础好、引领带动能力强的地级市，可结合本省指标分配情况适当以地级市为单位申报，指标为 2 个的省份地级市申报数量不超过 1 个、指标为 3 个的省份地级市申报数量不超过 2 个；整地市申报的，所辖县域不再单独申报。坚持精选优选要求，2023 年全国择优遴选 40 个左右。

（二）全国现代设施农业创新引领基地

支持设施农业企业合作社、家庭农场等经营主体进行申报，分设施种植、设施畜牧、设施渔业、冷链物流、粮食烘干等五类。在全国多个地区有生产布局的，择优选择一个县域基地申报，不得多头申报。纳入失信企业主体名单的不得申报。2023 年全国择优遴选 160 个左右，包括设施种植 50 个、设施畜牧 40 个、设施渔业 40 个、冷链物流 15 个、粮食烘干 15 个，原则上每个县同一类型创新引领基地不超过 1 个。

三、遴选条件

重点聚焦以下方面。

（一）区域特色优势明显

设施农业产业类型符合本区域农业主导产业发展方向，符合节能宜机为主的现代设施种植业、高效集约为主的现代设施畜牧业、生态健康养殖为主的现代设施渔业、仓储保鲜和烘干为主的现代物流设施的典型特征，在所在省份或行业具有较强的竞争优势。

（二）规划布局科学合理

未来发展定位路径清晰，区域布局和发展目标明确，形成了较为科学完善的发展规划、实施方案或工作计划等。

（三）设施装备水平领先

新型设施结构、新材料和节能降耗等先进技术装备应用普及率高，设施农业机械化取得明显进展，生产自动化、智能化水平较高。

（四）节约资源成效突出

积极利用各类非传统耕地，资源集约利用水平高，节水节药技术全面普及，畜禽粪污得到有效利用尾水排放达到管控要求，设施农产品质量安全抽检合格率稳定在98%以上。

（五）联农带农效果显著

联农带农激励机制效果突出，通过安排就业、股份合作、订单农业、托管服务等形成利益联结机制，有效促进小农户分享现代设施农业发展红利。

（六）政策支持保障有力

建立设施农业建设工作推进机制，制定水、电、路、讯、网络等基础设施以及财政、金融服务、人才科技等支持政策措施。在严格落实生态保护红线、永久基本农田和城镇开发边界三条控制线基础上，保障合理用地需求。统筹协调相关项目资金，支持现代设施农业建设。

（七）可学可复制可推广

发展现代设施农业政策有效、制度规范、机制合理、工作有力，形成了有效经验做法和典型模式，可供其他地区和主体学习借鉴与推广应用。

四、遴选管理

（一）遴选程序

采取自下而上、自愿申报的方式。创新引领基地由经营主体向所在县农业农村部门申报，由县级农业农村部门逐级向上申报。整地市和整县申报创新引领区的，由市级和县级农业农村部门逐级向上申报。省级农业农村部门根据分配指标，经比选等额提出推荐名单，报省政府分管领导同意后上报。新疆生产建设兵团、北大荒农垦集团有限公司比照省级推荐，向农业农村部申报。整县、整地市申报的，应报经本级人民政府审定。

（二）遴选方式

农业农村部组织对各地推荐的申报单位进行遴选，按程序审定公示后，纳入全国现代设施农业创新引领区及创新引领基地范围。

（三）时间安排

各有关省份于 2023 年 12 月 5 日前以正式文件报送申报书遴选指标表及相关佐证材料，分别报送农业农村部有关司局。

五、工作要求

（一）加强组织领导

建立省级农业农村部门牵头、省市县协同推进的工作机制，加强调查研究和工作调度，按要求认真组织推荐本省份创新引领区及基地，通过此项工作进一步示范带动现代设施农业发展。各地可结合实际情况，遴选一批省级现代设施农业创新引领区及基地。

（二）加强政策支持

遴选确定的全国现代设施农业创新引领区，通过中央预算内投资农业相关建设项目、中央财政相关补助项目等予以优先支持。支持符合条件的创新引领基地项目纳入农业农村基础设施融资项目库，优先向金融机构推送，并支持这些项目申请中央财政现代设施农业贷款贴息。各省份要加强政策创设，建立健全创新引领区及基地投入保障机制，调动经营主体积极性，鼓励引导更多金融和社会资本投入创新引领区及基地建设。

（三）加强监督管理

各省份要加强创新引领区及基地的日常规范管理。农业农村部定期对创新引领区及基地运行情况进行评估，评估不合格的予以警示整改，连续 2 次不合格的取消资格。

（四）加强宣传推广

各省份要深入总结挖掘在工作推进、政策支持、要素保障、投融资模式创新等方面的好做法，分区域、分产业提炼形成可学可复制可推广的典型范例。总结提炼创新引领区及基地在资源集约节约利用、设施装备升级改造、绿色化集约化技术集成应用、联农带农益农机制建立等方面的典型案例，多种形式加大宣传推广。

22. 关于开展 2023 年国家乡村振兴示范县创建工作的通知

项目要点

主管部门	农业农村部发展规划司
项目名称	关于开展 2023 年国家乡村振兴示范县创建工作的通知
参考文件	农办计财〔2023〕16 号
申报主体	以县级单位组织实施
激励政策	现有的农业农村领域相关项目和补助资金向其倾斜，国家现代农业产业园、农业产业强镇、优势特色产业集群等农业产业融合发展项目优先支持其创建。
主要要求	对标基本实现农业现代化和农村基本具备现代生活条件，强化制度创新、政策创设，创建一批国家乡村振兴示范县，集中力量在重点领域和关键环节寻求突破，探索不同区域全面推进乡村振兴的组织方式、发展模式和要素集聚路径。

引用项目文件

农业农村部
关于开展 2023 年国家乡村振兴
示范县创建工作的通知

农办计财〔2023〕16 号

各省、自治区、直辖市及计划单列市农业农村（农牧）厅（局、委）、乡村振兴局，新疆生产建设兵团农业农村局、乡村振兴局，北大荒农垦集团有限公司、广东农垦总局：

为贯彻落实《中共中央、国务院关于做好 2023 年全面推进乡村振兴重点工作的意见》要求，加快建设农业强国和宜居宜业和美乡村，2023 年农业农村部继续创建一批国家乡村振兴示范县。现通知如下。

一、总体要求

以习近平新时代中国特色社会主义思想为指导，全面贯彻落实党的二十大精神，深入贯彻落实习近平总书记关于"三农"工作的重要论述，完整、准确、全面贯彻新发展理念，加快构建新发展格局，着力推动高质量发展，锚定建设农业强国目标，对标基本实现农业现代化和农村基本具备现代生活条件，强化制度创新、政策创设，创建一批国家乡村振兴示范县，集中力量在重点领域和关键环节寻求突破，探索不同区域全面推进乡村振兴的组织方式、发展模式和要素集聚路径，扎实推动乡村产业、人才、文化、生态、组织振兴，加快城乡融合发展步伐，在促进农业高质高效、乡村宜居宜业、农民富裕富足上走在前作表率，引领带动乡村全面振兴，为加快农业农村现代化提供有力支撑。

二、创建任务

2023 年，立足区位条件、资源禀赋和发展基础，体现东、中、西部区域特色，农业农村部组织创建 100 个国家乡村振兴示范县。突出分区分类施策、差异化推进，聚焦区域发展的短板弱项，务实谋划实施乡村产业发展、乡村建设、乡村治理和农村精神文明建设等重点工作，以重点突破带动整体提升，探索乡村振兴新模式、新路径。东部地区在巩固提升乡村产业发展基础的同时，着力提升乡村治理和农村精神文明建设水平，率先建设宜居宜业和美乡村提高全面推进乡村振兴质量。中部地区在持续推进乡村产业发展的同时，着力改善农村基础设施和公共服务条件，在建设宜居宜业和美乡村中取得实质性进展，加快全面推进乡村振兴进程。西部地区大力发展乡村特色产业，增强地区经济活力和发展后劲，夯实全面推进乡村振兴基础。

（一）聚焦粮食产能提升，稳定粮食和重要农产品供给

落实党政同责要求。完善地方党政领导干部粮食安全责任制，落实粮食生产、收购、储备、加工等全环节责任，健全农民种粮挣钱得利、地方抓粮担责尽义的机制保障，促进政策保本、经营增效，力争面积和产量有所增加。强化设施装备支撑。守牢耕地和永久基本农田保护红线，严格耕地种植用途管控，创新高标准农田建设模式和投融资机制，按质保量完成新建和改造提升任务。加快推广丘陵山地拖拉机、大型大马力拖拉机、大豆玉米带状复合种植专用机械等。实施主要粮油作物大面积单产提升工程，强化品种技术集成创新，推进良田良种良法良机良制组装配套，带动大面积均衡增产。着力健全农业防灾救

灾减灾体系，加强常态化应急抗灾队伍建设。拓展多元食物来源。大力发展现代设施农业，推广植物工厂、叠层立体种养模式，发展生物科技和生物产业，培育"农业工厂"等新形态。因地制宜推进盐碱地等耕地后备资源综合开发利用，积极发展林下种植养殖，科学利用湖泊、水库等大水面发展生态渔业。

（二）聚焦乡村产业全链开发，拓宽农民就业增收渠道

壮大乡村特色产业。落实"土特产"要求，依托农业农村特色资源，开发具有鲜明地域特点、民族特色、乡土特征的产品产业。引导大型加工企业到产地布局加工产能，建设产地仓储保鲜冷链物流设施发展电商直采、定制生产等模式，培育休闲旅游、民宿康养、文化体验等乡村新产业新业态，把更多的就业机会留在乡村、产业增值收益留给农民。实施脱贫地区帮扶产业提升行动，构建成长性好、带动力强的帮扶产业体系。创新产村融合模式。统筹布局产业功能区、农村社区、生态景区，促进产镇融合、产村融合，提高村集体经济收入和服务带动能力。盘活用好村级资源资产，探索资源发包、物业出租、居间服务、资产参股等多样化途径，丰富乡村经济业态，培育县域富民产业。培育比较优势明显、带动农业农村能力强、就业容量大的产业，中西部地区主动承接发达地区劳动密集型产业梯次转移。推进县域各类开发区、产业集聚区、小微园区等建设引导中心镇特色产业集群发展。

（三）聚焦农村生产生活生态协同，建设绿色美丽乡村

促进农业生产绿色转型。加强农业资源保护利用，加快形成与资源环境承载力相匹配的生产方式。全要素全链条推进农业面源污染综合防治，促进农业投入品减量增效，建立健全农业废弃物收集利用处理体系。统筹实施农业生产和农产品"三品一标"提升行动，建设农业全产业链标准化基地。改善乡村生活环境。务实开展农村改厕，重点推进中西部地区农村户厕改造，推广干旱寒冷地区适用技术和产品。分类治理农村生活污水，基本消除较大面积农村黑臭水体。提升农村生活垃圾收运处置水平，常态化实施村庄清洁行动，推动农村人居环境从干净整洁向美丽宜居拓展。稳定农村生态系统。统筹山水林田湖草沙系统治理，健全用地养地耕作制度，全面实施长江十年禁渔，推动黄河流域农业深度节水控水，持续推进长江经济带、黄河流域等重点区域农村生态环境保护。探索农村生态产品价值转化机制。

（四）聚焦农村设施服务改善，建设宜居宜业和美乡村

推进基础设施提档升级。加快建设乡镇通三级及以上等级公路、行政村通等级公路、较大人口规模自然村通硬化路，推动人口相对集中的村集中供水，

因地制宜有序建设5G、充电等农村新型基础设施，全面推进县域商业体系建设。推进公共服务普惠均等。发展优质均衡的农村教育，构建分级联动的乡村医疗卫生体系，完善多元互补的农村养老服务，打造一批城乡义务教育共同体、紧密型县域医共体、养老服务联合体。鼓励有条件的地区加快推进城乡基础设施统一规划、统一建设、统一管护，城乡基本公共服务一体化建设，率先基本具备现代生活条件。

（五）聚焦乡村治理效能提升，建设和睦安宁善治乡村

加强农村基层组织建设。建强农村基层党组织，选优配强村"两委"班子，深入开展抓党建促乡村振兴，强化县乡村三级治理体系功能。健全党组织领导的村民自治机制，加强村民自治组织规范化建设。发挥农村各类组织作用，拓宽社会组织参与乡村治理渠道。建设平安法治乡村。深化实施"雪亮工程"，建立农村扫黑除恶常态化机制，加强纠纷调解仲裁体系和队伍建设，健全农村留守儿童、妇女和老年人以及残疾人、困境儿童关爱服务体系。推广新时代"枫桥经验"，健全"一站式"多元纠纷解决机制。丰富乡村文化生活。创新农村精神文明建设有效平台载体，保护挖掘优秀传统农耕文化，开展富有农耕农趣农味的群众性文化体育活动，增加高品质乡村公共文化产品和服务供给。集中力量开展移风易俗专项治理，有效遏制高额彩礼、人情攀比、厚葬薄养、铺张浪费等陈规陋习。创新推广乡村治理方式。完善网格化管理、精细化服务、信息化支撑的基层治理平台，推广积分制、清单制等治理方式，构建共建共治共享的乡村治理格局。

三、创建条件

（一）组织领导有力

建立党委政府主要领导负责、农业农村部门统筹、相关部门参与的乡村振兴工作领导体制，带动农民就业增收思路宽、措施实、效果好。

（二）发展基础较好

统筹推进乡村振兴有力，能够守牢确保粮食安全、防止规模性返贫两条底线，在乡村产业发展、乡村建设、乡村治理等方面有较好的工作基础和发展潜力，在本省份、本地市居于较好水平。

（三）工作机制明晰

建立乡村振兴责任落实、组织推动、要素保障、监督考核等机制，组建乡村振兴工作专班，推进乡村振兴思路清晰、抓手有力。

（四）创建积极性高

建立乡村振兴财政投入稳定增长机制，人才支撑、科技创新、市场主体培育等政策较为配套，坚持巩固完善农村基本经营制度，主动承担农村改革任务意愿较强，农民群众广泛支持、踊跃参与示范创建。

（五）示范带动能力较强

在全面推进乡村振兴方面形成一套好做法，在同类地区中具有较强代表性，具备可看可学可借鉴的推广价值。农业现代化示范区、国家农业绿色发展先行区、乡村治理体系建设试点县、全国农村改革试验区等工作成效明显的，可以推荐为国家乡村振兴示范县创建单位。

各省（自治区、直辖市）可结合实际，进一步细化国家乡村振兴示范县创建条件，并对照《国家乡村振兴示范县创建负面清单》认真审核，不符合条件的不得纳入创建范围。

四、创建管理

（一）申报要求

国家乡村振兴示范县按照"县级政府申请，市级部门择优遴选，省级部门审核并报省级政府同意后推荐，农业农村部批准创建"的程序，开展申报创建工作。省级农业农村部门、乡村振兴局指导申报创建的县级政府认真编制《国家乡村振兴示范县创建方案》，经省级人民政府同意后，报农业农村部，省级人民政府意见及省级部门审核证明一并报送，新疆生产建设兵团、计划单列市、直属垦区直接报农业农村部。请于 7 月 30 日前提交申报材料，超期不予受理。

（二）工作程序

对申报基础性指标的县（市、区），农业农村部组建评审组，对创建方案进行严格评审，符合条件的纳入批准创建名单，审核未通过的不予批准，且不再递补。对申报竞争性指标的县（市、区）农业农村部采取竞争遴选方式，择优纳入批准创建名单。创建名单经公示无异议后对外公布。

（三）监测评估

定期调度示范县创建进展，重点了解组织推动、任务落实、项目实施、要素投入等情况。建立客观反映国家乡村振兴示范县创建进展的指标体系，开展示范县创建成效监测评估。评估结果作为实施激励约束的重要依据，对工作推进扎实有力、成效明显的予以表扬，对工作进展缓慢的进行通报。创建 2 ~ 3

年后组织认定，达到认定标准的，授予"国家乡村振兴示范县"称号。

五、工作要求

（一）强化组织领导

各级农业农村部门、乡村振兴局成立乡村振兴示范创建工作推进机制，加强统筹协调，加大工作力度，推动各项措施落实。承担创建任务的县级党委政府要承担主体责任，成立由主要负责同志任组长的示范创建领导小组，明确责任分工，聚合资源力量，扎实有序推进。

（二）强化政策支持

现有的农业农村领域相关项目和补助资金向国家乡村振兴示范县创建单位倾斜，国家现代农业产业园农业产业强镇、优势特色产业集群等农业产业融合发展项目优先支持符合条件的示范县创建单位。鼓励地方财政资金加大对示范县创建的支持力度。发挥财政资金撬动作用，引导金融和社会资本参与乡村振兴示范创建。

（三）强化改革赋能

聚焦乡村振兴的重点领域和关键环节，引导支持国家乡村振兴示范县创建单位深化农村土地制度改革，发展新型农村集体经济，健全完善农村产权交易平台。积极创新金融产品和服务，加大农业保险力度。在统筹整合涉农资金、拓展衔接推进乡村振兴补助资金使用方向、强化用地保障、加大科技人才支撑等方面探索有效路径。

（四）强化社会动员

依托东西部协作、中央单位定点帮扶民营企业"万企兴万村"社会组织助力乡村振兴等工作机制，广泛动员社会各方面力量参与，推动企业、社会组织等与示范县创建单位开展合作。鼓励数学科研、规划设计等机构与示范县创建单位建立紧密联系，开展实践教学、跟踪调查，规划师下乡等活动，共同推进乡村振兴示范创建。

（五）强化宣传推广

各地要及时总结乡村振兴示范创建的好经验好做法，提炼形成典型案例，报农业农村部。综合运用传统媒体和新媒体，开展模式发布、范例交流、现场观摩等活动，推广可看、可学、可复制的路径模式，示范带动同类地区乡村全面振兴。

23. 关于做好2024年中央专项彩票公益基金支持革命老区乡村
    振兴工作的通知

项目要点

主管部门	农业农村部、财政部
项目名称	关于做好2024年中央专项彩票公益基金支持革命老区乡村振兴工作的通知
参考文件	农办区域〔2024〕2号
申报主体	县级单位
激励政策	每个项目县补助约5000万元，分两年拨付到位，首次拨付启动资金约4000万元。
主要要求	重点支持革命老区县发展农业特色产业、开展必要的农村人居环境整治和公益性基础设施建设及维修、带动脱贫劳动力就业增收等。

引用文件要求

农业农村部办公厅　财政部办公厅
关于做好2024年中央专项彩票公益基金
支持革命老区乡村振兴工作的通知

农办区域〔2024〕2号

各省、自治区、直辖市农业农村（农牧）、渔业厅（局、委）、财政厅（局），计划单列市渔业主管局、财政局，新疆生产建设兵团农业农村局、财政局：

为贯彻落实党中央、国务院关于支持革命老区乡村振兴的决策部署，根据《中央专项彩票公益金支持革命老区乡村振兴项目资金管理办法》（以下简称《资金管理办法》），中央财政2024年继续安排彩票公益金对革命老区乡村振兴项目进行补助支持。现就有关事项通知如下。

一、总体要求

以习近平新时代中国特色社会主义思想为指导，全面贯彻落实党的二十大和二十届二中全会精神，深入贯彻落实习近平总书记关于推进乡村全面振兴、加快革命老区振兴发展的重要指示精神，发挥革命老区资源禀赋、红色文化等独特优势和中央专项彩票公益金引领作用，集中力量办成一批老区群众可感可及的实事，推进革命老区乡村产业提质增效、乡村建设提档升级、乡村治理提升改进，促进红色文化和乡土文化有效传承，增强内生发展动力，探索具有革命老区特色的乡村振兴有效路径，推动革命老区乡村全面振兴不断取得实质性进展、阶段性成效。

二、申报条件和资金安排

（一）申报条件

中央专项彩票公益金重点支持革命老区县发展农业特色产业、开展必要的农村人居环境整治和公益性基础设施建设及维修、带动脱贫劳动力就业增收等。中央专项彩票公益金补助支持的项目坚持好中选优、优中选强，突出要素保障、联农带农。申报的项目应符合以下条件：

1. 规划设计科学，发展特色鲜明。申报县应选择具备一定发展基础、示范带动作用较强的若干连片的乡镇或行政村作为项目实施区。项目建设要依托本地资源禀赋、产业发展基础，结合经济社会发展规划，围绕农民想干、愿意干、能参与的事谋划实施项目。

2. 要素保障有力，协同推进高效。各省要做好项目论证和储备，建立完善项目库。项目所在县应建立土地、资金、技术、人才等项目要素保障机制和项目协调推进机制，推动项目尽快落地实施、发挥作用。

3. 历史贡献突出，前期准备充分。推荐对象应为对中国革命作出重大贡献的革命老区县，对经济社会发展相对落后的革命老区县优先支持。对前期已纳入项目库、已全方位开展准备工作的项目优先安排。

对存在以下情况的项目不得列为支持对象：项目规划建设存在"非农化"、"非粮化"或突破生态保护红线等情况；规划建设项目盲目铺摊子、大拆大建，存在垒大户、堆盆景等形象工程情况；项目所在县违规举债搞建设导致隐性债务风险突出、2022年地方政府债务风险等级评定结果为红色；项目所在县"十四五"期间已经获得中央专项彩票公益金支持革命老区乡村振兴项目资金补助支持的。

（二）资金安排

1. 关于 2024 年新增启动实施项目。中央财政补助的专项彩票公益金继续采取定额测算，2024 年新增支持 48 个项目，每个项目县补助约 5000 万元，分两年拨付到位。首次拨付启动资金约 4000 万元，第二批补助资金根据资金使用管理情况确定是否安排。

2. 关于 2023 年启动实施的项目。对 2023 年度中期评估为 A、B 等次的 40 个项目继续拨付第二批补助资金。对 2023 年度中期评估为 A 等次的 14 个项目适当安排一定资金支持巩固提升建设成果。对 2023 年度中期评估为 C 等次的 8 个项目，不再安排第二批中央补助资金。请相关省份组织中期评估结果为 A 等次的革命老区县填写《中央专项彩票公益金支持革命老区乡村振兴项目安排计划表》，将支持巩固提升建设成果的补助资金细化到项目；组织中期评估结果为 A、B 等次的革命老区县填写《中央专项彩票公益金支持革命老区乡村振兴项目绩效目标表》，明确 2024 年获得补助资金的绩效目标。

三、申报程序

根据《资金管理办法》，2024 年中央专项彩票公益金补助支持对象采取差额申报、竞争遴选方式产生。2024 年共安排 58 个申报名额，其中，对有革命老区县的 28 个省份各安排 1 个基础名额，对革命老区县数量较多的 16 个省份各增加安排 1 个政策名额，对 2023 年度评估成绩综合排名前 50% 的 14 个省份各增加安排 1 个绩效名额。各级农业农村（职能在乡村振兴部门的由乡村振兴部门负责）、财政部门按照如下程序，共同组织指导申报工作。

（一）县级自主申报

以县级人民政府为责任主体，编制《中央专项彩票公益金支持革命老区乡村振兴项目申报书》，由市级农业农村、财政部门联合报送参加省级评选。

（二）省级评选推荐

省级农业农村、财政部门建立健全竞争立项机制，按照分配的申报名额，从县级申报项目中择优遴选出推荐的项目。经省级人民政府同意后，于 5 月 22 日前将申报材料报送农业农村部和财政部。逾期未上报视同放弃申报。省市两级农业农村、财政部门和县级人民政府对报送的相关材料和数据真实性、完整性、准确性负责，并对申报项目科学性、合规性、可行性负责。条件不成熟的，可以少推荐或者不推荐。

（三）部门综合评定

农业农村部会同财政部组织专家对省级部门报送推荐的项目进行评审，优中选优确定48个支持对象。

四、工作要求

认真落实项目建设有关原则和要求，扎实做好"选、建、管、评"各环节工作，不断提高项目建设质量。

（一）强化组织保障

坚持把项目建设作为推动革命老区乡村全面振兴的有力抓手，严格落实省负总责、市县抓落实的要求，加强部门联动、上下协同，压紧压实市县责任，积极推动组织实施。加大政策支持力度，积极引导相关资源要素支持项目建设。

（二）强化过程管理

持续做好2023年巩固提升项目建设管理，科学编制2024年项目《申报书》，合理确定建设项目、投资规模、筹资渠道、分年度实施计划等内容，对项目实施全过程绩效管理，完善跟踪监测体系和督导检查机制。实施过程中确需对《申报书》内容作出调整的，由县级人民政府书面申请，省级农业农村、财政部门把关审批后，报农业农村部、财政部备案。

（三）强化总结推广

坚持资金项目管理和经验总结宣传相结合，注重梳理资金管理、项目建设等方面的做法和成效，及时提炼总结，加强宣传推广，营造社会各界关注彩票公益金项目成效、关心革命老区振兴发展的浓厚氛围。

第二部分　文旅项目篇

　　文旅产业具有综合性强、关联度高、产业链长、辐射面广、带动力大等特点，在我国的地位日益凸显，近年来，各大主体竞相进入旅游业。"十四五"规划中以习近平新时代中国特色社会主义思想为指导，以推动旅游业高质量发展为主题，以改革创新为根本动力，以满足人民日益增长的美好生活需要为根本目的，坚持系统观念、统筹发展和安全、统筹保护和利用，立足构建新发展格局，着力推动文化和旅游深度融合，着力完善现代旅游业体系，加快旅游强国建设，努力实现旅游业更高质量、更有效率、更加公平、更可持续、更为安全的发展。同时，规划明确指出旅游业要综合考虑文脉、地脉、水脉、交通干线和国家重大发展战略，构建全新的全国旅游格局。提升旅游品质、推动旅游创新、培育高端市场、提高国际竞争力等成为了发展的热点方向。

　　为便于广大群众、政府、企业和社会各界了解国家文旅相关政策，并结合政策标准精准进行文化旅游类项目的申报，本篇梳理了文旅部与科技部、农业农村部等部门牵头制定的政策，内容涉及智慧旅游、国家级旅游度假区、乡村旅游、国家级旅游休闲街区、夜间旅游、国家级自然公园、国家自然资源科普基地等，共计 14 项国家重点项目。

1. 关于组织开展智慧旅游沉浸式体验新空间培育试点项目推荐遴选工作的通知

项目要点

主管部门	文化和旅游部、国家发展改革委、工业和信息化部
项目名称	智慧旅游沉浸式体验新空间培育试点项目
参考文件	办资源发〔2023〕171 号
申报主体	智慧旅游沉浸式体验新空间的开发或经营等单位
激励政策	对于纳入培育试点名单的项目，文化和旅游部、国家发展改革委、工业和信息化部将在项目发展、人才培养、交流合作、宣传推广等方面给予指导和支持，更好发挥项目的试点先行作用，为智慧旅游新产品、新业态的产业化、标准化、规模化发展，探索模式，积累经验。
主要要求	项目处于持续经营和开放状态（季节性或临时性停止开放除外），发展前景良好且未来持续存续期不低于三年；对于游客具有较强的吸引力，科技含量高，主题突出；项目社会效益和经济效益相统一；项目主体协作协同度高；项目单位信誉良好；项目具备合规性。

引用项目文件

文化和旅游部办公厅 国家发展改革委办公厅
工业和信息化部办公厅
关于组织开展智慧旅游沉浸式体验新空间
培育试点项目推荐遴选工作的通知

办资源发〔2023〕171 号

各省、自治区、直辖市文化和旅游厅（局）、发展改革委、工业和信息化主管部门，新疆生产建设兵团文化体育广电和旅游局、发展改革委、工业和信息化局，文化和旅游部、国家发展改革委、工业和信息化部直属单位：

为深入贯彻党的二十大精神，落实《"十四五"数字经济发展规划》《"十四五"旅游业发展规划》和国务院办公厅《关于释放旅游消费潜力推动旅游业高质量发展的若干措施》的部署安排，推进数字经济与旅游经济深度融合创新发展，打造智慧旅游新产品新业态新场景，文化和旅游部、国家发展改革委、工业和信息化部决定共同开展智慧旅游沉浸式体验新空间培育试点工作，现就有关事项通知如下。

一、充分认识开展培育试点工作的重要意义

智慧旅游沉浸式体验新空间是指依托旅游景区、度假区、休闲街区、工业遗产、文博场馆、剧院剧场等文化和旅游场所或相关空间，运用增强现实、虚拟现实、人工智能等数字科技并有机融合文化创意等元素，通过文旅融合、虚实结合等方式，对展示内容进行创造性转化、创新性发展，让游客深度介入与互动体验而形成的一种旅游新产品、消费新场景。

开展智慧旅游沉浸式体验新空间培育试点工作有利于引导沉浸式体验场景应用创新发展，培育旅游消费新场景新热点，更好满足人民群众的旅游休闲新需求；有利于盘活文化和旅游场所的闲置资源资产，丰富文化和旅游场所游览体验内容，促进文化和旅游企事业单位转型升级、提质增效；有利于充分借助数字技术手段，推动文化和旅游资源"活起来"，推动中华优秀传统文化创造性转化、创新性发展，推进文化和旅游深度融合发展；有利于更好推进数字经济与旅游经济深度融合发展，促进数字科技研发生产端和旅游应用消费端的贯通，充分发挥旅游业海量市场、庞大用户、多样场景的规模优势，提高科技成果转化和产业化水平；有利于探索出一条符合现代旅游业发展趋势并具有数字科技显著特征的旅游业数字化之路，为推动旅游业高质量发展和建设数字中国提供有力支撑。

二、申报要求

智慧旅游沉浸式体验新空间的开发或经营等单位作为申报主体，具体要求如下：

（一）项目持续经营开放

项目应在中国境内（不含港澳台地区），依托旅游景区、旅游度假区、休闲街区、乡村旅游村镇、工业遗产、文博场馆、剧院剧场、演艺场所等文化和

旅游场所或相关空间并进行合理利用，项目处于持续经营和开放状态（季节性或临时性停止开放除外），发展前景良好且未来持续存续期不低于三年。

正在建设或尚处于运营试点状态的项目暂不申报，临展类项目等另行组织申报。

（二）项目面向游客

项目在性质上属于面向消费端的旅游产品，对于游客具有较强的吸引力，具备相应的旅游接待服务设施和相对完善的运营管理服务等制度规范，游客接待数量多，游客评价高，且具备一定的复游率。

（三）项目科技含量高、互动体验感强

项目是基于5G、超高清、增强现实、虚拟现实、人工智能、元宇宙等数字技术，充分体现文化和旅游与科技的深度融合，装备先进、展示方式多样、创新性强，能够生动展现特色文化内涵，提供良好的沉浸式体验和互动感受，创新提升游客的多维旅游体验。

（四）项目内容主题突出，生动鲜活

项目重视内容的创作和展示，把内容作为项目的主体和核心，通过现代数字科技手段的综合运用，使内容的表达更加生动鲜活、灵动自然，既有主题性、艺术性，也更加符合大众消费习惯，具有良好的品牌影响力和市场生命力，实现内容与现代数字科技的完美融合。

（五）项目社会效益和经济效益相统一

项目社会效益良好，市场认可度高；开发设计、建设运营等现代化特征明显，成本投入合理，产业链拓展性、延伸性强，处于行业领先地位，具备长期运营发展的可持续性或者可复制可推广的可行性。

（六）项目主体协作协同度高

项目的投资、运营和数字科技供给等主体多元融合，并基于市场规则能够高效协同协作，特别是数字科技供给主体能够机制化跟进项目的规划设计、调装调试、运营维护等，能够根据游客反馈和市场发展等，及时推动相关数字技术、产品、设施设备等迭代更新，提升游客体验数字技术及装备的舒适性、流畅性和简易性，确保项目的持久创新力和生命力。

（七）项目单位信誉良好

项目的经营单位等主体是合法成立并有效存续的法人实体，具备长期开发、经营项目的资金、技术、经验、人才等必备要件，未被认定为市场失信主体。

对于文化和旅游部已经公布的 24 家智慧旅游沉浸式体验新空间培育试点项目主体，通过项目投资、运营管理输出等方式开发建设的新项目优先鼓励和支持申报。

（八）项目具备合规性

项目不存在政治导向、意识形态等方面的问题，近三年内（营业不足三年的自营业之日起）在内容安全、生产安全、生态环境等方面未出现违法违规问题。

鼓励和支持项目的投资、运营、技术供给等多主体单位联合申报，联合申报单位不超过 3 家。

三、推荐要求

（一）推荐程序

1. 自愿申报。申报单位通过项目所在地的地市级文化和旅游、发展改革、工业和信息化主管部门向省级文化和旅游、发展改革、工业和信息化主管部门提出申请。

2. 省级推荐。省级文化和旅游行政部门要发挥牵头作用，会同本级发展改革、工业和信息化主管部门，按照树标杆、强引领的原则，组织有关方面专家对申报材料的真实性、完整性、准确性进行审核，对涉及红色旅游题材、历史文化题材、民族宗教题材及主题公园、特色小镇的项目严格把关，并根据实际情况组织实勘，根据审核和实勘结果择优推荐上报。

3. 专家评审。文化和旅游部、国家发展改革委、工业和信息化部强化协作，通过材料审核、专家评审等方式对申报项目进行综合评价，经公示后，确定并公布全国智慧旅游沉浸式体验新空间培育试点名单。

（二）推荐数量

各省、自治区、直辖市和新疆生产建设兵团可推荐不超过 5 个项目；文化和旅游部、国家发展改革委、工业和信息化部直属单位可直接申报，数量不超过 1 个。

四、其他要求

（一）对于纳入培育试点名单的项目，文化和旅游部、国家发展改革委、工业和信息化部将在项目发展、人才培养、交流合作、宣传推广等方面给予指导和支持，更好发挥项目的试点先行作用，为智慧旅游新产品、新业态的产业化、标准化、规模化发展，探索模式，积累经验。

（二）各省级文化和旅游、发展改革、工业和信息化主管部门可根据本通知精神，结合本地实际，建立省级智慧旅游沉浸式体验新空间培育试点项目名录，加大项目储备和培育支持力度。

（三）请各省级文化和旅游行政部门牵头，指导经三部门评审通过并联合上报的项目主体于2023年11月6日前，纸质材料寄送至指定地址；部委直属单位参照执行。

2. 关于开展新一批国家级旅游度假区申报工作的通知

项目要点

主管部门	文化和旅游部
项目名称	国家级旅游度假区创建项目
参考文件	办资源发〔2023〕131 号
申报主体	地方相关企业或机构
激励政策	为进一步推动国家级旅游度假区发展，各级政府将在财政税收方面、土地资源开发利用方面、人才培养和引进方面、市场监管和服务水平方面、宣传推广和国际交流合作等方面给予支持。
主要要求	符合《旅游度假区等级划分》国家标准（GB/T 26358—2022）及相关细则要求；符合社会主义核心价值观要求；度假设施相对集聚，经营状况良好；旅游公共信息服务体系健全；游客综合满意度较高；在全国具有较高的知名度和品牌影响力；土地使用符合法律法规有关规定；主要经营主体近 3 年无严重违法违规等行为记录；近 3 年未发生重大环保事故、重大旅游安全责任事故和重大负面舆情；被认定为省级旅游度假区 1 年以上。

引用项目文件

文化和旅游部办公厅关于开展
新一批国家级旅游度假区
申报工作的通知

办资源发〔2023〕131 号

各省、自治区、直辖市文化和旅游厅（局），新疆生产建设兵团文化体育广电和旅游局：

为全面贯彻落实党的二十大精神，推进文化和旅游深度融合发展，推动《"十四五"旅游业发展规划》相关任务落实，加强优质度假旅游产品供给，根据《国家级旅游度假区管理办法》，我部决定依据新修订施行的《旅游度假区等级划分》国家标准，开展新一批国家级旅游度假区申报工作。现将有关事项通知如下：

一、申报条件

1. 符合《旅游度假区等级划分》国家标准（GB/T 26358—2022）及相关细则要求；

2. 符合社会主义核心价值观要求；

3. 度假设施相对集聚，经营状况良好；

4. 旅游公共信息服务体系健全；

5. 游客综合满意度较高；

6. 在全国具有较高的知名度和品牌影响力；

7. 土地使用符合法律法规有关规定；

8. 主要经营主体近 3 年无严重违法违规等行为记录；

9. 近 3 年未发生重大环保事故、重大旅游安全责任事故和重大负面舆情；

10. 被认定为省级旅游度假区 1 年以上。

二、申报材料

省级文化和旅游行政部门负责本地区国家级旅游度假区申报工作，并向文化和旅游部提交下列材料：

1. 省级文化和旅游行政部门提交推荐文件及《旅游度假区初审情况统计表》；

2. 国家级旅游度假区认定申请报告书，包括旅游度假区基本信息（含名称、管理机构、空间范围、面积等）、发展概况、度假资源与环境、度假产品、度假公共服务、运营管理、市场结构与影响、生态文明与社会效益等内容；

3. 旅游度假区总体规划、自评报告及相关说明材料（含文字、图片、视频）；

4. 近 3 年未发生重大环保事故、重大旅游安全责任事故和重大负面舆情的承诺书；

5. 其他材料。

三、认定程序

按照"材料审核—基础评价—现场检查—审议—公示—公告"的程序组织认定。

四、工作要求

1. 自 2023 年起，国家级旅游度假区认定工作将采取定期申报、常态化评审的方式开展，不再另行印发通知。推荐申报的度假区，按照程序通过基础评价的，纳入现场检查名单，对于未通过基础评价的 1 年后方可再次申请基础评价，第 2 次基础评价未通过的，自告知结果之日起，2 年后方可按程序重新申报。对于通过常态化现场检查的度假区，将按程序予以确认，未通过的度假区将反馈现场检查情况，告知其存在的问题，需要开展至少 1 年的整改提升，才可以再次申请现场检查，第 2 次现场检查未通过的，自告知结果之日起，2 年后方可按程序重新申报。

2. 各省级文化和旅游行政部门负责本地区国家级旅游度假区申报工作，要严格按照《国家级旅游度假区管理办法》和《旅游度假区等级划分》国家标准（GB/T 26358—2022）及相关细则要求，切实把好初审推荐关，择优确定国家级旅游度假区申报对象。每年各省级文化和旅游行政部门可推荐上报 1~2 家，并按照优先顺序排序；若无排序将按照推荐申报时间排序。

3. 关于开展文化产业赋能乡村振兴试点的通知

项目要点

主管部门	文化和旅游部、教育部、自然资源部办公厅农业农村部、国家乡村振兴局
项目名称	文化产业赋能乡村振兴试点项目
参考文件	办产业发〔2023〕8 号
申报主体	县级（包括县、县级市、市辖区等县级行政区划单位）人民政府
激励政策	两批全国文化产业赋能乡村振兴试点县（市、区）名额共计 100 个左右在政府领导下优先创新工作体制机制；发挥文化和旅游产业的社会效益；做强乡村特色文化和旅游产业；加强文化和旅游人才队伍建设；推动文化和旅游项目建设运营；提升文化和旅游设施效能；统筹利用乡村文化和旅游资源；探索文化和旅游产业用地模式。
主要要求	申报主体能够充分发挥县域统筹规划、资源配置等作用，在探索实施文化产业赋能乡村振兴新路径上突出特色、因地制宜，在体制机制、发展举措、产业导入和政策保障等方面先行先试，形成可复制推广的典型案例并能够全国推广。

引用项目文件

文化和旅游部办公厅　教育部办公厅
自然资源部办公厅　农业农村部办公厅
国家乡村振兴局
关于开展文化产业赋能乡村振兴试点的通知

办产业发〔2023〕8 号

为贯彻党的二十大精神，全面实施乡村振兴战略，扎实推进文化产业赋能乡村振兴计划，根据《关于推动文化产业赋能乡村振兴的意见》（以下简称《意见》）部署，文化和旅游部、教育部、自然资源部、农业农村部、国家乡村振兴局决定联合开展文化产业赋能乡村振兴试点工作，并制定《文化产业赋能乡村振兴试点工作方案》（以下简称《方案》）。现将首批试点工作有关事项通知如下：

一、试点目标

通过在全国选择部分县（市、区）开展文化产业赋能乡村振兴试点工作，充分发挥县域统筹规划、资源配置作用，推动各试点地区因地制宜，突出特色，改革创新，探索实施文化产业赋能乡村振兴新路径，在体制机制、发展举措、产业导入、政策保障等方面先行先试，促进乡村文化和旅游融合发展，形成可复制可推广的典型经验做法在全国推广，推动建设宜居宜业宜游和美乡村。

二、工作程序

（一）试点申报主体为县级（包括县、县级市、市辖区等县级行政区划单位）人民政府。申报主体制定试点实施方案，填报基本情况表，将材料报至省级文化和旅游部门。

（二）各省级文化和旅游部门会同教育、自然资源、农业农村、乡村振兴部门联合开展各省（区、市）试点工作，通过初审、实地考察、集体评审等方式对申请开展试点的县（市、区）进行审核，并根据审核结果推荐纳入全国试点的地区（需排序），报文化和旅游部。各省（区、市）及新疆生产建设兵团首批推荐名额不超过3个。

（三）文化和旅游部将会同相关部门统筹推动全国文化产业赋能乡村振兴试点工作，研究确定试点地区，加强试点工作的指导和支持。

三、有关要求

（一）进一步提高认识

开展文化产业赋能乡村振兴试点，是强化以城带乡、城乡互促，推动乡村人文资源和自然资源有效保护利用的有力举措；是促进一二三产业融合发展，贯通产加销、融合农文旅的重要工程；是传承发展农耕文明，激发优秀乡土文化活力的具体行动。各地要高度重视试点探索，多措并举加大政策扶持力度，培育乡村发展新动能。

（二）加强摸底调查

各省级文化和旅游、教育、自然资源、农业农村、乡村振兴部门要加强协同，深入基层摸排情况，真正把有试点条件、有改革创新、有工作积极性和代表性的县（区、市）推荐上来。在开展试点工作中，同步研究推动文化产业特色乡镇、文化产业特色村落建设工作。

（三）科学制定方案

试点申报地区要加强组织领导，按照《意见》和《方案》要求制定文化产业赋能乡村振兴试点县（市、区）工作方案，围绕重点任务，大胆探索完善体制机制、发展举措、产业导入、政策保障的方法和路径。试点实施方案应做到思路清晰、任务明确、项目具体、政策务实、特色突出，确保方案可落地可实施可考核。

四、材料报送方式

各省级文化和旅游部门要认真组织推荐工作，将纸质推荐材料于 2023 年 3 月 31 日前通过邮政特快专递方式寄送至文化和旅游部。电子材料请用光盘或 U 盘存储，随纸质材料一并寄送。

附件 1　文化产业赋能乡村振兴试点工作方案

为贯彻党的二十大精神，全面实施乡村振兴战略，根据《中共中央 国务院关于做好 2022 年全面推进乡村振兴重点工作的意见》、文化和旅游部等部门《关于推动文化产业赋能乡村振兴的意见》（以下简称《意见》）部署，扎实推进文化产业赋能乡村振兴试点工作，制定以下工作方案：

一、总体要求

（一）试点目标

通过在全国选择部分县（市、区）开展文化产业赋能乡村振兴试点工作，充分发挥县域统筹规划、资源配置作用，突出特色，改革创新，推动《意见》提出的重点任务和政策举措在试点地区率先落地，在工作体制机制、发展举措、产业导入、政策保障等方面先行先试，促进乡村文化和旅游融合发展，形成可复制、可推广的典型经验做法在全国推广，推动建设宜居宜业宜游和美乡村。

（二）试点时间

2022—2025 年，遴选两批试点县（市、区），每批试点周期 3 年。

（三）试点范围

以县级行政区域（包括县、县级市、市辖区等）为试点地区，每批试点每个省（区、市）最多推荐3个试点县（市、区）。两批全国文化产业赋能乡村振兴试点县（市、区）名额共计100个左右。鼓励各地根据《中华人民共和国乡村振兴促进法》《中共中央 国务院关于实施乡村振兴战略的意见》《乡村振兴战略规划（2018—2022年)》相关要求，积极推动文化产业特色乡镇、文化产业特色村落建设。具体工作由省级文化和旅游部门牵头。

二、试点任务

（一）创新工作体制机制

试点地区要根据《意见》要求和本地区实际情况，探索建立党委、政府领导下的工作协调机制，突出以农民为主体，统筹各类资源，加大支持力度，扎实推进试点工作。积极探索推动"文化产业特派员"、文化和生态资源价值实现机制等创新发展制度，建立产业发展利益联结机制，让农民更多分享产业增值收益。

（二）发挥文化和旅游产业的社会效益

试点地区要加强对新时代乡村美育的实践探索，推动文化艺术元素应用到乡村规划建设，引导创意设计、演出、音乐、美术、手工艺、数字文化、旅游等企业和人才进入乡村，鼓励社会组织积极参与，提升乡村传统产业附加值，带动人文环境整体提升。创新性挖掘活化乡村优秀传统文化资源，运用现代创意设计、科技手段和时尚元素提升农民文化艺术创作水平，通过视频、直播等方式创作展现乡村特色文化、民间技艺、乡土风貌、田园风光、生产生活等方面的数字产品，塑造地域形象。

（三）做强乡村特色文化和旅游产业

试点地区要不断丰富乡村文化产品和文娱活动，打造乡村书店、小剧场、博物馆、美术馆、图书馆、文创馆等特色文化场所和品牌，举办音乐节、音乐会、戏剧节、艺术节展等特色活动，推动乐器、文化节日用品、特色文化创意产品生产等品牌化发展。因地制宜培育中小型、主题性、特色类旅游演艺项目。推动传统工艺实现创造性转化和创新性发展，发掘和培育传统节庆、赛事、农事、节气活动，推动非遗工坊、优秀农业文化展示区、农耕文化体验场所建设。培育非物质文化遗产旅游体验基地。开发特色文化旅游等产品和线路。支持建设城乡文化融合发展服务平台，鼓励建设数字文化和旅游体验场所，推广社交电商、直播卖货等销售模式，促进特色产品、优秀文创产品销售。推动乡村特色文化和旅游产品优先列入"多彩中国 佳节好物"文化和旅游贸易促进活动。

（四）加强文化和旅游人才队伍建设

试点地区要制定支持文化和旅游人才、企业的扶持政策，推动文化和旅游人才深入乡村对接帮扶和投资兴业。营造良好创业创新环境，支持返乡人员、退役军人、乡土人才等创业创新。不断挖掘培养乡土文化和旅游人才，重点支持培养一批政治素质优良，扎根乡村、乐于奉献、服务群众的乡村文化和旅游带头人。开展多层次、多渠道帮扶和培训，提升乡村居民文化素养。开展农村艺术教育实验，加强与普通高等学校、职业学校合作，配合学校设立文化和旅游类实习实践实训基地、中华优秀传统文化实践工作坊，推动师生深入生活、扎根人民进行实习实践。

（五）推动文化和旅游项目建设运营

试点地区要发挥社会力量，盘活乡村闲置建筑及设施。要突出农民主体地位，让农民充分参与，从中获益，推动建设多元化、小而美的乡村文化和旅游项目。大力推动文化产业特色乡镇、特色村落建设，推动实施一批具有较强带动作用的特色产业、重点项目。利用开发性金融扶持重点乡村文化和旅游项目建设。鼓励本地金融机构、保险机构因地制宜、创新产品，加强对文化和旅游企业的普惠小微贷款服务水平，为乡村文化和旅游经营主体提供多元化服务。

（六）提升文化和旅游设施效能

试点地区要充分利用县级图书馆、文化馆、博物馆、纪念馆、美术馆、非遗馆和乡镇文化站、村级综合性文化服务中心等公共文化设施、人员、组织体系等资源，加强功能融合，提高综合效益。探索引入社会力量开展基层公共文化场所运营。提升乡村文化和旅游设施服务效能，拓展文化和旅游消费项目，增强文化体验感。

（七）统筹利用乡村文化和旅游资源

试点地区要挖掘和活化乡土文化资源，保护和传承乡村传统农耕文化、民俗文化。科学划定、严格遵守历史文化保护线、耕地和基本农田红线、生态保护红线，保护好文物古迹、传统村落、民族村寨、传统建筑、农业遗迹、灌溉工程遗产。强化乡村优秀传统文化的保护和传承，支持农村地区优秀戏曲曲艺、少数民族文化、民间文化等传承发展，使历史记忆、地域特色融入乡村建设与维护。

（八）探索文化和旅游产业用地模式

试点地区要落实《意见》中文化和旅游产业用地相关政策，在合法合规的条件下，探索多种用地方式从事文化和旅游经营活动。推动乡村文化和旅游项目经营实行长期租赁或先租后让。探索对依法登记的宅基地等农村建设用地进行复合利用，发展乡村民宿、民俗体验、文化创意等业态。

三、组织实施

（一）加强领导，建立机制

各省级文化和旅游、教育、自然资源、农业农村、乡村振兴部门要高度重视试点工作，推动构建"省、市、县"工作领导和统筹协调机制。为试点地区提供政策支持，加强政策协调，着力解决试点工作中的重点和难点问题。

（二）制定方案，强化落实

各试点地区要按照《意见》和本方案试点任务要求，深入开展调查研究，结合实际情况，编制试点实施方案。实施方案不需面面俱到，要突出区域特色和自身优势，深入挖掘乡土文化，创新产业发展模式，丰富文化和旅游产品业态，因地制宜，探索不同的工作路径。实施方案要路线清晰、措施具体、任务明确、分工细致。

（三）组织申报，科学评定

有意愿参加试点的县（市、区）通过本省（区、市）文化和旅游厅（局）开展申报工作。省级文化和旅游部门组织审核实施方案，提出审核意见，向文化和旅游部报送推荐材料。文化和旅游部等部门将通过评估、调研、评审等方式研究确定试点地区。

（四）强化指导，扎实推进

文化和旅游部会同相关部门负责统筹推动全国文化产业赋能乡村振兴试点工作，对试点地区进行动态管理，加强工作指导和协调。各省（区、市）文化和旅游厅（局）等部门负责对辖区内各试点实施方案的全面落实进行指导、协调、督促和评估。

（五）及时总结，全面推广

试点地区要及时总结经验和问题，每年6月和12月分别向文化和旅游部提交工作进展情况和年度评估报告。各省级文化和旅游行政部门要积极做好试点经验的宣传和舆论引导工作，不定期报送试点工作形成的先进经验、模式和典型案例。文化和旅游部会同相关部门适时对试点工作进行考核评估，在全国推广先进经验和典型做法。

试点工作方案应包括但不限于以下内容：

1. 工作基础。本地文化产业和旅游产业发展情况，前期开展的工作，取得的成效，形成的经验做法（典型案例、可复制推广的措施等）。开展试点的基础或优势。

2. 试点目标。结合本地区实际提出试点工作目标，包含可评估、可量化的目标。

3. 试点任务。根据本地区的特色和基础确定试点任务，可参考但不限于《方案》中的试点任务，不需面面俱到。要突出区域特色和自身优势，探索不同的工作路径。试点任务及措施应有针对性、可操作性、创新性，符合区域定位，体现产业特色，发挥本地农民、市场主体、基层组织的积极性。工作计划及任务分工明确。

4. 保障措施。建立工作机制，加强本地区政策、资金、人才、培训等方面的支持。

4. 旅游景区质量等级的划分与评定

项目要点

主管部门	全国旅游景区质量等级评定委员会
项目名称	A 级旅游景区创建项目
参考文件	GB/T 17775—2003
申报主体	各级旅游景区经营主管部门
激励政策	创建 A 级旅游景区的激励政策因地区和时间的不同而有所差异，但总体上各地政府在资金奖励、项目支持与投资引导等方面实施了不同程度的奖励与扶持措施。
主要要求	具有明确的空间边界和连续的地域范围；具有统一有效的景区管理机构和经批准实施的景区旅游总体规划；常年开放运营并具有稳定的年游客接待量，5A 级景区不少于 100 万人次，4A 级景区不少于 40 万人次，3A 级景区不少于 20 万人次，2A 级景区不少于 10 万人次，1A 级景区不少于 5 万人次；具有较高的资源观赏游憩价值，5A 级景区在全国具有代表性，4A 级景区在全省具有代表性，3A 级景区在全市具有代表性，2A 级和 1A 级景区在全县具有代表性；没有多发性不可抗拒的自然灾害，没有环境污染隐患；接待旅游者不超过景区主管部门核定的最大承载量；安全保障设施完善；近 2 年内未发生重大安全事故、恶性治安事件和社会反响强烈的群体性负面事件；具备比较完善的接待服务设施；严格执行国家有关价格政策，规范价格行为，诚信经营。近 2 年内未发生价格欺诈事件。

引用项目文件

旅游景区质量等级管理办法

（GB/T 17775—2003）

第一章　总　　则

第一条　为了加强旅游景区质量等级的评定和管理，提升旅游景区服务质量和管理水平，树立旅游景区行业良好形象，促进旅游业可持续发展，依据国家有关法律、法规和中华人民共和国国家标准《旅游景区质量等级的划分与评定》及相关评定细则，特制定本办法。

第二条　本办法所称的旅游景区，是指可接待旅游者，具有观赏游憩、文化娱乐等功能，具备相应旅游服务设施并提供相应旅游服务，且具有相对完整管理系统的游览区。

旅游景区质量等级的申请、评定、管理和责任处理适用本办法。

第三条　凡在中华人民共和国境内正式开业一年以上的旅游景区，均可申请质量等级。旅游景区质量等级划分为 5 个等级，从低到高依次为 1A、2A、3A、4A、5A。

第四条　旅游景区质量等级管理工作，遵循自愿申报、分级评定、动态管理、以人为本、持续发展的原则。

第五条　国务院旅游行政主管部门负责旅游景区质量等级评定标准、评定细则等的编制和修订工作，负责对全国旅游景区质量等级评定标准的实施进行管理和监督。

各省、自治区、直辖市人民政府旅游行政主管部门负责对本行政区域内旅游景区质量等级评定标准的实施进行管理和监督。

第二章　评定机构与证书标牌

第六条　国务院旅游行政主管部门组织设立全国旅游景区质量等级评定委员会，负责全国旅游景区质量等级评定工作的组织和实施，授权并督导省级及以下旅游景区质量等级评定机构开展评定工作。

各省、自治区、直辖市人民政府旅游行政主管部门组织设立本地区旅游景区质量等级评定委员会，按照全国旅游景区质量等级评定委员会授权，负责本行政区域内旅游景区质量等级评定工作的组织和实施。

第七条　省级旅游景区质量等级评定委员会及时向全国旅游景区质量等级评定委员会报备各级评定委员会及其办公室成员组成与变动。

第八条　省级旅游景区质量等级评定委员会须全面掌握本地区各级旅游景区新增及变动情况，实现动态管理，每年分别于 6 月底和 12 月底将本地区各级旅游景区名称和数量报全国旅游景区质量等级评定委员会备案。

第九条　省级及以下旅游景区质量等级评定委员会出现玩忽职守，未按要求开展工作的，上级评定机构可以撤销其已获得的评定权限。

第十条　旅游景区质量等级的标牌、证书由全国旅游景区质量等级评定委员会统一制作，由相应评定机构颁发。旅游景区在对外宣传资料中应正确标明其等级。旅游景区质量等级标牌，须置于旅游景区主要入口显著位置。

第十一条　旅游景区可根据需要自行制作庄重醒目、简洁大方的质量等级标志，标志在外形、材质、颜色等方面要与景区特点相一致。

第三章　申请与评定

第十二条　3A级及以下等级旅游景区由全国旅游景区质量等级评定委员会授权各省级旅游景区质量等级评定委员会负责评定，省级旅游景区评定委员会可向条件成熟的地市级旅游景区评定委员会再行授权。

4A级旅游景区由省级旅游景区质量等级评定委员会推荐，全国旅游景区质量等级评定委员会组织评定。

5A级旅游景区从4A级旅游景区中产生。被公告为4A级三年以上的旅游景区可申报5A级旅游景区。5A级旅游景区由省级旅游景区质量等级评定委员会推荐，全国旅游景区质量等级评定委员会组织评定。

第十三条　申报3A级及以下等级的旅游景区，由所在地旅游景区评定机构逐级提交评定申请报告、《旅游景区质量等级评定报告书》和创建资料，创建资料包括景区创建工作汇报、服务质量和环境质量具体达标说明和图片、景区资源价值和市场价值具体达标说明和图片。省级或经授权的地市级旅游景区评定机构组织评定，对达标景区直接对外公告，颁发证书和标牌，并报全国旅游景区质量等级评定委员会备案。

第十四条　申报4A级的旅游景区，由所在地旅游景区评定机构逐级提交申请报告、《旅游景区质量等级评定报告书》和创建资料，省级旅游景区评定机构组织初评。初评合格的景区，由省级旅游景区评定机构向全国旅游景区质量等级评定委员会提交推荐意见，全国旅游景区质量等级评定委员会通过明查、暗访等方式进行检查，对达标景区对外公告，颁发证书和标牌。

第十五条　申报5A级的旅游景区，由所在地旅游景区评定机构逐级提交申请报告、《旅游景区质量等级评定报告书》和创建资料（含电子版），省级旅游景区评定机构组织初评。初评合格的景区，由省级旅游景区评定机构向全国旅游景区质量等级评定委员会提交推荐意见。

第十六条　全国旅游景区质量等级评定委员会对申报5A级旅游景区的评定程序如下：

（一）资料审核。全国旅游景区质量等级评定委员会依据景区评定标准和细则规定，对景区申报资料进行全面审核，审核内容包括景区名称、范围、管理机构、规章制度及发展状况等。通过审核的景区，进入景观评估程序，未通过审核的景区，一年后方可再次申请重审。

（二）景观价值评价。全国旅游景区质量等级评定委员会组建由相关方面专家组成的评议组，听取申报景区的陈述，采取差额投票方式，对景区资源吸引力和市场影响力进行评价，评价内容包括景区观赏游憩价值、历史文化科学价值、知名度、美誉度与市场辐射力等。通过景观评价的景区，进入现场检查环节，未通过景观评价的景区，两年后方可再次申请重审。

（二）现场检查。全国旅游景区质量等级评定委员会组织国家级检查员成立评定小组，采取暗访方式对景区服务质量与环境质量进行现场检查，检查内容包括景区交通等基础服务设施，安全、卫生等公共服务设施，导游导览、购物等游览服务设施，电子商务等网络服务体系，对历史文化、自然环境保护状况，引导游客文明旅游等方面。现场检查达标的景区，进入社会公示程序，未达标的景区，一年后方可再次申请现场检查。

（四）社会公示。全国旅游景区质量等级评定委员会对达到标准的申报景区，在中国旅游网上进行七个工作日的社会公示。公示阶段无重大异议或重大投诉的旅游景区通过公示，若出现重大异议或重大投诉的情况，将由全国旅游景区质量等级评定委员会进行核实和调查，做出相应决定。

（五）发布公告。经公示无重大异议或重大投诉的景区，由全国旅游景区质量等级评定委员会发布质量等级认定公告，颁发证书和标牌。

第十七条　各质量等级旅游景区必须按照国家统计部门和旅游行政主管部门要求，履行《旅游统计调查制度》，按时报送旅游景区各项相关统计数据和信息，确保数据的真实性和准确性。

第四章　检　查　员

第十八条　旅游景区质量等级评定现场工作由具有相应资格的检查员担负。旅游景区质量等级评定检查员分为国家级检查员和地方级检查员。

第十九条　旅游景区质量等级评定检查员需熟练掌握国家标准及相关细则要求，熟悉景区建设管理知识，业务水平高，实践经验丰富，严格遵守评定工作规范，工作责任心强。

第二十条　旅游景区质量等级评定检查员由旅游景区研究、管理的专业人员，旅游景区协会成员单位的有关人员，景区评定机构的相关人员组成。

第二十一条　旅游景区质量等级评定检查员采取分级培训聘任的方式。国家级检查员由全国旅游景区质量等级评定委员会培训，经国务院旅游行政主管部门批准后聘任并颁发证书，地方级检查员由省级旅游景区质量等级评定委员会聘任并颁发证书。

第二十二条　旅游景区质量等级评定国家级与地方级检查员每三年进行一次审核。对于出现重大工作失误、未按工作规范开展工作、未承担相应工作职责以及由于各种原因不再适宜担负旅游景区评定工作的检查员，不予通过审核，并取消旅游景区检查员资格。

第五章　管理与监督

第二十三条　各级旅游景区质量等级评定机构对所评旅游景区要进行监督检查和复核。监督检查采取重点抽查、定期明查和不定期暗访以及社会调查、听取游客意见反馈等方式进行。

第二十四条　全国旅游景区质量等级评定委员会负责建立全国旅游景区动态监测与游客评价系统和景区信息管理系统，系统收集信息和游客评价意见，作为对旅游景区监督检查和复核依据之一。

第二十五条　对游客好评率较低、社会反响较差、发生重大安全事故、被游客进行重大投诉经调查情况属实及未按时报送数据信息或填报虚假信息的景区，视情节给予相应处理。

第二十六条　4A级及以下等级景区复核工作主要由省级质量等级评定委员会组织和实施，复核分为年度复核与五年期满的评定性复核，年度复核采取抽查的方式，复核比例不低于10%。5A级旅游景区复核工作由全国旅游景区质量等级评定委员会负责，每年复核比例不低于10%。经复核达不到要求的，视情节给予相应处理。

第二十七条　对景区处理方式包括签发警告通知书、通报批评、降低或取消等级。

旅游景区接到警告通知书、通报批评、降低或取消等级的通知后，须认真整改，并在规定期限内将整改情况上报相应的等级评定机构。

第二十八条　旅游景区被处以签发警告通知书和通报批评处理后，整改期满仍未达标的，将给予降低或取消等级处理。凡被降低、取消质量等级的旅游景区，自降低或取消等级之日起一年内不得重新申请等级。

第二十九条　旅游景区质量等级评定委员会签发警告通知书、通报批评、降低或取消等级的处理权限如下：

1. 省、自治区、直辖市旅游景区质量等级评定委员会有权对达不到标准规定的3A级及以下等级旅游景区签发警告通知书、通报批评、降低或取消等级，并报全国旅游景区质量等级评定委员会备案。

2. 省、自治区、直辖市旅游景区质量等级评定委员会有权对达不到标准规定的4A级旅游景区签发警告通知书、通报批评，并报全国旅游景区质量等级评定委员会备案。如需对4A级旅游景区作出降低或取消等级的处理，须报全国旅游景区质量等级评定委员会审批，由全国旅游景区质量等级评定委员会对外公告。

3. 全国旅游景区质量等级评定委员会对达不到标准规定的5A级旅游景区作出相应处理。

4. 全国旅游景区质量等级评定委员会有权对达不到标准规定的各级旅游景区，作出签发警告通知书、通报批评、降低或取消等级通知的处理。

第六章　附　　则

第三十条　本办法由国家旅游局负责解释。

第三十一条　本办法自二○一二年五月一日起施行。

5. 关于开展新一批国家级旅游休闲街区认定工作的通知

项目要点

主管部门	文化和旅游部
项目名称	国家级旅游休闲街区创建项目
参考文件	办资源发〔2023〕107 号
申报主体	旅游休闲街区所在区（县）或街道（镇）人民政府
激励政策	成功创建国家级旅游休闲街区的城市和地区可以获得一次性财政奖励，金额根据地方政策不同；对于符合标准并获得认定的国家级旅游休闲街区，地方政府可能在基础设施改造、公共设施建设、环境整治、历史文化保护利用等方面给予专项资金支持；申报成功的街区内符合条件的企业和商家，在税收上可能享受到一定的优惠政策，同时鼓励金融机构提供信贷支持，优化金融服务；在符合国土空间规划的前提下，对国家级旅游休闲街区的土地使用需求可能会得到优先保障和支持。
主要要求	文化和旅游特色鲜明，文化资源、文化景观、文化展示空间和活动、服务丰富，旅游休闲业态种类多样、形式创新，经营单位数量充足，经营状况良好；功能完善，旅游公共设施与信息服务体系健全；访客综合满意度较高；在全国具有较高的知名度和品牌影响力；安全管理措施到位，符合国家各项相关要求，街区相关各类主体及其运营行为通过全部相关必要手续；近 2 年内未发生重大安全责任事故和社会反响强烈的负面舆情事件；已是省级旅游休闲街区。

引用项目文件

文化和旅游部办公厅
关于开展新一批国家级旅游
休闲街区认定工作的通知

办资源发〔2023〕107 号

各省、自治区、直辖市文化和旅游厅（局），新疆生产建设兵团文化体育广电和旅游局：

为贯彻落实《中华人民共和国国民经济和社会发展第十四个五年规划和2035年远景目标纲要》《"十四五"旅游业发展规划》《国民旅游休闲发展纲要（2022—2030年）》任务要求，打造一批文化特色鲜明的国家级旅游休闲街区，经商国家发展改革委，文化和旅游部决定开展新一批国家级旅游休闲街区认定工作。现将有关事项通知如下：

一、认定对象

具有鲜明的文化主题和地域特色，具备旅游休闲、文化体验和旅游公共服务等功能，融合观光、餐饮、娱乐、购物、住宿、休闲等业态，能够满足游客和本地居民游览、休闲等需求的城镇内街区。

二、申报要求

（一）申报时间

即日起至2023年6月30日止（以寄出邮戳日期为准），逾期不予受理。

（二）申报主体

旅游休闲街区所在区（县）或街道（镇）人民政府。

（三）申报条件

1. 符合《旅游休闲街区等级划分》（LB/T 082—2021）行业标准及评分细则关于国家级的相关达标要求；

2. 符合社会主义核心价值观要求，意识形态工作责任制落实到位；

3. 文化和旅游特色鲜明，文化资源、文化景观、文化展示空间和活动、服务丰富，旅游休闲业态种类多样、形式创新，经营单位数量充足，经营状况良好；

4. 功能完善，旅游公共设施与信息服务体系健全；

5. 访客综合满意度较高；

6. 在全国具有较高的知名度和品牌影响力；

7. 安全管理措施到位，符合国家各项相关要求，街区相关各类主体及其运营行为通过全部相关必要手续；

8. 近2年内未发生重大安全责任事故和社会反响强烈的负面舆情事件；

9. 已是省级旅游休闲街区。

（四）申报组织

1. 由各省（区、市）和新疆生产建设兵团文化和旅游行政部门负责本地国家级旅游休闲街区的申报组织工作，各地申报国家级旅游街区数量为2~3个，按优先顺序排序，以正式文件形式报送纸质版。

2. 经过省级文化和旅游行政部门确认推荐的各申报主体书面填写《国家级旅游休闲街区认定申请报告书》，纸质版通过省级文化和旅游行政部门统一转报。申报主体还需通过国家级旅游休闲街区网上申报平台进行线上申报并上传相关证明材料。

（五）申报材料

1. 省级文化和旅游行政部门推荐文件；

2. 国家级旅游休闲街区认定申请报告书含电子版；

3. 自评打分的相关证明材料；

4. 近2年内未发生重大安全责任事故和社会反响强烈的负面舆情事件的承诺书；

5. 其他材料。

三、认定程序

文化和旅游部按照下列程序组织认定国家级旅游休闲街区：

（一）组织材料审核和基础评价；

（二）以现场答辩及实地检查形式组织开展综合评价；

（三）审定认定结果；

（四）对确定的认定结果公示5个工作日；

（五）对公示无异议或者异议不成立的，发布认定公告。

四、其他事项

（一）各省级文化和旅游行政部门要严格按照行业标准《旅游休闲街区等级划分》（LB/T 082—2021）及评分细则要求，审核申报主体相关材料和自评打分情况。

（二）各省级文化和旅游行政部门要负责组织推荐申报对象，按时提交申报材料，组织符合条件的申报主体参与现场答辩。

（三）被推荐的旅游休闲街区所在县（区）人民政府或街（镇）人民政府作为申报主体，要确保申报材料真实、完整、准确。

6. 全国乡村旅游重点村镇名录建设工作方案

项目要点

主管部门	文化和旅游部、国家发展改革委
项目名称	全国乡村旅游重点村镇名录建设项目
参考文件	办资源发〔2019〕90号
申报主体	全国乡村旅游重点村镇所在县（市、区、旗）人民政府
激励政策	文化和旅游部、国家发展改革委协调相关部门，积极优化整合现有资源，在旅游规划、创意下乡、人才培训、宣传推广、金融支持、项目对接等方面对全国乡村旅游重点村镇予以支持。鼓励各地利用各类资金渠道对全国和省级乡村旅游重点村镇进行支持。
主要要求	全国乡村旅游重点村应当符合文化和旅游资源富集、开发合理；乡村文化传承保护、转化发展较好旅游产品体系成熟、品质较高；乡村民宿建设主题突出、规范有序；生态环境优美宜居；基础设施和公共服务较完善；体制机制完善合理、运营高效；带动创业就业、经济社会发展等效益明显。全国乡村旅游重点镇（乡）应当符合乡村旅游规划合理、定位清晰；文化底蕴深厚、生态环境优美；乡村旅游集聚融合发展特征明显；乡村旅游促进城乡融合、基本公共服务均等化效果较好；乡村旅游促进政策体系完善；乡村旅游管理协调机制健全高效。

引用项目文件

全国乡村旅游重点村镇名录建设工作方案

为加强对全国乡村旅游重点村镇名录建设工作的政策指导和规范管理，按照全面推进乡村振兴战略、贯彻落实新发展理念、推动文化和旅游融合发展的相关要求，现就开展全国乡村旅游重点村镇名录建设工作制定如下工作方案。

一、工作目标

在全国遴选一批文化和旅游资源富集、旅游产品特色鲜明、旅游市场规范有序、旅游配套服务完善、村容村貌美好宜居、乡风淳朴风俗文明，带动村民致富效果良好，具有典型示范带动作用的村镇，建设全国乡村旅游重点村镇名录。充分发挥全国乡村旅游重点村镇示范引领作用，引导建立全方位多层次的乡村旅游品牌体系，优化乡村旅游产品和服务供给，推动乡村旅游高质量发展，促进巩固拓展脱贫攻坚成果、全面推进乡村振兴，满足人民群众美好生活需要。

二、遴选对象

全国乡村旅游重点村镇分为全国乡村旅游重点村和全国乡村旅游重点镇（乡）。全国乡村旅游重点村遴选对象为行政村或自然村，全国乡村旅游重点镇（乡）的遴选对象为乡、民族乡、镇等乡级行政区划单位。

三、职责分工

（一）文化和旅游部、国家发展改革委是全国乡村旅游重点村镇名录建设工作主管部门，组织各省（区、市）（含新疆生产建设兵团，下同）文化和旅游、发展改革部门开展全国乡村旅游重点村镇的遴选和动态管理等工作，发布全国乡村旅游重点村镇名录。

（二）各省（区、市）文化和旅游厅（局）会同同级发展改革委，制定各省（区、市）乡村旅游重点村镇工作方案，开展各省（区、市）省级乡村旅游重点村镇名录建设工作，负责本地区全国乡村旅游重点村镇的推荐和管理工作，落实国家有关政策和地方配套政策，支持乡村旅游重点村镇发展。各省（区、市）省级乡村旅游重点村镇名录应报文化和旅游部、国家发展改革委备案。

（三）全国乡村旅游重点村镇所在县（市、区、旗）人民政府是全国乡村旅游重点村镇的申报单位，是全国乡村旅游重点村镇建设的责任主体，要加强对重点村镇建设的统筹规划，推动重点村镇乡村旅游转型升级、提质增效，不断提升重点村镇的示范引领作用，促进乡村旅游高质量发展。

四、遴选标准

（一）全国乡村旅游重点村应当符合下列标准

1. 文化和旅游资源富集、开发合理。有一定规模或独特的文化和旅游资源，资源类型丰富，组合关系良好，观赏游憩价值较高，具有一定的历史价值、文化价值或科学价值。人文资源与自然资源融合度高，能够体现地域特色、民族风情和乡土风貌。乡村旅游开发主题定位明确，走特色化、差异化发展之路。

2. 乡村文化传承保护、转化发展较好。文物古迹、传统村落、民族村寨、传统建筑、农业遗迹等文化遗产得到科学、妥善的保护，有非物质文化遗产项目的，应有完备的非物质文化遗产保护工作制度和措施。有文化展示体验空间，能够提供村史展示、文化展览、主题讲座、互动项目等丰富的文化展示体验内容。能够保持乡村原有建筑风貌和村落格局，把民族民间文化元素融入乡村建筑、景观设计，新建建筑与原有风貌协调统一，重塑诗意闲适的人文环境。乡村旅游助力乡村文化振兴成效显著，群众文化活动丰富多彩，农民精神风貌较好，展现文明乡风、良好家风、淳朴民风。

3. 旅游产品体系成熟、品质较高。已开发出观光度假、农事体验、民俗文化、休闲游憩、乡村民宿、特色美食、节庆活动等类型多样、具有独特风格的成熟旅游产品，以旅游开发带动乡村产业振兴。旅游产品开发与乡村特色产业、特色文化资源结合紧密，弘扬社会主义核心价值观，具有较强的参与性、互动性和体验性。能够深入挖掘乡村文化的价值内涵和符号元素，开发艺术性和实用性有机统一、适应现代生活需求的文化创意产品和旅游商品。

4. 乡村民宿建设主题突出、规范有序。能够依托当地自然和文化资源禀赋发展特色乡村民宿，注重创意设计，凸显地域、民族文化特色。尊重原住居民生活形态和传统习惯，防止大拆大建、千村一面和城市化翻版、简单化复制。环境整洁舒适、设施设备完善、服务接待规范。

5. 生态环境优美宜居。严格规划建设管控，有自然生态系统保护制度或具体措施。村内各项设施设备符合国家关于环境保护的要求，不造成环境污染、自然资源破坏和其他公害。乡村建设与地形地貌有机结合，融入山水林田湖草等自然要素，彰显优美的山水格局和自然景观特色。人居环境良好，村容村貌整洁，有必要的垃圾、污水处理设施，通过发展乡村旅游带动乡村生态振兴。

6. 基础设施和公共服务较完善。外部交通通畅，进出便捷或具有旅游专线，交通标志、路灯、停车场等交通设施完备，内部游览线路设计合理，与景观环境相协调。有信息咨询、智慧旅游、旅游投诉、宣传展示、公共休息、便民服务等公共服务设施。村内公共厕所布局合理，数量能够满足需求，标识醒目美观，环境干净卫生。公共服务设施管理有序，经营场所服务规范，服务人员文明礼貌、仪容得体。

7. 体制机制完善合理、运营高效。基层党组织在乡村旅游发展中发挥领导核心作用，能够整合村民委员会、集体经济组织、农民合作社、企业、行业协会等力量统筹推进乡村旅游发展，促进乡村组织振兴。村民能够以土地、林权、资金、劳动、技术、产品等要素参与乡村旅游发展，收益分配机制科学，能够有效保障村民合理收益，巩固脱贫成效、带动增收致富效果较好。

8. 带动创业就业、经济社会发展等效益明显。能够较好吸纳本地村民就业，开展乡村旅游培训，提升村民综合素质。采取积极措施，吸引大学生、返乡农民工、专业艺术人才、青年创业团队等能人创客返乡创业，带动乡村人才振兴。利用多种媒体和渠道开展宣传推广和营销，打造乡村旅游品牌，提升乡村整体形象。能够在宣传营销、预订交易、管理服务等方面充分利用互联网等高新技术，发展智慧乡村旅游，助力数字乡村建设。

（二）全国乡村旅游重点镇（乡）应当符合下列标准

1. 乡村旅游规划合理、定位清晰。有单独制定的乡村旅游发展规划，或在旅游规划中有完整独立的乡村旅游内容。规划符合当地实际，尊重村民发展意愿，统筹生产、生活、生态布局。乡村旅游发展规划与国土空间规划、村庄规划、土地利用总体规划等相衔接，落实生态保护红线、永久基本农田、城镇开发边界以及各类海域保护线。乡村旅游发展定位明确合理，文化内涵丰富、主题特色突出、品牌形象鲜明，镇村旅游产品互为补充，能够发挥乡镇连城带村的衔接功能和工商资本强、设施配套好、人才储备足的要素优势，服务带动乡村旅游发展，实现乡村旅游"规划在镇、建设在村、增收在户"。

2. 文化底蕴深厚、生态环境优美。区域内有传统村落、文物保护单位、历史文化街区、历史文化名村名镇、传统建筑、非物质文化遗产等文化资源，传承保护有序、开发利用合理。有节庆活动、文化场馆、文化景观等文化传承载体，形成独特的文化形象。践行"绿水青山就是金山银山"理念，生态环境保护较好，山水林田湖草有机协调，城乡环境卫生整洁、村容村貌优美宜居。乡村旅游发展能够挖掘文化内涵、彰显乡愁特色，保留乡村独特景观特色和历史文化脉络，新建建筑与原有风貌协调统一，避免大拆大建和破坏生态环境。

3. 乡村旅游集聚融合发展特征明显。乡村旅游年接待人次高于省内平均水平。有至少1个全国乡村旅游重点村和2个省级乡村旅游重点村，有2条以上乡村旅游主题线路，有10家以上乡村民宿，有夜间游览体验项目。

有体现地方产业和文化特色的文化创意产品和旅游商品，有经营规范的旅游购物场所。乡村旅游业态类型丰富、特色鲜明、品质优良，能够满足游客多样化、品质化需求。乡村旅游与当地特色产业结合紧密，能够带动当地特色种养业、农产品加工业、特色文化产业、商贸服务业等一二三产业融合发展。

4. 乡村旅游促进城乡融合、基本公共服务均等化效果较好。交通基础设施布局合理，外部通达性较好，乡镇、交通干道与乡村旅游景区（点）之间道路联通较好。有步行、骑行等慢行系统，与公共交通系统衔接较好，交通标识系统设计美观、统一规范，具有地方特色。智慧乡村旅游发展水平较高，行政村宽带网络、4G 信号实现全覆盖，能够有效运用互联网提供信息资讯、宣传推广、预订交易等服务。水、电、气、公共照明、广播电视、旅游厕所、垃圾污水集中处理等公共基础设施能够有效向乡村地区延伸覆盖。电子商务物流、仓储、配送体系健全，能够满足游客购物需求。乡镇应设有位置合理、设施完善、服务齐全、彰显特色的游客服务中心，或有其他提供旅游公共服务的场所。统筹考虑城乡居民、旅游发展和返乡创业需要，合理布局教育、医疗卫生、文化体育等公共服务设施，在基本公共服务均等化方面发挥乡镇连接城市、服务乡村的作用。

5. 乡村旅游促进政策体系完善。有保障乡村旅游用地的相关政策，能够通过乡村全域土地综合整治，集体经营性建设用地入市，盘活闲置建设用地、宅基地和农房，开发未利用和再利用土地等方式支持建设乡村旅游设施和项目。有支持乡村旅游发展的财政资金政策，通过设立旅游发展专项资金或统筹整合涉农资金支持乡村旅游发展。有优化乡村旅游发展营商环境，鼓励乡村旅游投资创业的政策措施，能够有效激发乡村旅游创业活力和就业潜力。在乡村民宿证照办理方面有便捷高效的准入机制，有较为完善的乡村民宿事中事后监管机制和发展引导政策。乡镇政府近两年有实施乡村旅游消费惠民活动、人才培训项目、宣传推广活动等配套举措，有效塑造乡村旅游品牌形象。

6. 乡村旅游管理协调机制健全高效。乡镇党委、政府在人力、物力、财力投入方面为乡村旅游发展提供保障。乡镇旅游主管部门职责分明、制度健全，能够有效协调旅游发展与社会治理之间的关系，推动形成共建共享、和谐相处的社区和乡村治理格局。旅游市场秩序良好，有较为健全的旅游安全责任制度和应急管理预案。能够指导乡村旅游经营主体建立健全多元利益联结机制，保障农民收益。在财政资金或旅游发展收益中能够拿出一定比例投入自然和文化资源保护，实现可持续发展。

五、遴选程序

（一）申报全国乡村旅游重点村镇应当提交以下材料

1. 申报表；

2. 申报报告；

3. 宣传图片或视频。

提交的宣传图片和视频将视为授权主管部门在宣传推广工作中使用，请申报单位协调解决好版权问题。

（二）申报单位组织村镇编制申报材料，报地市级文化和旅游、发展改革部门确定。

（三）地市级文化和旅游行政部门会同同级发展改革部门根据遴选标准择优确定后，向各省（区、市）文化和旅游厅（局）、发展改革委提出申请。各省（区、市）文化和旅游厅（局）、发展改革委择优确定省级乡村旅游重点村镇名录。

（四）各省（区、市）文化和旅游厅（局）会同同级发展改革委从省级乡村旅游重点村镇名录中择优确定全国乡村旅游重点村镇推荐名单，以适当方式进行公示后联合推荐至文化和旅游部、国家发展改革委。

（五）文化和旅游部会同国家发展改革委通过组织专家评审等方式对各省推荐的村镇进行复核，经公示后确定列入全国乡村旅游重点村镇名录的名单。

（六）列入名录的全国乡村旅游重点村镇，由文化和旅游部、国家发展改革委联合发文确认，并由文化和旅游部授予全国乡村旅游重点村和全国乡村旅游重点镇（乡）标识牌。

（七）各级报送推荐名单应适度向乡村振兴重点帮扶县、革命老区、边境地区、民族地区倾斜。

六、管理和支持

（一）文化和旅游部建立全国乡村旅游重点村镇信息报送平台和监测工作体系，对全国乡村旅游重点村镇发展情况进行监测。各省（区、市）文化和旅游厅（局）指导全国乡村旅游重点村镇按时如实填报有关数据，并对报送的数据和信息进行审核。

（二）文化和旅游部会同国家发展改革委，通过实地调查、第三方机构评估、社会监督等方式，适时对全国乡村旅游重点村镇开展考核评估，建立"有进有出"的动态管理机制。经调查核实有下列情形之一的，由文化和旅游部、国家发展改革委撤销"全国乡村旅游重点村镇"称号，并收回标识牌：

1. 旅游产品内容违背社会主义核心价值观；

2. 因管理不善造成自然和文化资源破坏、生态环境退化；

3. 旅游市场失范，造成严重不良影响；

4. 发生重大旅游安全事故；

5. 侵犯农民合法权益，造成严重不良影响；

6. 在遴选过程中弄虚作假，违反遴选程序和工作纪律；

7. 连续两年未按时报送数据信息；

8. 其他经主管部门确认不符合标准的情形。

（三）文化和旅游部、国家发展改革委协调相关部门，积极优化整合现有资源，在旅游规划、创意下乡、人才培训、宣传推广、金融支持、项目对接等方面对全国乡村旅游重点村镇予以支持。鼓励各地利用各类资金渠道对全国和省级乡村旅游重点村镇进行支持。

7. 关于开展联合国世界旅游组织第三批 "最佳旅游乡村" 遴选申报工作的通知

项目要点

主管部门	文化和旅游部
项目名称	最佳旅游乡村申报项目
参考文件	办资源发〔2023〕80 号
申报主体	符合要求的全国乡村旅游重点村所在县级人民政府
激励政策	具体激励政策会依据文化和旅游部、发改委等部门发布的通知及地方相关政策文件而定。除此之外，对于联合国世界旅游组织的"最佳旅游乡村"，还将获得国际旅游市场的推荐机会和合作项目等国际性资源支持。
主要要求	文化和自然资源优越；文化资源传承传播基础好；旅游业发展具有优势，文旅融合水平高；旅游业促进当地经济可持续发展情况好；旅游业促进当地社会可持续发展情况好；旅游业促进当地生态可持续发展情况好；旅游业战略定位和规划管理水平较高；基础设施完善，互联互通水平高；应急管理保障措施健全。

引用项目文件

文化和旅游部办公厅
关于开展联合国世界旅游组织第三批
"最佳旅游乡村" 遴选申报工作的通知

办资源发〔2023〕80 号

各省、自治区、直辖市文化和旅游厅（局），新疆生产建设兵团文化体育广电和旅游局：

2021 年以来，联合国世界旅游组织发起"最佳旅游乡村"评选，并成立"最佳旅游乡村"交流平台。文化和旅游部组织遴选推荐的浙江余村、安徽西递村、广西大寨村、重庆荆竹村入选前两批"最佳旅游乡村"。

近日，联合国世界旅游组织启动评选第三批"最佳旅游乡村"，为做好本次申报，并兼顾我国国际乡村旅游目的地培育工作，文化和旅游部将组织开展联合国世界旅游组织第三批"最佳旅游乡村"遴选，现将有关事项通知如下：

一、申报条件

2022 年，各省级文化和旅游行政部门依据《文化和旅游部办公厅关于开展联合国世界旅游组织"最佳旅游乡村"遴选工作的通知》（办资源发〔2022〕93 号）向文化和旅游部推荐了一批"最佳旅游乡村"储备乡村，各地可根据实际情况，对名单进行适当调整或增加，推荐满足以下条件的全国乡村旅游重点村参与联合国世界旅游组织第三批"最佳旅游乡村"遴选：

（一）文化和自然资源优越

文化和自然资源形态丰富、规模可观，具有较高观赏游憩、历史文化、科考研学等方面价值。本地文化和自然资源与周边关联度高，是区域重要文化和自然资源的组成部分或典型代表，如世界遗产、国家文化公园、国家级文化生态保护区等。能够体现乡村生态文明、精神文明建设成效成果，并在国家或国际层面具有一定知名度和吸引力。

（二）文化资源传承传播基础好

文化资源保护良好、传承有序、利用合理、传播有效，重视非物质文化遗产保护与传承，重视文物保护与利用。群众文化、民俗活动、展览演出等文化活动丰富，群众参与度高，游客体验性好。文化自信与开放度较高，村民对当地文化了解和认可程度深，文化感染力、传播力较强。

（三）旅游业发展具有优势，文旅融合水平高

旅游产品丰富优质，能够充分反映乡村文化和当地特色，契合入境游客文化体验、乡村度假、教育研学等旅游需求。旅游市场具有发展潜力，与周边主题线路或其他旅游目的地形成良好的联动态势，能够辐射带动区域发展。接待过多个国家入境游客，接待游客中入境游客占比在全省（区、市）（含新疆生产建设兵团）范围内居于前列。

（四）旅游业促进当地经济可持续发展情况好

旅游业与当地种养业、农产品加工业、传统手工业、服贸物流等一二三产业融合程度较高、带动效应较好。有鼓励创新创业、投资兴业的举措、载体、环境和氛围，创业就业带动效果较好，旅游从业人员中本地村民比例超过 50%。

（五）旅游业促进当地社会可持续发展情况好

通过分享旅游发展红利，有力保障和改善当地民生，提升人民群众获得感、幸福感、安全感。通过发展旅游，增进各类群体发展机会和收益，缩小"数字鸿沟"，促进人的全面发展、全体人民共同富裕。乡村社会充满活力、和谐有序、风俗文明，能够充分体现脱贫攻坚、乡村振兴、城乡融合等建设成果。

（六）旅游业促进当地生态可持续发展情况好

能够运用旅游发展收益，促进当地生态环境和自然资源保存保护。通过政策、措施、活动等多种方式，尽量减少旅游发展的环境污染、资源消耗，助力实现环境可持续发展和资源永续利用。开展环保宣传，增强旅游经营主体和游客的环保意识。

（七）旅游业战略定位和规划管理水平较高

将旅游发展作为乡村振兴、城乡融合、国际交流的战略支柱，对联合国世界旅游组织"最佳旅游乡村"建设具有较高意愿，有明确的发展规划和建设方案。领导机制健全，组织保障有力，建设措施有效，品牌形象突出。能够整合政府、基层自治组织、市场主体、行业组织等各方力量共同发展旅游业，社区居民对旅游发展、国际交流等认可程度较高。

（八）基础设施完善，互联互通水平高

交通可进入性较好，方便入境游客到达。观光游览、餐饮住宿、商业购物、文化体验、交通枢纽、医疗卫生等重要场所有英文标识，能提供英文接待服务，有配备入境游客住宿登记系统的住宿产品，能够保障入境游客的吃、住、行、游、购、娱等基本需求。智慧旅游水平较高，具备境外宣传推广能力，能够实现入境游客网络预订，旅游经营场所电子支付全覆盖。

（九）应急管理保障措施健全

在医疗卫生、治安、消防、自然灾害应对等方面建立了完善的应急保障措施，建立常态化的疫情防控管理制度，主要文化和旅游场所备有安全经营应急预案，能够有力保障居民和游客人身财产安全。近三年未发生重大旅游安全生产责任事故，无重大旅游负面舆情。

二、工作程序和时间进度

（一）申请

符合要求的全国乡村旅游重点村所在县级人民政府作为申报单位，对照联合国世界旅游组织"最佳旅游乡村"相关条件，向省级文化和旅游行政部门提出参与遴选申请，并提交中文版申请材料。申请材料首页须加盖县级人民政府公章。

（二）省级文化和旅游行政部门审核与推荐

省级文化和旅游行政部门对申请材料进行审核，并组织专家评审，按照文化和旅游部要求，择优推荐乡村参加文化和旅游部遴选。

（三）专家初审与材料完善

文化和旅游部在省级文化和旅游行政部门推荐的基础上，组织专家初审，遴选出 12 个符合条件的待选乡村。省级文化和旅游行政部门组织指导申报单位开展材料完善与英文翻译工作。

（四）专家复审与推荐申报

文化和旅游部组织开展专家复审，以申请文本、多媒体文件等材料（中英文）的合规性和质量为重点，对 12 个待选乡村进行差额评审，最终确定推荐参选的 8 个乡村。

三、相关要求

（一）本次各地推荐的乡村名单不但是文化和旅游部向世界旅游组织申报"最佳旅游乡村"遴选对象，同时也将作为培育国际乡村旅游目的地的重要参考依据，请省级文化和旅游行政部门高度重视，按照相关工作程序和时间进度，动员、组织开展本地区的遴选推荐工作，每个省（区、市）（含新疆生产建设兵团）可向文化和旅游部推荐 3 个全国乡村旅游重点村。

（二）请省级文化和旅游行政部门严格把关，认真指导申报单位按要求填写申报信息简表、"最佳旅游乡村"申请表 2023 年版、"最佳旅游乡村"参选文件 2023 年版。

（三）请省级文化和旅游行政部门按工作要求，确定参选乡村，出具推荐函，并将相关书面材料 WORD 版及盖章页扫描件 PDF 版、多媒体文件网盘链接报送至指定邮箱。截止时间为 5 月 10 日，逾期视为放弃。

（四）文化和旅游部将根据工作程序，通知相关单位做好后续工作。

8. 关于开展国家文化产业和旅游产业融合发展示范区建设工作的通知

项目要点

主管部门	文化和旅游部、自然资源部、住房和城乡建设部
项目名称	国家文化产业和旅游产业融合发展示范区建设项目
参考文件	文旅产业发〔2022〕123 号
申报主体	县级行政区（直辖市市辖区、县，副省级市市辖区、县，以及正县级以上经开区、高新区，参照县级行政区有关要求执行，下同）人民政府
激励政策	统筹相关资金和政府投资工具，支持融合发展示范区及建设单位的文化和旅游基础设施及重大产业项目建设；对纳入地市级以上重大建设项目库并符合国土空间规划的文化产业和旅游产业项目合理用地予以倾斜支持；引导鼓励各类金融机构按市场化原则对项目加大金融支持力度、优化金融服务。
主要要求	申报主体和建设主体明确；申报主体及其上级人民政府重视发展文化产业和旅游产业，政策体系健全，产业发展和营商环境良好；文化产业和旅游产业发展基础较好，产业、生活、公共服务等配套基础设施完善，产业项目质量效益高，具备较为健全的公共服务体系；符合所在地国土空间规划，功能分区布局合理，土地利用集约；近 3 年申报主体辖区内文化和旅游企业、项目及设施在内容安全、生产安全、生态环境、国土空间规划执行等方面没有出现较大违法违规情况。

引用项目文件

文化和旅游部　自然资源部　住房和城乡建设部
关于开展国家文化产业和旅游产业融合
发展示范区建设工作的通知

文旅产业发〔2022〕123 号

各省、自治区、直辖市文化和旅游厅（局）、自然资源厅（局）、住房和城乡建设厅（局），新疆生产建设兵团文化体育广电和旅游局、自然资源局、住房和城乡建设局：

为深入贯彻党的二十大精神，坚持以文塑旅、以旅彰文，推进文化和旅游深度融合发展，完善文化和旅游融合发展体制机制，根据《"十四五"文化发展规划》《"十四五"旅游业发展规划》《国务院办公厅关于进一步激发文化和旅游消费潜力的意见》等有关要求，文化和旅游部、自然资源部、住房和城乡建设部决定联合开展国家文化产业和旅游产业融合发展示范区（以下简称"融合发展示范区"）建设工作。现将有关事项通知如下：

一、融合发展示范区建设原则上以区县为单位，采取自愿申报、统筹确定方式，建设工作有关要求见《国家文化产业和旅游产业融合发展示范区建设指南》。

二、各省（区、市）文化和旅游厅（局）和新疆生产建设兵团文化体育广电和旅游局牵头做好本行政区融合发展示范区申报、审核、推荐工作。有关推荐名额、申报流程、验收要求及相关事项见《国家文化产业和旅游产业融合发展示范区申报指南》。

三、文化和旅游部会同自然资源部、住房和城乡建设部等部门，加强对融合发展示范区建设的指导支持和动态管理。对已命名的融合发展示范区、列入建设名单且处在建设期内的融合发展示范区建设单位，鼓励用好用足现有政策，先行先试，并给予以下政策扶持。

（一）统筹相关资金和政府投资工具，支持融合发展示范区及建设单位的文化和旅游基础设施及重大产业项目建设，支持历史文化名城名镇名村（传统村落）、历史文化街区、历史建筑保护修缮，市政基础设施及公共服务设施建设，充分发挥引导作用。

（二）支持融合发展示范区及建设单位结合实施城市更新行动盘活存量建设用地，推进城镇低效用地再开发，对纳入地市级以上重大建设项目库并符合国土空间规划的文化产业和旅游产业项目合理用地予以倾斜支持。鼓励利用存量建设用地发展文化产业、旅游产业。

（三）鼓励融合发展示范区及建设单位合理利用老旧厂房（包含老旧工业厂房、仓储用房及相关工业设施）等，在不改变主体结构、保障建筑安全和消防安全的前提下，依法依规发展国家支持的文化产业、拓展文化和旅游消费空间。推动落实在一定年期内不改变用地主体和规划条件的过渡期政策。

（四）会同合作金融机构，协助融合发展示范区及建设单位优化投融资服务，做好项目策划、投融资模式研究、投融资方案设计、风险防控等工作。将符合条件的文化和旅游项目纳入全国文化和旅游投融资项目库，引导鼓励各类金融机构按市场化原则对项目加大金融支持力度、优化金融服务。

四、各级文化和旅游行政部门及相关部门，要树牢安全发展意识，确保融合发展示范区及建设单位区域内文化和旅游企业、项目及设施在内容安全、生产安全、生态环境、国土空间规划编制管理、城乡历史文化保护传承等方面没有违法违规情况。

五、各地可结合实际情况，制定支持融合发展示范区的政策措施，开展省级文化产业和旅游产业融合发展示范区建设工作。

9. 关于开展第一批国家级夜间文化和旅游消费集聚区建设工作的通知

项目要点

主管部门	文化和旅游部
项目名称	国家级夜间文化和旅游消费集聚区建设项目
参考文件	办产业发〔2021〕123 号
申报主体	集聚区所在的县（包括副省级市市辖区、县，地级市市辖区，县级市）人民政府，或直辖市市辖区（县）下属的乡（镇）人民政府、街道办事处
激励政策	要结合实际，立足现有政策资金，加强与相关部门沟通协调，对集聚区予以指导和支持。
主要要求	四至范围明确，街区、旅游景区、省级及以上文化产业示范园区商业区域的占地面积应不超过 3 平方公里，文体商旅综合体商业面积应不低于 1 万平方米；业态集聚度高，文化和旅游业态集聚，产品和服务供给丰富，夜间文化和旅游消费人次及消费规模较大；公共服务完善，夜间社会治安、照明、卫生、交通、移动通信情况良好；品牌知名度较高；市场秩序规范良好，区域内夜间文化和旅游消费活动形式多样、内容丰富，形成集聚效应、品牌效应，在本地居民及外地游客中具有较高的知名度和较强的吸引力；政策环境良好，对申报对象予以重点扶持，制定实施资金奖补等优惠政策。

引用项目文件

文化和旅游部办公厅
关于开展第一批国家级夜间文化
和旅游消费集聚区建设工作的通知

办产业发〔2021〕123 号

各省、自治区、直辖市文化和旅游厅（局），新疆生产建设兵团文化体育广电和旅游局：

为贯彻落实《国务院办公厅关于进一步激发文化和旅游消费潜力的意见》

（国办发〔2019〕41号），大力发展夜间文化和旅游经济，更好满足人民日益增长的美好生活需要，文化和旅游部决定开展第一批国家级夜间文化和旅游消费集聚区建设工作，现就具体要求通知如下：

一、工作思路

依托各地现有发展情况良好、文化和旅游业态集聚度高、夜间消费市场活跃的街区（含艺术街区，剧场、博物馆、美术馆、文化娱乐场所集聚地等）、文体商旅综合体、旅游景区、省级及以上文化产业示范园区商业区域等，分批次遴选、建设200家以上符合文化和旅游发展方向、文化内涵丰富、地域特色突出、文化和旅游消费规模较大、消费质量和水平较高、具有典型示范和引领带动作用的国家级夜间文化和旅游消费集聚区（以下简称"集聚区"）。集聚区建设不搞大拆大建，严禁"形象工程""政绩工程""面子工程"。

二、遴选要求

（一）四至范围明确

有明确四至范围，街区、旅游景区、省级及以上文化产业示范园区商业区域的占地面积应不超过3平方公里，文体商旅综合体商业面积应不低于1万平方米。

（二）业态集聚度高

文化和旅游业态集聚，产品和服务供给丰富，夜间文化和旅游消费人次及消费规模较大。街区、文体商旅综合体、省级及以上文化产业示范园区商业区域内夜间营业商户中的文化类商户数量或营业面积应占比不低于40%；旅游景区提供夜间游览服务的天数较多，夜间营业的文化娱乐设施项目数量或游览面积应占比不低于40%。

（三）公共服务完善

夜间社会治安、照明、卫生、交通、移动通信情况良好；夜间出行便利度较高，有基本满足消费者夜间出行需求的公共交通服务；区域范围内及周边区域合理设立基本满足消费者夜间停车需求的停车位。

（四）品牌知名度较高

区域内夜间文化和旅游消费活动形式多样、内容丰富，形成集聚效应、品牌效应，在本地居民及外地游客中具有较高的知名度和较强的吸引力。街区、文体商旅综合体、省级及以上文化产业示范园区商业区域内文化类商户营业收入较高；旅游景区经营状况较好，年旅游人次、年营业收入及盈利水平较高。

（五）市场秩序规范良好

文化和旅游市场秩序良好，消费环境诚信守法、文明有序、健康绿色，消费者夜间消费维权便利。近 3 年（营业不足 3 年的自营业之日起）区域范围内文化和旅游企业、项目和设施在内容安全、生产安全、食品安全、生态环境等方面没有出现较大违法违规问题。

（六）政策环境良好

所在地级市、副省级市或直辖市市辖区（县）重视发展夜间文化和旅游经济，合理规划文化和旅游消费场所设施空间布局，推进包容审慎监管，营造良好营商环境，引导市场主体创新夜间文化和旅游消费业态；对申报对象予以重点扶持，制定实施资金奖补等优惠政策。

三、工作程序

（一）集聚区所在的县（包括副省级市市辖区、县，地级市市辖区，县级市）人民政府，或直辖市市辖区（县）下属的乡（镇）人民政府、街道办事处作为申报主体，填报《国家级夜间文化和旅游消费集聚区申报表》（附后），准备图片、视频资料等，经所在地级市、副省级市文化和旅游行政部门或直辖市市辖区（县）文化和旅游行政部门初审，报所在省（区、市）（包含新疆生产建设兵团，下同）文化和旅游厅（局）。

（二）各省（区、市）文化和旅游厅（局）通过合规性审查、专家评审（必要时可进行实地考察）等方式进行审核，形成审核情况报告，并根据审核结果择优确定集聚区推荐名单（需排序），一并报文化和旅游部。各省（区、市）推荐名额不超过 5 个。此外，国家文化和旅游消费示范城市可额外推荐不超过 2 个名额，国家文化和旅游消费试点城市可额外推荐不超过 1 个名额（不占所在省级行政区推荐名额）。

（三）文化和旅游部将通过专家复审、个别现场实地考察等方式，综合考虑区域发展水平、不同集聚区类型，确定并公布集聚区名单。

四、组织实施

（一）文化和旅游部统筹集聚区建设工作的组织开展和动态管理，加强对集聚区的政策支持和宣传推广，指导和支持集聚区特色化、差异化、品牌化发展。

（二）各省（区、市）文化和旅游厅（局）统筹推动本地区集聚区的建设工作；要对照遴选要求，认真审核、严格把关，做好本地区集聚区的审核、推荐工作，要突出文化和旅游特色，不得推荐文化内涵不足的美食街、购物街、传统商业综合体等；要结合实际，立足现有政策资金，加强与相关部门沟通协调，对集聚区予以指导和支持。

（三）申报主体是集聚区建设的责任主体，要加强对集聚区建设的统筹规划，推动集聚区提质升级增效，不断提升集聚区的带动引领作用，促进夜间文化和旅游经济发展；统筹做好文化和旅游行业疫情防控及安全生产工作，指导集聚区落实落细各项措施。

请各省（区、市）文化和旅游厅（局）认真组织推荐工作，将纸质推荐材料于 2021 年 8 月 13 日前寄送至指定地址。电子材料请用 U 盘或光盘存储，随纸质材料一并寄送。按照有关规定，材料寄送请使用邮政特快专递方式寄送。

10. 关于开展文化和旅游消费试点示范工作的通知

项目要点

主管部门	文化和旅游部、国家发展改革委、财政部
项目名称	国家文化和旅游消费试点示范城市申报项目
参考文件	文旅产业发〔2020〕71 号
申报主体	地级市、副省级市或直辖市市辖区（以下统称城市）人民政府
激励政策	组织保障（地方政府建立文化和旅游消费工作领导机制、运行机制，成立专门工作机构，将文化和旅游消费工作纳入政府年度考核指标体系等）；地方政府制定落实支持利用老旧厂房开设文化和旅游消费场所的土地支持政策，完善相关优惠政策。
主要要求	推动形成若干促进文化和旅游消费的经验模式，探索激发文化和旅游消费潜力的长效机制，培育壮大文化和旅游消费新业态新模式，促进文化和旅游消费高质量发展，助力形成强大国内市场。

引用项目文件

文化和旅游部　国家发展改革委　财政部
关于开展文化和旅游消费
试点示范工作的通知

文旅产业发〔2020〕71 号

各省、自治区、直辖市文化和旅游厅（局）、发展改革委、财政厅（局），新疆生产建设兵团文化体育广电和旅游局、发展改革委、财政局；

根据《国务院办公厅关于进一步激发文化和旅游消费潜力的意见》（国办发〔2019〕41 号）工作要求，为稳步推进文化和旅游消费工作，文化和旅游部、国家发展改革委、财政部决定开展文化和旅游消费试点示范工作，启动第一批国家文化和旅游消费试点城市（以下简称"试点城市"）、国家文化和旅游消费示范城市（以下简称"示范城市"）申报评选工作。具体要求通知如下：

一、总体要求

（一）工作思路

通过开展文化和旅游消费试点示范工作，确定一批试点城市、示范城市，推动国办发〔2019〕41 号文件提出的各项举措在试点城市、示范城市率先落地，支持试点城市、示范城市因地制宜、改革创新、特色发展，推动形成若干促进文化和旅游消费的经验模式，探索激发文化和旅游消费潜力的长效机制，培育壮大文化和旅游消费新业态新模式，促进文化和旅游消费高质量发展，助力形成强大国内市场。

（二）基本原则

1. 统筹谋划，协同推进。将促进文化和旅游消费纳入新型城镇化建设、扩大内需和经济社会发展的大框架，系统研究、统筹安排、有序实施，充分调动各方面积极性，形成工作和政策合力，协同推进试点示范工作。

2. 问题导向，改革突破。聚焦文化和旅游消费领域突出问题和薄弱环节，深化改革，完善制度，创新政策，着力破除体制机制障碍，激发市场主体活力，补齐发展短板，优化消费环境，推动文化和旅游消费扩容提质。

3. 因地制宜，特色发展。充分考虑区域发展水平、城市规模和类型的差异性，深入挖掘地方要素禀赋、资源优势和文化内涵，分类施策、精准发力，形成特色化、多样化的文化和旅游消费发展方向和模式。

4. 顺应趋势，融合创新。把握产业发展规律，顺应居民消费升级趋势和产业数字化转型发展方向，促进文化和旅游深度融合和协同发展，推动线上线下消费有机融合，丰富新型文化和旅游业态，培育文化和旅游消费新模式。

（三）工作目标

自 2020 年起，在全国范围内分批次确定若干试点城市，在此基础上，综合考虑不同规模和类型城市的示范性，择优确定示范城市。推动试点城市、示范城市纳入多层级消费中心培育建设。到 2022 年，建设 100 个试点城市、30 个示范城市，试点城市、示范城市促进文化和旅游消费体制机制更加完善，政策保障体系更加健全，消费环境更加优化，产品和服务供给更加丰富，文化和旅游消费保持快速增长态势；示范城市居民人均文化娱乐支出占消费支出比例超过 6%，旅游收入增速保持两位数以上增长，进一步发挥示范引领作用；试点城市人均文化娱乐支出增速、旅游收入增速位居所在省（区、市）（包含新疆生产建设兵团，下同）前列。

二、重点任务

（一）强化政策保障，构建文化和旅游消费良好政策环境

用好用足现有各级各类支持政策，因地制宜创新政策，加强对文化和旅游消费场所的引导和扶持。制定实施文化和旅游消费惠民政策措施，举办文化和旅游消费季、消费月、数字文化和旅游消费体验等活动。加大金融支持文化和旅游消费工作力度，创新信贷产品和服务。建立文化和旅游消费数据监测分析体系。

（二）增强供给能力，提高文化和旅游产品、服务供给质量

提升各级文化产业示范园区、文化产业示范基地的产品供给能力。推动传统商业综合体转型升级为文体商旅综合体，打造具有文化和旅游特色的高品位步行街，建设集合文创商店、小剧场、文化娱乐场所等多种业态的消费集聚地，打造新型文化和旅游消费集聚区。推动旅游景区提质扩容，强化智慧景区建设，推广景区门票预约制度。积极发展乡村旅游、红色旅游等业态，丰富休闲度假旅游产品供给，鼓励文创产品和旅游商品开发，推动高品质酒店和旅游民宿发展。

（三）优化消费环境，提高文化和旅游消费便捷程度

提升文化和旅游消费支付便利化水平。将文化消费嵌入各类消费场所，打造群众身边的文化消费网点。完善博物馆、美术馆、演出场所等消费配套设施。引导文化和旅游消费场所广泛应用互联网售票、二维码验票。提升文化和旅游消费场所宽带移动通信网络覆盖水平，优化旅游交通服务。提升入境旅游环境，加强入境旅游产品开发和宣传推介，提升相关场所多语种服务水平，提高入境游客消费便利性。规范文化和旅游市场秩序。

（四）创新业态模式，拓展文化和旅游消费新空间新时间

促进文化产业和旅游产业融合发展，创新文旅融合产品、业态、模式，发展数字文化和旅游消费业态，培育升级新型消费。落实带薪休假制度，优化节假日及高峰期旅游交通服务。发展夜间文化和旅游经济，引导有条件的旅游景区开展夜间游览服务，鼓励博物馆、美术馆延时开放或优化开放时间，丰富夜间演出市场，优化文化和旅游场所的夜间餐饮、购物、演艺服务，完善夜间交通等配套服务。

三、申报主体

（一）试点城市、示范城市均实行申报制。是试点城市、示范城市的申报主体。

（二）所有城市均可申报试点城市。其中，原文化部、财政部确定的国家文化消费试点城市按备案程序进行申报，其他城市需按新申报参与文化和旅游消费试点工作（以下简称试点工作）程序进行申报。

（三）国家文化消费试点城市可申报第一批示范城市。

（四）已有国家文化消费试点城市的省、自治区、新疆生产建设兵团除可确定本辖区内国家文化消费试点城市按备案程序申报试点城市外，可再推荐 1 个副省级市或地级市申报试点城市；可推荐本辖区内 1～2 个国家文化消费试点城市申报示范城市。

无国家文化消费试点城市的省、自治区可推荐本辖区内计划单列市、省会（首府）城市和其他 1 个经济社会发展情况较好的地级市申报试点城市。

各直辖市可确定 1～2 个市辖区按备案程序申报试点城市，可推荐 1～2 个市辖区申报示范城市。

（五）申报示范城市的国家文化消费试点城市无需再另行申报试点城市，如未获评示范城市且有意愿参与试点工作，视同已按备案程序申报试点城市。

四、申报程序

（一）试点城市申报程序

国家文化消费试点城市填报《国家文化和旅游消费试点城市备案表》，报省（区、市）文化和旅游厅（局）审核同意后，报文化和旅游部备案，可直接确定为试点城市。

新申报参与试点工作的城市填报《国家文化和旅游消费试点城市申报表》，并对照国办发〔2019〕41 号文件及《文化和旅游消费试点示范工作评价参考》制定试点工作方案。省（区）文化和旅游厅会同本级发展改革委、财政厅（局）研究推荐，一并报文化和旅游部。文化和旅游部将对试点工作方案进行审核，并根据审核结果，商国家发展改革委、财政部确定试点城市名单。

（二）示范城市申报程序

国家文化消费试点城市填报《国家文化和旅游消费示范城市申报表》，并对照国办发〔2019〕41 号文件及《文化和旅游消费试点示范工作评价参考》准备示范工作方案、试点工作自评报告等相关申报材料。

省（区、市）文化和旅游厅（局）会同本级发展改革委、财政厅（局）对上述材料进行初审，报省级人民政府办公厅研提推荐意见并出具推荐函后，一并报文化和旅游部。

文化和旅游部将通过合规性审查、专家评审、实地考察等方式进行审核，并根据审核结果，商国家发展改革委、财政部确定示范城市名单。

五、组织实施

（一）文化和旅游部会同国家发展改革委、财政部负责试点城市、示范城市建设工作的组织开展和动态管理，对试点、示范工作加强指导支持和组织协调。

（二）各省（区、市）文化和旅游厅（局）会同本省（区、市）发展改革委、财政厅（局）统筹推动本地区试点城市、示范城市的建设工作。各省（区、市）文化和旅游厅（局）、发展改革委、财政厅（局）要高度重视文化和旅游消费试点示范工作，认真审核，严格把关，做好本地区试点城市、示范城市的申报组织工作。各省（区、市）要结合实际，对示范城市、试点城市予以积极支持。

（三）城市人民政府是试点城市、示范城市建设工作的责任主体单位，要建立健全工作机制，加强统筹协调，整合相关部门资源，形成工作合力，持续推进文化和旅游消费工作。

（四）试点城市、示范城市要及时总结试点、示范工作成效和不足，形成典型经验和有效模式，并于每年 1 月 31 日前经省（区、市）文化和旅游厅（局）报送上一年度文化和旅游消费工作情况报告；要加强对典型经验和有效模式的宣传推广，为其他地区促进文化和旅游消费提供借鉴。

请各省（区、市）文化和旅游厅（局）牵头组织申报工作，汇总试点城市备案、申报材料和示范城市申报材料并分别装订成册，于 2020 年 11 月 27 日前统一报送文化和旅游部。除省级人民政府办公厅推荐函外，相关材料请同时提供电子版。根据有关法律法规规定，同时确保材料报送的及时性，申报材料仅限于使用邮政特快专递方式寄送。

11. 乡村文化和旅游带头人支持项目实施方案 （2023—2025 年）

项目要点

主管部门	文化和旅游部、农业农村部
项目名称	乡村文化和旅游带头人支持项目
参考文件	《中共中央国务院关于做好 2023 年全面推进乡村振兴重点工作的意见》《"十四五"期间文化和旅游人才发展规划》《"十四五"农业农村人才队伍建设发展规划》
申报主体	个人
激励政策	文化和旅游部将乡村文化和旅游带头人支持经费列入人才工作专项经费，主要用于带头人依托项目的资助及培训、交流、宣传等方面。
主要要求	具有中国国籍；坚持中国特色社会主义方向，拥护党的理论和路线方针政策；遵纪守法，具备良好的道德品行，恪守职业道德；带领引导当地群众传承传播优秀传统文化，开展乡村群众文化活动，发展乡村特色文化业态和乡村旅游；坚持创造性转化、创新性发展，以社会主义核心价值观为引领，在改变乡风民俗等方面发挥较大作用或在全面推进乡村振兴中做出较大贡献，具有较大的社会影响力和较高的群众认可度。

引用项目文件

乡村文化和旅游带头人支持项目
实施方案 （2023—2025 年）

为深入落实《中共中央国务院关于做好 2023 年全面推进乡村振兴重点工作的意见》，推动《"十四五"期间文化和旅游人才发展规划》《"十四五"农业农村人才队伍建设发展规划》重点任务落地落实，充分发挥乡村文化和旅游带头人在乡村振兴中的示范引领和辐射带动作用，推动乡村文化和旅游高质量发展，特制定本方案。

一、总体要求

以习近平新时代中国特色社会主义思想为指导，全面贯彻落实党的二十大精神，深入贯彻落实习近平总书记关于做好新时代人才工作的重要思想，坚持党对人才工作的全面领导，围绕立足新发展阶段、贯彻新发展理念、构建新发展格局、推动高质量发展，实现巩固拓展脱贫攻坚成果同乡村振兴有效衔接，培养支持一批思想政治素质好、道德品行好、带富能力强、协调能力强，扎根乡村、服务群众、引领一方、带动一片的乡村文化和旅游带头人。

二、目标任务

在 2019 至 2022 年全国乡村文化和旅游带头人（能人）队伍建设的基础上，坚持系统谋划、分类施策、整体推进，持续推动乡村文化和旅游带头人队伍增量培优。各级文化和旅游、农业农村部门要按照《"十四五"期间文化和旅游人才发展规划》《"十四五"农业农村人才队伍建设发展规划》要求，培养支持一批乡村文化和旅游带头人。从 2023 至 2025 年，每年培养支持 500 名左右的全国乡村文化和旅游带头人，各省级文化和旅游、农业农村部门根据实际情况培养支持一定数量的省级乡村文化和旅游带头人。通过加强联系服务、实施项目资助、搭建交流平台、强化教育培训、鼓励创新实践等方式，充分激发带头人发展潜力，进一步加强乡村文化和旅游带头人队伍建设。

三、推荐选拔

（一）推荐范围

推荐人选须是在巩固拓展脱贫攻坚成果和全面推进乡村振兴中发挥示范引领作用的乡村文化和旅游带头人。各省（区、市）、新疆生产建设兵团应优先将乡村产业振兴带头人培育"头雁"项目入选人员、文化产业特派员、非遗工坊带头人等纳入乡村文化和旅游带头人推荐范围。

（二）人选要求

推荐人选应满足从事乡村文化和旅游工作，发展势头良好，具有示范引领作用的总体要求，且符合以下条件：

1. 具有中国国籍；

2. 坚持中国特色社会主义方向，拥护党的理论和路线方针政策；

3. 遵纪守法，具备良好的道德品行，恪守职业道德；

4. 带领引导当地群众传承传播优秀传统文化，开展乡村群众文化活动，发展乡村特色文化业态和乡村旅游；

5. 坚持创造性转化、创新性发展，以社会主义核心价值观为引领，在改变乡风民俗等方面发挥较大作用或在全面推进乡村振兴中做出较大贡献，具有较大的社会影响力和较高的群众认可度。

（三）推荐程序

坚持民主公开、公平公正原则，采取组织推荐和专家评审的方式进行。

1. 制定计划。文化和旅游部根据本实施方案制定推荐工作计划，印发年度推荐工作通知。

2. 组织推荐。各省级文化和旅游部门根据本方案的要求，在充分征求各省级农业农村部门意见的基础上，制定乡村文化和旅游带头人实施方案，并组织实施。各省级文化和旅游部门对本辖区内乡村文化和旅游带头人进行综合分析，把确有成长潜力的人选遴选出来，并按分配名额确定全国乡村文化和旅游带头人推荐人选。

3. 资格复核。文化和旅游部对各省（区、市）、新疆生产建设兵团推荐人选的条件、资格和依托培养项目等进行复核。

4. 组织评审。文化和旅游部对各省（区、市）、新疆生产建设兵团推荐的人选和依托项目进行评审，提出建议人选名单。

5. 入选公示和公布。通过文化和旅游部政府门户网站等渠道对拟入选名单进行公示，公示无异议后印发正式入选通知，予以公布。

四、支持措施

（一）强化联系服务

各级文化和旅游、农业农村部门要将具有代表性的乡村文化和旅游带头人纳入联系服务范围，组织开展经常性的走访、座谈交流等活动，听取意见建议，帮助解决发展中遇到的实际问题。文化和旅游部对于从事公益性项目（活动）或处于发展起步阶段的带头人给予适当的项目资助。要深入基层，建立符合本地实际情况的政策支持措施，给予立体式、全方位保障。

（二）搭建"两个平台"

搭建宣传推介平台，注重总结提炼典型工作做法，出版《乡村文化和旅游带头人优秀案例集》，通过主流媒体对带头人的先进事迹、典型经验等进行宣传报道，扩大社会影响，形成良好氛围。搭建交流合作平台，充分吸纳乡村文化和旅游带头人参加各级各类专题培训、交流论坛，为带头人开展经验交流、建立合作机制等搭建平台。各地要积极探索体制机制创新，总结经验做法，形成可复制、可推广的典型示范，为加强乡村文化和旅游带头人队伍建设营造良好的社会氛围。

（三）实施"三个结合"

各级文化和旅游、农业农村部门要整合现有人才项目，强化政策、资金、平台、要素等综合性支持。要将实施乡村文化和旅游带头人支持项目与乡村产业振兴带头人培育"头雁"项目相结合，各省级农业农村部门要将乡村文化和旅游带头人优先纳入乡村产业振兴带头人培育"头雁"项目培育范围并予以支持。要将实施乡村文化和旅游带头人支持项目与文化人才服务支持艰苦边远地区和基层一线专项相结合，统筹安排实施，各省级文化和旅游部门应将符合条件的带头人优先纳入专项培养支持，同时鼓励各地通过选派工作者、招募志愿者的方式为县级以下基层单位提供服务。要将实施乡村文化和旅游带头人支持项目与文化产业赋能乡村振兴计划、乡村旅游精品工程相结合，各省级文化和旅游部门应将符合条件的带头人纳入到文化产业赋能乡村振兴工作体系，享受文化产业赋能乡村振兴各项支持措施和优惠政策；支持符合条件的带头人参与乡村旅游艺术、餐饮、数字等系列提升行动，提升乡村旅游人才创意水平、经营服务技能和信息素养。

（四）注重"四轮驱动"

注重直接带动，引导带头人带领周边群众学技术、学管理、闯市场，向有发展需求的人员分享经验，提供技术支持和信息服务，发挥带动作用。注重创新推动，统筹考虑不同类型、不同阶段带头人的实际情况，鼓励其创新工作方法，探索符合实际的培养机制、培养方式、培养模式，推动带头人能力素质提升。注重辐射联动，引导带头人整合优势资源，搭建数据信息、社会化服务平台等，延长服务链、产业链，实现更大范围的辐射联动，带动当地产业提质增效。注重项目拉动，探索建立"项目＋人才"培养模式，要把带头人培养特别是处于发展起步阶段的带头人培养与乡村文化和旅游项目推进有机结合起来，实现以项目带动人才成长、以人才提升项目成效。

五、组织实施

（一）组织保障

各级文化和旅游、农业农村部门要按照本实施方案要求，根据本地区实际情况，加强部门协同，协调各方力量，统筹各类资源，加大支持力度，实施好乡村文化和旅游带头人支持项目。要充分发挥带头人在乡村文化建设和旅游发展中的重要作用，着力培育一支引领力、支撑力、影响力、辐射力、带动力强的乡村文化和旅游带头人队伍。

（二）经费保障

文化和旅游部将乡村文化和旅游带头人支持经费列入人才工作专项经费，主要用于带头人依托项目的资助及培训、交流、宣传等方面。列入文化人才服务支持艰苦边远地区和基层一线专项选派和培养项目的乡村文化和旅游带头人按照当年专项实施方案予以经费保障。鼓励有条件的地区进一步统筹地方财力，探索符合当地实际的项目支持方式，加大经费保障和支持力度。

（三）监督管理

各级文化和旅游部门要切实履行好监督管理职责，对推荐人选严格把关。对本地区的入选人员统筹安排，重点保障。建立退出机制，对因违纪违法等产生不良影响的，取消其乡村文化和旅游带头人资格。各级文化和旅游、农业农村部门要紧密配合，做好项目协调推进和总结评估工作。

12. 关于组织开展 "5G＋智慧旅游" 应用试点项目申报工作的通知

项目要点

主管部门	文化和旅游部、工业和信息化部
项目名称	"5G＋智慧旅游" 应用试点项目
参考文件	办资源发〔2023〕145 号
申报主体	各级文化和旅游行政部门、文化和旅游企事业单位，基础电信及信息技术等相关企业、科研院所等
激励政策	国家及地方政府将会提供专项扶持资金，用于补贴试点项目在 5G 基础设施建设、技术研发、平台搭建、产品升级等方面的投入；在项目审批、用地保障、资源分配等方面给予优先权。
主要要求	应用试点项目是指 5G 商用启动以来，符合前述试点目标、试点内容及方向，前期工作准备成熟或已开工建设且 2 年内能够建设完成的项目，或者是已建成并持续运营的项目。要具有良好实施基础，丰富的建设主体经验、5G 与旅游融合发展特色鲜明、可持续发展能力强等。

引用项目文件

文化和旅游部办公厅 工业和信息化部办公厅
关于组织开展"5G＋智慧旅游"
应用试点项目申报工作的通知

办资源发〔2023〕145 号

各省、自治区、直辖市及计划单列市文化和旅游厅（局）、工业和信息化主管部门、通信管理局，新疆生产建设兵团文化体育广电和旅游局、工业和信息化主管部门，中国电信集团有限公司、中国移动通信集团有限公司、中国联合网络通信集团有限公司、中国广播电视网络有限公司、中国铁塔股份有限公司，文化和旅游部直属单位：

为深入贯彻落实党的二十大精神，落实好《工业和信息化部 文化和旅游部关于加强 5G + 智慧旅游协同创新发展的通知》，推动 5G 在文化和旅游领域创新应用和协同发展，文化和旅游部、工业和信息化部决定联合开展"5G + 智慧旅游"应用试点项目申报工作。现就有关事项通知如下：

一、试点目标

通过征集并遴选一批利用 5G 网络促进智慧旅游创新发展的优秀实践和解决方案，培育一批以 5G 等新一代信息技术赋能旅游业融合创新发展的典型应用，树立一批示范带动性强、可复制推广的标杆项目，为全国范围内推动"5G + 智慧旅游"健康发展提供经验，助力旅游业高质量发展和数字中国建设。

二、试点内容

依托 5G 网络，充分结合人工智能、大数据、云计算、物联网、虚拟现实、增强现实等新一代信息技术，面向旅游景区、度假区、休闲街区、夜间文化和旅游消费集聚区、乡村旅游村镇、饭店及民宿、文博场馆、剧院剧场、演艺场所等文化和旅游空间，围绕文化和旅游服务、管理、营销等重点环节和产品供给，开展"5G + 智慧旅游"应用创新，探索典型应用场景，推动相关技术、产品、方案等加快成熟，逐步实现规模化、标准化、产业化良性发展。试点项目内容包括但不限于以下主要方向：

（一）5G + 智慧旅游服务

以提升游客体验为核心，充分利用 5G 等技术适配更多应用场景，提供个性化、品质化、交互化、沉浸式旅游服务等。推动 5G 与新一代信息技术有效融合、与旅游公共服务平台有机结合，丰富线上服务模式，促进 5G + 4K/8K 超高清视频、5G 智慧导览、5G + VR/AR 沉浸式体验等应用场景规模发展，满足游客在旅游全过程智慧体验。

（二）5G + 智慧旅游管理

充分利用 5G 等技术，提升文化和旅游信息监测、风险防范、调控疏导、应急处置和高峰期入园的智慧管理能力等。探索 5G 高清视频监控、5G 无人设备自动驾驶巡逻、5G 北斗定位等业务的落地应用模式，推进立体安防体系建设，以信息化手段推动行业治理现代化，有效提升行业治理效能。

（三）5G + 智慧旅游营销

通过 5G 等新一代信息技术提升游客画像、消费统计与预测等大数据分析能力，提供营销决策支撑。推动 5G 新通话、5G 消息、5G 全景直播等新型业务与旅游目的地营销融合发展，培育 5G 互动直播、5G + AR 直播等新媒体营销手段，拓展营销渠道，使旅游营销更加精准。

（四）5G + 智慧旅游产品

加快 5G 与邮轮游艇、客运索道、游乐设施、冰雪装备等旅游装备融合应用的研发与产业化进程。加大 5G + 乡村旅游、冰雪旅游和邮轮游艇旅游等旅游产品供给。促进基于 5G 的 AI 摄像头、VR/AR 终端、可穿戴设备等数字化产品与文化和旅游企事业机构等深度融合，促进 5G + 智慧旅游产品的规模化推广。

三、申报要求

（一）申报主体包括各级文化和旅游行政部门、文化和旅游企事业单位、基础电信及信息技术等相关企业、科研院所等。申报主体应在中华人民共和国境内注册、具备独立法人资格（中央企业可为省级分公司）。

（二）鼓励相关单位以联合体方式申报，牵头单位为 1 家，参加单位不超过 3 家，牵头单位负责试点项目总体管理和实施，参加单位按照分工配合完成试点项目任务。每个申报主体牵头申报的项目原则上不超过 1 个。

如牵头单位为非项目所有方的，申报时需取得项目所有方的书面授权同意，或者项目所有方参与联合申报。

（三）申报的试点项目应具备以下基本条件：

本通知所指的应用试点项目是指 5G 商用启动以来，符合前述试点目标、试点内容及方向，前期工作准备成熟或已开工建设且 2 年内能够建设完成的项目，或者是已建成并持续运营的项目。具体要求如下：

1. 实施基础好。项目需具备良好的实施基础，具有经过严格论证和批复通过的规划或第三方可行性研究报告等，项目的预期建设目标科学合理，具有相关定性和定量指标并可评估可考核。

2. 建设主体经验丰富。项目的申报单位应具备与项目规模相匹配的成熟专业团队，原则上应具有不少于 2 个（含）以上的智慧旅游项目的全流程研发、建设、运营案例，经验丰富，委托方、使用对象等评价高。对已建成智慧旅游项目的升级改造，前述条件可适当从宽。

3. 5G 与旅游融合发展特色鲜明。项目根据实际需要有效利用 5G 等网络或技术，具有明确的解决方案，能够通过 5G 等技术的综合运用解决痛点问题，同时防止项目贪大求洋，脱离实际、片面追求技术等。

4. 可持续发展能力强。项目的规划建设、设备采购、运营维护等投资科学严谨，总投资规模合理适中。项目通过试点能扩大应用规模、体现赋能价值、提升旅游服务体验、提高管理服务水平等实际效果突出，投入产出比合理，延展性强，具有良好的社会效益和经济效益，具备良好的运营机制和可持续发展能力。对于企业投资的、具有显著经营特征且未来经营收入持续稳定的试点项目优先支持申报。

5. 符合网络及数据安全等要求。项目应具备完善的网络和信息安全保障措施，确保网络数据安全和个人隐私保护。

四、试点组织管理

（一）试点项目由各省、自治区、直辖市、新疆生产建设兵团及计划单列市文化和旅游行政部门牵头，会同同级工业和信息化主管部门、通信管理局，建立统筹协调机制，联合做好本地区试点项目推荐工作，组织申报单位根据要求如实填写申报材料，将申报材料连同推荐项目汇总表加盖三部门公章后报送。

各省、自治区、直辖市推荐项目数量不超过 3 个（其中，文化和旅游部门开发的智慧旅游平台类项目不超过 1 个），新疆生产建设兵团和计划单列市推荐项目数量不超过 2 个，推荐项目应按优先顺序排列，多个项目间应尽量避免试点内容重复。

（二）基础电信企业集团、文化和旅游部直属单位申报不占属地指标，可直接报送。每家基础电信企业集团推荐项目数量不超过 5 个，文化和旅游部直属单位不超过 1 个。

（三）遴选符合要求的项目开展试点，项目的试点期原则上不超过 2 年。试点期内对项目进行过程管理，中期组织专家对项目进行阶段性评价，若存在重大问题及违法失信等行为，将取消试点资格。

（四）试点期结束后，将择优对试点项目进行宣传推广。

五、其他事项

（一）试点项目申报工作由文化和旅游部、工业和信息化部共同组织开展，委托中国信息通信研究院具体负责有关试点的技术指导、评价等工作。

（二）文化和旅游部、工业和信息化部将采取多种方式对优秀试点项目给予支持，通过多渠道加强宣传推广。鼓励各地方从政策、资金、资源配套等方面为试点项目实施提供支持。

（三）2023 年 9 月 8 日前，请各省级、计划单列市文化和旅游行政部门及基础电信企业集团、文化和旅游部直属单位将汇总的申报材料寄送至中国信息通信研究院。纸质申报材料 A4 纸打印，简易装订成册。电子版发至指定邮箱，材料邮寄指定地址。

13. 国家级自然公园管理办法 （试行）

项目要点

主管部门	国家林草局
项目名称	国家级自然公园申报项目
参考文件	林保规〔2023〕4 号
申报主体	省级林业和草原主管部门
激励政策	国家和省级政府会提供一定的专项资金用于自然公园的规划、建设和管理，包括基础设施建设、生态环境修复、科研监测、科普教育等项目；有机会优先参与国家有关生态保护、绿色发展等方面的示范项目和重点工程。
主要要求	自然生态系统、自然遗迹或者自然景观在全国或者区域范围内具有典型性，或者具有特殊的生态、观赏、文化和科学价值；地方级自然公园设立两年以上，规划实施情况良好；具有一定的规模和面积且资源分布相对集中，与其他自然保护地不存在交叉重叠；范围边界清晰，土地及海域、海岛权属无争议，相关权利人无异议；有明确的管理单位。

引用项目文件

国家级自然公园管理办法 （试行）

林保规〔2023〕4 号

第一条 为了践行绿水青山就是金山银山理念，规范国家级自然公园保护、管理和利用，促进国家级自然公园持续健康发展，根据中共中央、国务院印发的《关于建立国土空间规划体系并监督实施的若干意见》以及中共中央办公厅、国务院办公厅印发的《关于建立以国家公园为主体的自然保护地体系的指导意见》《关于在国土空间规划中统筹划定落实三条控制线的指导意见》以及相关法规政策，制定本办法。

第二条 本办法所称国家级自然公园，是指经国务院及其部门依法划定或者确认，对具有生态、观赏、文化和科学价值的自然生态系统、自然遗迹和自然景观，实施长期保护、可持续利用并纳入自然保护地体系管理的区域。

国家级自然公园包括国家级风景名胜区、国家级森林公园、国家级地质公园、国家级海洋公园、国家级湿地公园、国家级沙漠（石漠）公园和国家级草原公园。

第三条　本办法适用于国家级自然公园的管理（国家级风景名胜区除外）。国家级风景名胜区依照《风景名胜区条例》管理。

第四条　国家林业和草原局主管全国国家级自然公园工作。

县级以上地方人民政府林业和草原主管部门负责监督管理本行政区域内的国家级自然公园。

国家级自然公园管理单位负责本自然公园日常管理工作。

第五条　国家级自然公园应当纳入生态保护红线。

建设国家级自然公园，应当坚持保护优先、科学规划、多方参与、合理利用、可持续发展的原则，统筹做好国土生态安全、生物安全等多目标融合。

第六条　国家林业和草原局设立国家级自然公园评审委员会，承担国家级自然公园的设立、范围调整或者撤销的评审工作，提出评审意见。

国家林业和草原局按照自然公园的不同类别，建立相应领域的国家级自然公园专家库，为国家级自然公园实地考察、规划评审等工作提供技术支持。

第七条　国家级自然公园的设立、范围调整或者撤销，由省级林业和草原主管部门报经省级人民政府同意后，向国家林业和草原局提出书面申请，国家林业和草原局组织国家级自然公园评审委员会评审后作出批复，并抄送有关省级人民政府。根据需要，国家林业和草原局组织专家实地考察或者征求有关中央和国家机关意见。

第八条　设立国家级自然公园应当具备下列条件：

（一）自然生态系统、自然遗迹或者自然景观在全国或者区域范围内具有典型性，或者具有特殊的生态、观赏、文化和科学价值。

（二）地方级自然公园设立两年以上，规划实施情况良好。

（三）具有一定的规模和面积且资源分布相对集中，与其他自然保护地不存在交叉重叠。

（四）范围边界清晰，土地及海域、海岛权属无争议，相关权利人无异议。

（五）有明确的管理单位。

申请设立国家级自然公园，省级林业和草原主管部门应当组织审查并征求省级人民政府相关部门意见，报经省级人民政府同意后，提交以下材料：

（一）申请文件。主要内容应当包括申请设立国家级自然公园的名称、面积、范围边界；资源条件和价值；保护管理状况；省级林业和草原主管部门审查意见等。

（二）申报书。主要内容应当包括申请设立国家级自然公园的名称、面积、范围边界以及范围边界矢量图；与国土空间总体规划衔接情况；自然资源、生态环境和社会经济状况调查；土地及海域、海岛权属情况，已查明矿产资源情况；对保护对象、保护价值、管理状况及规划实施等综合评价；发展目标和主要措施；不符合管控要求的矛盾冲突处置方案；相关权利人意见征求以及公示情况；所在地县级人民政府及其相关部门意见等。

（三）影像资料。主要内容应当包括申请设立国家级自然公园的基本情况、资源条件、主要保护对象价值和保护管理情况等。

第九条 经批准设立的国家级自然公园，不得擅自调整面积和范围边界。因实施国家重大项目、优化保护范围或者处置矛盾冲突等情形，根据保护管理需要，可以申请国家级自然公园范围调整。

申请国家级自然公园范围调整，省级林业和草原主管部门应当组织审查并征求省级人民政府相关部门意见，报经省级人民政府同意后，提交以下材料：

（一）申请文件。主要内容应当包括调整理由；调整前后的面积、范围边界；对资源价值影响的评估；省级林业和草原主管部门审查意见等。

（二）申报书。主要内容应当包括范围调整的理由和必要性；调整后的面积、范围边界以及范围边界矢量图；与国土空间总体规划衔接情况；调整区域内资源和保护管理情况；不符合管控要求的矛盾冲突处置方案；调整后的综合影响评价；调整区域内土地及海域、海岛权属情况，已查明矿产资源情况；相关权利人意见征求以及公示情况；所在地县级人民政府及其相关部门意见等。

（三）调整区域的影像资料。主要内容应当包括调整区域资源基本情况、资源条件、主要保护对象价值和保护管理情况等。

第十条 经依法批准设立的国家级自然公园原则上不予撤销。因生态功能丧失且经评估无法恢复等特殊情形的，可以申请撤销。

申请国家级自然公园撤销的，省级林业和草原主管部门应当会同省级人民政府相关部门组织论证、审查，报经省级人民政府同意后，提交以下材料：

（一）申请文件。主要内容应当包括撤销理由；省级林业和草原主管部门论证及审查意见等。

（二）申报书。主要内容应当包括撤销的理由和必要性；公示情况；所在地县级人民政府及其相关部门意见等。

第十一条 国家级自然公园设立和范围调整的批复文件，应当包含国家级自然公园的名称、行政区域以及面积、范围边界等数据。

国家级自然公园变更名称或者依据勘界结果更正面积和范围边界等数据的，应当经国家林业和草原局批准。

第十二条 国家级自然公园规划是国家级自然公园保护、管理、利用和监督的基本依据。

国家级自然公园管理单位应当自批准设立或者范围调整之日起一年内，组织编制或修编完成国家级自然公园规划。

国家级自然公园规划应当体现山水林田湖草沙一体化保护和系统治理、人与自然和谐共生的要求，坚持保护优先、开发建设服从保护的原则，突出自然特征和文化内涵。

编制国家级自然公园规划，应当按照批复文件明确的面积、范围边界和要求，符合相关技术标准或者规范，依据所在地国土空间总体规划，并与相应国土空间详细规划相衔接。编制规划应当充分征求相关权利人、相关部门和专家的意见。

第十三条 国家级自然公园规划的规划期一般为十年，原则上应当与所在地国土空间总体规划保持一致。

国家级自然公园规划的规划期届满前两年，国家级自然公园管理单位应当组织评估，作出是否重新编制规划的决定。在新规划批准前，原规划继续有效。

第十四条 国家级自然公园按照一般控制区管理，可结合自然公园规划编制，分区细化差别化的管理要求。

国家级自然公园根据资源禀赋、功能定位和利用强度，可以规划生态保育区和合理利用区，统筹生态保护修复、旅游活动和资源利用，合理布局相关基础设施、服务设施及配套设施建设，加强精细化管理，实现生态保护、绿色发展、民生改善相统一。规划的活动和设施应当符合本办法第十九条的管控要求。

生态保育区以承担生态系统保护和修复为主要功能，可以规划保护、培育、修复、管理活动和相关的必要设施建设，以及适度的观光游览活动。根据保护管理需要，可以在生态保育区内划定不对公众开放或者季节性开放区域。

合理利用区以开展自然体验、科普教育、观光游览、休闲健身等旅游活动为主要功能，兼顾自然公园内居民和其他合法权益主体的正常生产生活和资源利用。不得规划房地产、高尔夫球场、开发区等开发项目以及与保护管理目标不一致的旅游项目。严格控制索道、滑雪场、游乐场以及人造景观等对生态和景观影响较大的建设项目，确需规划的，应当附专题论证报告。

第十五条　国家级自然公园规划，由省级林业和草原主管部门组织专家评审，评审成员应当包括两名以上国家级自然公园专家库成员，经征求相关部门意见并报请省级人民政府同意后批准实施，同时抄送国家林业和草原局。国家级自然公园规划批准前，应当进行公示。

经批准的国家级自然公园规划不得随意修改。确需修改的，应当依照前款规定的程序审批。

经批准的国家级自然公园规划应当纳入国土空间规划"一张图"实施监督信息系统，实施统一监管。

第十六条　按照"谁审批、谁公开"的原则，国家林业和草原局以及省级林业和草原主管部门应当依法公开国家级自然公园设立、范围调整、撤销、变更名称、更正面积和范围边界、自然公园规划等信息，并做好与相关部门的信息共享。

第十七条　国家级自然公园应当加强"天空地一体化"监测能力建设，完善监测设施装备，科学布局监测站点，实现动态监测和智慧管理。

国家级自然公园管理单位应当定期组织开展自然生态系统、自然遗迹、自然和人文景观等资源以及社会经济状况调查、监测与评价，配合登记机构开展自然资源确权登记，构建本底资源数据库，建立资源动态变化档案，并依法按照相关部门要求提供资料。

第十八条　严格保护国家级自然公园内的森林、草原、湿地、荒漠、海洋、水域、生物等珍贵自然资源，以及自然遗迹、自然景观和文物古迹等人文景观。在国家级自然公园内开展相关活动和设施建设，不得擅自改变其自然状态和历史风貌。

禁止擅自在国家级自然公园内从事采矿、房地产、开发区、高尔夫球场、风力光伏电场等不符合管控要求的开发活动。禁止违规侵占国家级自然公园，排放不符合水污染物排放标准的工业废水、生活污水及其他的废水、污水，倾倒、堆放、丢弃、遗撒固体废物等污染生态环境的行为。

第十九条　国家级自然公园范围内除国家重大项目外，仅允许对生态功能不造成破坏的有限人为活动：

（一）自然公园内居民和其他合法权益主体依法依规开展的生产生活及设施建设。

（二）符合自然公园保护管理要求的文化、体育活动和必要的配套设施建设。

（三）符合生态保护红线管控要求的其他活动和设施建设。

（四）法律法规和国家政策允许在自然公园内开展的其他活动。

第二十条 在国家级自然公园内开展第十九条规定的活动和设施建设，应当征求国家级自然公园管理单位的意见。其中，国家重大项目建设还应当征求省级以上林业和草原主管部门意见；开展第十九条（三）、（四）项的设施建设，自然公园规划确定的索道、滑雪场、游乐场等对生态和景观影响较大的项目建设，以及考古发掘、古生物化石发掘、航道疏浚清淤、矿产资源勘查等活动，应当征求省级林业和草原主管部门意见。

林业和草原主管部门或者国家级自然公园管理单位应当加强对设施建设必要性、方案合理性、设施建设对自然公园影响等的审查，必要时组织专家进行论证。

确需建设且无法避让国家级自然公园，经审查可能与自然公园保护管理存在明显冲突的国家重大项目，应当申请调整国家级自然公园范围。

第二十一条 国家级自然公园管理单位应当加强对相关活动和设施建设的监督，督促有关单位和个人严格执行相关法律法规的规定，依法办理相关手续，在指定区域内进行，并采取必要保护修复措施，减少和降低对自然生态系统、自然遗迹以及自然和人文景观的不利影响。

第二十二条 国家级自然公园管理单位应当依据相关法律法规、规章、规范性文件，结合自身实际，制定本自然公园保护管理规定，并通过标示牌、宣传单等形式告知公众。

第二十三条 在国家级自然公园内从事科学研究、调查监测和标本采集等活动的，应当与国家级自然公园管理单位共享活动成果。

第二十四条 国家级自然公园管理单位应当配合县级以上人民政府及其有关部门开展国家级自然公园内受损、退化自然生态系统和野生生物生境以及废弃地等的一体化保护与修复，提升生态系统稳定性、持续性和多样性。

生态修复应当采取自然恢复为主，自然恢复和人工修复相结合的措施，最大限度地保持自然景观和天然植被的原真性。严格防范外来入侵物种。

第二十五条　国家级自然公园管理单位应当依据规划确定旅游区域、线路和游客容量，完善配套服务设施，有序开展自然体验、科普教育、观光游览、休闲健身等活动。

国家级自然公园内的危险地段和不对公众开放的区域、线路，应当设置防护设施和警示标识，严禁任何单位、个人进入相关的区域、线路开展旅游活动。禁止刻划、涂污、乱扔垃圾等不文明旅游行为，禁止在非指定区域野外用火、吸烟。

鼓励国家级自然公园通过网上预约、限时分流等方式，科学、有效疏导游客。严禁超过国家级自然公园规划确定的游客容量接待游客。

进入国家级自然公园的单位、个人，应当接受国家级自然公园管理单位的管理。

第二十六条　鼓励国家级自然公园管理单位加强与科研院所、高校、社会组织等专业机构合作，开展科学研究和教学实习，为自然公园的保护与管理提供科学依据。

第二十七条　国家级自然公园管理单位应当建立健全自然教育和科普宣传系统，完善自然教育和科普设施建设，加强与科研院所、学校以及社会组织等机构合作，组织策划针对不同社会群体的自然教育和科普宣传项目，开展形式多样的自然教育和科普宣传活动，促进公众了解自然公园。

鼓励有条件的国家级自然公园向中小学生免费开放。

第二十八条　国家级自然公园管理单位应当按照相关要求建立健全安全生产制度，加强安全生产管理；制定突发事件应急预案，提升应急处置能力。依法依规做好国家级自然公园范围内安全事故、自然灾害、森林草原防火、病虫害防治等的预防和处置。

第二十九条　鼓励公民、法人和其他组织参与国家级自然公园的保护、管理、利用和监督等工作。

国家级自然公园管理单位引导、支持自然公园内及周边居民发展具有当地特色的绿色产业，提供优质生态产品，培育生态品牌。

鼓励在国家级自然公园内使用低碳、节能、环保的绿色建材、交通工具，在餐饮、销售、卫生等环节推广应用塑料替代产品，严格限制使用一次性塑料产品。

第三十条　国家级自然公园管理单位应当建立巡护制度，设立巡护站点，配备专职巡护人员，定期组织开展巡护管护，采用电子化、信息化技术手段，加强人类活动监测，及时发现、制止、报告破坏自然公园的行为。

第三十一条　国家林业和草原局负责全国国家级自然公园的监督检查工作。国家林业和草原局组织和实施的国家级自然公园监督检查工作按照《自然保护地监督工作办法》执行。

县级以上地方人民政府林业和草原主管部门负责本行政区域内国家级自然公园的监督检查工作，国家级自然公园管理单位应当予以配合，不得拒绝、阻碍。

第三十二条　国家级自然公园管理单位在法律、法规授权范围内履行相关行政执法职责，对发现的国家级自然公园内存在的违法违规问题，应当及时调查核实、督促整改；对不具备执法权限的，应当及时将问题线索报告或者移送相关部门。

对国家级自然公园内违法违规问题的整改，国家林业和草原局派出机构、省级林业和草原主管部门在各自职责范围内进行定期调度、跟踪督导或者现场核查，督促整改。

对保护工作不力、破坏案件频发、群众反映强烈的国家级自然公园，国家林业和草原局及其派出机构、省级林业和草原主管部门可以约谈国家级自然公园管理单位负责人、所在地林业和草原主管部门负责人或者所在地地方人民政府负责人。

对国家级自然公园管理单位违反本办法规定的，省级以上林业和草原主管部门应当要求其限期整改，逾期未整改的，予以通报。

第三十三条　违反本办法规定，造成国家级自然公园生态环境损害的，国家级自然公园管理单位可依法请求违法行为人承担修复责任、赔偿损失和有关费用。

第三十四条　对保护管理不力造成国家级自然公园设立条件丧失的，在依法查处和责任追究后，国家林业和草原局可以将国家级自然公园撤销，并向社会公布。

第三十五条　本办法由国家林业和草原局负责解释。

第三十六条　省级林业和草原主管部门可以参照本办法制定本行政区域地方级自然公园管理制度。

第三十七条　本办法自印发之日起施行。其他规定与本办法不一致的，以本办法为准。

14. 关于组织开展 2023 年度国家自然资源科普基地推荐工作的通知

项目要点

主管部门	自然资源部、科学技术部
项目名称	国家自然资源科普基地申报项目
参考文件	自然资办函〔2023〕816 号
申报主体	国土资源科普基地等原部（局）科普基地，以及具备条件的其他场馆等均可申报。已获批国家特色科普基地的不重复申报
激励政策	符合条件的国家自然资源科普基地在获得命名后，将会得到中央或地方财政提供的专项经费支持，用于科普设施建设和维护、科普活动组织、科普资源开发等；国家自然资源部和科技部会优先推荐这些基地申报各类科普项目，并有机会获取国家相关项目的奖励资金。
主要要求	科普基地应当符合在中国境内注册，具有独立法人资格或者受法人单位授权，能够独立开展科普工作的单位；具有鲜明的自然资源行业科普特色，具备展示自然资源科学知识、创新成果的固定场所、平台和技术手段；具有稳定的科普经费投入或专项科普经费；围绕世界地球日、世界海洋日暨全国海洋宣传日、全国土地日、全国测绘法宣传日暨国家版图意识宣传周、科技活动周、全国科普日、世界人居日、世界城市日等节点，开展内容丰富、形式多样的主题科普活动，并在活动期间对公众免费或者优惠开放；具有网站、微博、微信公众号等对外宣传渠道，及时更新科普基地建设、科普活动、科普知识等内容；配备从事科普研究、科普创作的工作人员，开展科普活动的专（兼）职讲解人员等科普人才队伍，定期对科普工作人员进行专业培训；面向公众开放，具备一定规模的接待能力，符合相关公共设施、场所安全标准；制定发展规划和管理制度，加强与社区、学校的联动，科普受众逐年递增。

引用项目文件

自然资源部办公厅 科学技术部办公厅 关于组织开展 2023 年度国家自然资源 科普基地推荐工作的通知

自然资办函〔2023〕816 号

各省、自治区、直辖市自然资源主管部门、科技厅（委、局），新疆生产建设兵团自然资源局、科技局，自然资源部、科学技术部直属单位，各有关单位：

为加强国家特色科普基地建设，提升自然资源科普服务能力，根据《国家自然资源科普基地管理办法（试行）》（自然资发〔2021〕179号，以下简称《管理办法》）和《自然资源部办公厅 科学技术部办公厅关于印发〈自然资源科学技术普及"十四五"工作方案〉的通知》（自然资办发〔2022〕50号）要求，自然资源部、科学技术部现组织开展2023年度国家自然资源科普基地（以下简称"科普基地"）推荐工作。有关事项通知如下。

一、推荐范围

请各推荐单位严格按照《管理办法》有关要求，组织开展本地区、本单位科普基地的审核、推荐工作。科普基地应具有鲜明的自然资源行业科普特色，展现空间规划、土地整治、海洋生态、测绘地理信息、地质地貌、自然遗迹等景观和科技创新成果，积极策划开展科普活动，普及地球科学知识，传播新发展理念和生态文明思想，科普工作成效显著，具有示范带动作用。坚持优中选优原则，国土资源科普基地等原部（局）科普基地，以及具备条件的其他场馆等均可申报。已获批国家特色科普基地的不重复申报。

为保证科普基地高标准、高质量建设，原则上各省级自然资源主管部门会同科技主管部门推荐的科普基地数量不超过5个，中国地质调查局推荐的科普基地数量不超过10个，派出机构、部其他直属单位、共建高校，科学技术部直属单位等每个单位推荐的科普基地数量不超过1个，不接受超额推荐。共建高校通过所在省（区、市）自然资源主管部门统一报送。自然资源科普工作办公室（以下简称"科普办"）协助开展本次科普基地推荐评审相关工作。

二、推荐材料

（一）科普基地申报书。请对照不同类型科普基地建设条件（科普场馆类、自然资源场景类、科学研究类），如实填写申报书及附件证明材料。

（二）PPT汇报材料和科普活动视频。PPT内容包括科普基地总体概况、科普资源、经费投入、科普人员、科普活动、科普作品、科普成效以及发展规划等情况，内容应客观、真实、准确，内嵌语音解说，自动播放时长不超过

10 分钟。将科普基地开展的典型自然资源科普活动剪辑为 1 个视频，时长不超过 5 分钟。

（三）请于 2023 年 6 月 9 日前将盖章齐全的纸质版申报书及附件证明材料一式 7 份，及申报材料光盘报科普办，逾期不予受理。材料包装上请注明"国家自然资源科普基地申报材料"。

第三部分　生态项目篇

党的二十大报告指出，中国式现代化是人与自然和谐共生的现代化，尊重自然、顺应自然、保护自然是全面建设社会主义现代化国家的内在要求。中国在生态文明建设领域取得巨大成就，为全球可持续发展做出了重要贡献。新征程上必须以更高站位、更宽视野、更大力度来谋划和推进生态环境保护工作，谱写新时代生态文明建设新篇章。五年来，我国生态环境保护取得历史性、转折性、全局性辉煌成就，美丽中国建设迈出重大步伐，生态环境治理出现了四个"重大转变"：从重点整治到系统治理、从被动应对到主动作为、从全球环境治理参与者到引领者、从实践探索到科学理论指导，生态环境质量空前改善，经济发展绿色动能不断增强，为全球绿色低碳发展做出了重要贡献。中国生态修复行业起步较晚，但受益于国家政策的支持和市场需求的拉动，近年来发展迅速。《生态文明体制改革总体方案》《加快推进生态文明建设的意见》《关于实施重要生态系统保护和修复重大工程的意见》等文件，为生态修复行业提供了强有力的指导和保障。《"十四五"规划纲要》提出了"统筹山水林田湖草系统治理""推进资源全面节约和循环利用""实施重要生态系统保护和修复重大工程"等目标任务，为生态修复行业指明了发展方向。

为便于广大群众、政府、企业和社会各界了解国家生态战略相关政策，并结合政策标准精准进行生态类项目的申报，本篇梳理了自然资源部、财政部、国家发展改革委、国家林业和草原局等部门牵头制定的政策，内容涉及林业补助资金、国家储备林建设、重点区生态保护与修复以及土壤、水环境修复等，共计19项国家重点项目。

1. 中央财政林业补助资金管理办法

项目要点

主管部门	财政部、国家林业和草原局
项目名称	中央财政林业补助资金管理办法
参考文件	财农〔2014〕9 号
申报主体	各省、自治区、直辖市、计划单列市（以下简称省）财政部门和林业主管部门
激励政策	主要为生态效益补偿、林业补贴、森林公安补助和国有林场改革补助。
主要要求	用于森林生态效益补偿、林业补贴、森林公安、国有林场改革等方面的补助资金。每年 12 月 31 日前，由国家林业和草原局会同财政部下达下一年度林业工作任务计划，具体包括：下一年度造林、森林抚育及良种生产繁育计划，湿地和林业国家级自然保护区支持重点内容，林业贴息贷款建议计划，林业科技推广示范项目立项指南等。

引用项目文件

中央财政林业补助资金管理办法

第一章 总 则

第一条 为深化改革，加强规范中央财政林业补助资金使用和管理，提高资金使用效益，根据《中华人民共和国预算法》、《中华人民共和国森林法》等有关法律、法规，制定本办法。

第二条 中央财政林业补助资金（以下简称林业补助资金）是指中央财政预算安排的用于森林生态效益补偿、林业补贴、森林公安、国有林场改革等方面的补助资金。

第二章 预算管理

第三条 每年 12 月 31 日前，由国家林业局会同财政部下达下一年度林业工作任务计划，具体包括：下一年度造林、森林抚育及良种生产繁育计划，湿地和林业国家级自然保护区支持重点内容，林业贴息贷款建议计划，林业科技推广示范项目立项指南等。

第四条 各省、自治区、直辖市、计划单列市（以下简称省）财政部门和林业主管部门根据国家林业局会同财政部下达的林业工作任务计划和有关要求，结合本省林业建设、保护和恢复工作任务，于每年 3 月 31 日之前联合向财政部和国家林业局报送林业补助资金申请文件。申请文件主要内容包括：基本情况和存在的主要问题、年度任务或计划、申请林业补助资金数额、上年度林业补助资金安排使用情况总结和其他需要说明的情况等。

第五条 国家林业局根据各省资金申请文件、林业工作任务计划等，统筹研究和提出各省林业补助资金分配建议，并于 4 月 30 日前将林业补助资金分配建议函报财政部。

第六条 财政部根据预算安排、各省资金申请文件、国家林业局的资金分配建议函、上年度林业补助资金使用管理情况等，确定林业补助资金分配方案，并在全国人民代表大会批复预算后三个月内，按照预算级次下达资金。

第七条 林业补助资金采取因素法分配。

第八条 林业补助资金应按规定的用途和范围分配使用，任何部门和单位不得截留、挤占和挪用。

第九条 林业补助资金的支付按照财政国库管理制度有关规定执行。林业补助资金使用中属于政府采购管理范围的，按照国家有关政府采购的规定执行。

第十条 各级财政、林业主管部门和资金使用单位要建立健全林业补助资金管理制度，严格实行预算决算管理。

第三章　森林生态效益补偿

第十一条 森林生态效益补偿用于国家级公益林的保护和管理。

第十二条 国家级公益林是指根据国家林业局、财政部联合印发的《国家级公益林区划界定办法》（林资发〔2009〕214 号）区划界定的公益林林地。

第十三条 森林生态效益补偿根据国家级公益林权属实行不同的补偿标准，包括管护补助支出和公共管护支出两部分。

国有的国家级公益林平均补偿标准为每年每亩 5 元，其中管护补助支出 4.75 元，公共管护支出 0.25 元；集体和个人所有的国家级公益林补偿标准为每年每亩 15 元，其中管护补助支出 14.75 元，公共管护支出 0.25 元。

第十四条　国有的国家级公益林管护补助支出，用于国有林场、苗圃、自然保护区、森工企业等国有单位管护国家级公益林的劳务补助等支出。地方各级财政部门会同林业主管部门测算审核管理成本，合理确定国有单位国家级公益林管护人员数量、管护劳务补助标准。集体和个人所有的国家级公益林管护补助支出，用于集体和个人的经济补偿和管护国家级公益林的劳务补助等支出。

公共管护支出主要用于地方各级林业主管部门开展国家级公益林监督检查和评价监测等方面的支出。

第十五条　财政部根据各省、国家林业局报送的国家级公益林征占用等资源变化情况，相应调整用于森林生态效益补偿方面的预算。

第十六条　林业主管部门应与承担管护任务的国有单位、集体和个人签订国家级公益林管护合同。国有单位、集体和个人应按照管护合同规定履行管护义务，承担管护责任，根据管护合同履行情况领取森林生态效益补偿。

第四章　林业补贴

第十七条　林业补贴是指用于林木良种培育、造林和森林抚育，湿地、林业国家级自然保护区和沙化土地封禁保护区建设与保护，林业防灾减灾，林业科技推广示范，林业贷款贴息等方面的支出。

第十八条　林木良种培育、造林和森林抚育补贴具体支出内容是：

（一）林木良种培育补贴。包括良种繁育补贴和林木良种苗木培育补贴。良种繁育补贴主要用于对良种生产、采集、处理、检验、贮藏等方面的人工费、材料费、简易设施设备购置和维护费，以及调查设计、技术支撑、档案管理、人员培训等管理费用和必要的设备购置费用的补贴；补贴对象为国家重点林木良种基地和国家林木种质资源库；补贴标准：种子园、种质资源库每亩补贴600元，采穗圃每亩补贴300元，母树林、试验林每亩补贴100元。林木良种苗木培育补贴主要用于对因使用良种，采用组织培养、轻型基质、无纺布和穴盘容器育苗、幼化处理等先进技术培育的良种苗木所增加成本的补贴；补贴对象为国有育苗单位；补贴标准：除有特殊要求的良种苗木外，每株良种苗木平均补贴0.2元，各地可根据实际情况，确定不同树种苗木的补贴标准。

（二）造林补贴。对国有林场、农民和林业职工（含林区人员，下同）、农民专业合作社等造林主体在宜林荒山荒地、沙荒地、迹地、低产低效林地进行人工造林、更新和改造，面积不小于1亩的给予适当的补贴。造林补贴包括造林直接补贴和间接费用补贴。

直接补贴是指对造林主体造林所需费用的补贴，补贴标准为：人工营造，乔木林和木本油料林每亩补贴 200 元，灌木林每亩补贴 120 元（内蒙古、宁夏、甘肃、新疆、青海、陕西、山西等省灌木林每亩补贴 200 元），水果、木本药材等其他林木、竹林每亩补贴 100 元；迹地人工更新、低产低效林改造每亩补贴 100 元。间接费用补贴是指对享受造林补贴的县、局、场林业部门（以下简称县级林业部门）组织开展造林有关作业设计、技术指导所需费用的补贴。

享受中央财政造林补贴营造的乔木林，造林后 10 年内不准主伐。

（三）森林抚育补贴。对承担森林抚育任务的国有森工企业、国有林场、农民专业合作社以及林业职工和农民等给予适当的补贴。森林抚育对象为国有林中的幼龄林和中龄林，集体和个人所有的公益林中的幼龄林和中龄林。一级国家级公益林不纳入森林抚育范围。

森林抚育补贴标准为平均每亩 100 元。根据国务院批准的《长江上游、黄河上中游地区天然林资源保护工程二期实施方案》和《东北、内蒙古等重点国有林区天然林资源保护工程二期实施方案》，天然林资源保护工程二期实施范围内的国有林森林抚育补贴标准为平均每亩 120 元。森林抚育补贴用于森林抚育有关费用支出，包括直接支出和间接支出。直接支出主要用于间伐、补植、人工促进天然更新、修枝、除草、割灌、清理运输采伐剩余物、修建简易作业道路等生产作业的劳务用工和机械燃油等。间接支出主要用于作业设计、技术指导等。

第十九条 湿地、林业国家级自然保护区和沙化土地封禁保护区建设与保护补贴，根据湿地、林业国家级自然保护区和沙化土地封禁保护区的重要性、建设内容、任务量、地方财力状况、保护成绩等因素分配。主要包括以下三个部分：

（一）湿地补贴主要用于湿地保护与恢复、退耕还湿试点、湿地生态效益补偿试点、湿地保护奖励等相关支出。其中，湿地保护与恢复支出指用于林业系统管理的国际重要湿地、国家重要湿地、湿地自然保护区及国家湿地公园开展湿地保护与恢复的相关支出，主要包括监测监控设施维护和设备购置支出、退化湿地恢复支出和湿地所在保护管理机构聘用临时管护人员所需的劳务费等；退耕还湿试点支出指用于国际重要湿地和湿地国家级自然保护区范围内及其周边的耕地实施退耕还湿的相关支出；湿地生态效益补偿试点支出指用于对候鸟迁飞路线上的重要湿地因鸟类等野生动物保护造成损失给予的补偿支出；湿地保护奖励支出指用于经考核确认对湿地保护成绩突出的县级人民政府相关部门的奖励支出。

（二）林业国家级自然保护区补贴主要用于保护区的生态保护、修复与治理，特种救护、保护设施设备购置和维护，专项调查和监测，宣传教育，以及保护管理机构聘用临时管护人员所需的劳务补贴等支出。

（三）沙化土地封禁保护区补贴主要用于对暂不具备治理条件的和因保护生态需要不宜开发利用的连片沙化土地实施封禁保护的补贴支出。范围包括：固沙压沙等生态修复与治理，管护站点和必要的配套设施修建和维护，必要的巡护和小型监测监控设施设备购置，巡护道路维护、围栏、界碑界桩和警示标牌修建，保护管理机构聘用临时管护人员所需的劳务费等支出。

第二十条 林业防灾减灾补贴根据损失程度、防灾减灾任务量、地方财力状况等因素分配。主要包括以下三个部分：

（一）森林防火补贴指用于预防和对突发性的重特大森林火灾扑救等相关支出的补贴，包括开设边境森林防火隔离带、购置扑救工具和器械、物资设备等支出，租用交通运输工具支出以及重点国有林区防火道路建设支出等。补贴对象为承担森林防火任务的基层林业单位。

（二）林业有害生物防治补贴指用于对危害森林、林木、种苗正常生长，造成重大灾害的病、虫、鼠（兔）和有害植物的预防和治理等相关支出的补贴。支出范围包括：购置药剂、药械、工具的开支，除害处理的人工费补贴，治理区发生检疫检验的材料费、小型器具费等。补贴对象为承担林业有害生物防治任务的基层林业单位。

（三）林业生产救灾补贴指用于支持林业系统遭受洪涝、干旱、雪灾、冻害、冰雹、地震、山体滑坡、泥石流、台风等自然灾害之后开展林业生产恢复等相关支出的补贴。补贴范围包括：受灾林地、林木及野生动植物栖息地、生境地的清理；灾后林木的补植补造及野生动植物栖息地、生境地的恢复；因灾损毁的林业相关设施修复和设备购置。补贴对象为因灾受损并承担林业生产救灾任务的基层林业单位。

第二十一条 林业科技推广示范补贴是指用于对全国林业生态建设或林业产业发展有重大推动作用的先进、成熟、有效的林业科技成果推广与示范等相关支出的补贴。补贴对象为承担林业科技成果推广与示范任务的林业技术推广站（中心）、科研院所、大专院校、农民专业合作社、国有森工企业、国有林场和国有苗圃等单位和组织。支出范围主要包括林木新品种繁育、新品种新技术的应用示范、与科技推广和示范项目相关的简易基础设施建设、必需的专用材料及小型仪器设备购置、技术培训、技术咨询等。

省级林业主管部门会同省级财政部门，根据国家林业局、财政部下达的林业科技推广示范项目立项指南，结合本省实际情况，负责林业科技推广示范项目的评审和批复立项等工作。

财政部会同国家林业局根据各省林业补助资金申请文件、林业科技推广示范项目评审情况和绩效评价结果，结合当年中央财政预算安排，确定对各省的林业科技推广示范补贴金额，并切块到省。各省当年评审通过但未安排补贴的项目，可滚动至下一年度继续申请。

第二十二条 林业贷款贴息补贴（以下简称贴息补贴）是指中央财政对各类银行（含农村信用社和小额贷款公司，下同）发放的符合贴息条件的贷款给予一定期限和比例的利息补贴。

（一）中央财政对符合以下条件之一的林业贷款予以贴息：林业龙头企业以公司带基地、基地连农户的经营形式，立足于当地林业资源开发、带动林区、沙区经济发展的种植业、养殖业以及林产品加工业贷款项目；各类经济实体营造的工业原料林、木本油料经济林以及有利于改善沙区、石漠化地区生态环境的种植业贷款项目；国有林场（苗圃）、国有森工企业为保护森林资源，缓解经济压力开展的多种经营贷款项目，以及自然保护区和森林公园开展的森林生态旅游贷款项目；农户和林业职工个人从事的营造林、林业资源开发和林产品加工贷款项目。

（二）对各省符合本办法规定条件的林业贷款，中央财政年贴息率为3%。对新疆生产建设兵团、大兴安岭林业集团公司符合本办法规定条件的林业贷款，中央财政年贴息率为5%。

（三）林业贷款期限3年以上（含3年）的，贴息期限为3年；林业贷款期限不足3年的，按实际贷款期限贴息。对农户和林业职工个人营造林小额贷款，适当延长贴息期限。贷款期限5年以上（含5年）的，贴息期限为5年；贷款期限不足5年的，按实际贷款期限贴息。农户和林业职工个人营造林小额贷款是指贴息年度内（1月1日至12月31日，下同）累计额30万元以下的营造林贷款。

（四）贴息补贴采取分年据实贴息的办法（上一年度1月1日至12月31日的林业贷款贴息）。对贴息年度内贷款期限1年以上的林业贷款，按全年计算贴息；对贴息年度内贷款期限不足 1 年的林业贷款，按贷款实际月数计算贴息。

（五）林业龙头企业、国有林场（苗圃）、国有森工企业、自然保护区和森林公园等的贴息贷款项目，由项目单位向当地林业主管部门提出申请。林业主管部门商同级财政部门同意后，逐级审核申报，由省级林业主管部门会同省级财政部门负责审核汇总。农户和林业职工小额贷款项目，由县级林业主管部门（含国有森工企业，下同）统一汇总，并以县级林业主管部门作为申报单位，商同级财政部门同意后，逐级审核申报，由省级林业主管部门会同财政部门负责审核汇总。

（六）省级财政部门会同省级林业主管部门对本省申报贴息补贴的贷款及其项目实施情况进行审核，对其真实性、合规性负责，确定应向中央财政申请的贴息补贴额，并向财政部报送林业补助资金申请文件，同时抄报国家林业局。财政部根据各省林业补助资金申请文件和林业贷款项目落实情况，确定贴息补贴额，并切块到省。

第五章　森林公安补助

第二十三条　森林公安补助主要是用于森林公安机关办案（业务）经费和业务装备经费开支的补助。森林公安补助根据警力、地方财力状况、业务工作量、装备需求、森林资源管理等因素分配。

第二十四条　森林公安办案（业务）经费、业务装备经费由中央、省级和省以下同级财政分区域按保障责任负担。森林公安补助对中西部地区的县级森林公安机关和省级直属的重点国有林区森林公安机关，以及维稳任务重、经济困难地区的地（市）森林公安机关予以重点补助；对东部地区县级森林公安机关予以奖励性补助。按照政法经费保障要求，省级财政部门应在做好本级森林公安经费保障的同时，依照不低于本省公安机关的标准安排省级森林公安转移支付资金。

第二十五条　森林公安补助主要用于市级以下森林公安机关，省级财政部门可预留不超过中央森林公安资金的 10%，专项用于省级森林公安机关承办公安部、国家林业局部署的重大任务，直接侦办和督办重特大案件、组织开展专项行动、组织民警教育培训、处置不可预见的突发事件、装备共建或其他特殊原因所需经费补助等。

第二十六条　森林公安补助使用范围包括森林公安办案（业务）经费和

森林公安业务装备经费。其中森林公安办案（业务）经费用于森林公安机关开展案件侦办查处、森林资源保护、林区治安管理、维护社会稳定、处置突发事件、禁种铲毒、民警教育培训等直接支出；森林公安业务装备经费用于森林公安机关购置指挥通信、刑侦技术、执法勤务（含警用交通工具）、信息化建设、处置突发事件、派出所和监管场所所需的各类警用业务装备的支出。

第六章　国有林场改革补助

第二十七条　国有林场改革补助是指用于支持国有林场改革的一次性补助支出。

第二十八条　国有林场改革补助主要用于补缴国有林场拖欠的职工基本养老保险和基本医疗保险费用、国有林场分离场办学校和医院等社会职能费用、先行自主推进国有林场改革的省奖励补助等。中央财政安排的补助资金补缴国有林场拖欠的职工基本养老保险和基本医疗保险费用有结余的，可用于林场缴纳职工基本养老和基本医疗等社会保险以及其他与改革相关的支出。

第二十九条　国有林场改革补助按照国有林场职工人数（包括在职职工和离退休职工）和林地面积两个因素分配，其中：每名职工补助 2 万元，每亩林地补助 1.15 元。

第七章　监督检查

第三十条　各级财政部门和林业主管部门应加强对林业补助资金的申请、分配、管理使用情况的监督检查，发现问题及时纠正。对各类违法违规以及违反本办法规定的行为，按照《财政违法行为处罚处分条例》等国家有关规定追究法律责任。

第三十一条　按第三十条规定追回的林业补助资金，由财政部商国家林业局用于对林业补助资金使用管理规范、成效显著的省进行奖励。

第三十二条　各级财政部门和林业主管部门应加强对林业补助资金管理使用情况的追踪问效，适时组织开展绩效监督。

2. 林业贷款中央财政贴息资金管理规定

项目要点

主管部门	财政部、国家林业和草原局
项目名称	林业贷款中央财政贴息资金管理规定
参考文件	财农〔2005〕45号
申报主体	国家、集体、个人等各类经济实体
激励政策	给予符合要求的各类经济实体低息贷款，满足其经营发展资金缺口需求。
主要要求	各类经济实体营造的具有一定规模、集中连片的工业原料林以及种植业林业贷款项目，中央财政贴息期限为三年，其余林业贷款项目贴息期限为二年。

引用项目文件

林业贷款中央财政贴息资金管理规定

第一条 为加强林业贷款中央财政贴息资金管理，根据《中央财政资金贴息管理暂行办法》以及《财政农业专项资金管理规则》，制定本规定。

第二条 本规定所称财政贴息资金是指中央财政预算安排的，专项用于林业贷款贴息的资金。

第三条 本规定所称林业贷款是指各类银行（含农村信用社）发放的，符合以下规定项目的贷款：

（一）林业龙头企业以公司带基地、基地连农户的经营形式，立足于当地林业资源开发、带动林区、沙区经济发展的种植业、养殖业以及林产品加工业贷款项目。

（二）各类经济实体营造的具有一定规模、集中连片的工业原料林贷款项目。

（三）国有林场（苗圃）、集体林场（苗圃）、森工企业为保护森林资源，缓解经济压力开展的多种经营贷款项目。

（四）林农和林业职工个人从事的林业资源开发和林产品加工贷款项目。

第四条　林业贷款中央财政贴息率根据中国人民银行规定的贷款利率变化情况适时调整。

金融机构一年期贷款利率为 3%（含）～5% 时，中央财政对地方单位和个人使用的林业贷款项目，按年利率 1.5% 给予贴息；对大兴安岭林业集团公司和新疆生产建设兵团贷款项目，以及中国林业国际合作集团公司的工业原料林贷款项目，按年利率 3% 给予贴息。

金融机构一年期贷款利率为 5%（含）～7% 时，中央财政对地方单位和个人使用的林业贷款项目，按年利率 2% 给予贴息；对大兴安岭林业集团公司和新疆生产建设兵团贷款项目，以及中国林业国际合作集团公司的工业原料林贷款项目，按年利率 4% 给予贴息。

金融机构一年期贷款利率高于 7%（含）时，中央财政对地方单位和个人使用的林业贷款项目，按年利率 3% 给予贴息；对大兴安岭林业集团公司和新疆生产建设兵团贷款项目，以及中国林业国际合作集团公司的工业原料林贷款项目，按年利率 6% 给予贴息。

第五条　各类经济实体营造的具有一定规模、集中连片的工业原料林以及种植业林业贷款项目，中央财政贴息期限为三年，其余林业贷款项目贴息期限为二年。

第六条　在确定的贷款规模之内，林业贷款中央财政贴息资金采取据实核拨的办法，对上年第 4 季度和当年前 3 个季度林业贷款项目贷款额，按全年计算贴息。贷款期限不足一整年的，按贷款实际期限计算贴息。

第七条　经同级财政部门审核同意后，省级林业主管部门应于每年 12 月 31 日之前，向国家林业局申报下年度林业贴息贷款项目计划。国家林业局对各省（区、市）上报的林业贴息贷款项目申报计划审核、筛选，并经财政部同意后，下达林业贴息贷款项目建议计划。

凡不符合银行信贷条件，需调整林业贷款计划的，各级林业主管部门必须报经同级财政部门审核同意，否则不予贴息。调整后的项目报国家林业局备案。

第八条　各省（区、市）财政厅（局）以及新疆生产建设兵团财务局应于每年 10 月 31 日之前，向财政部报送林业贷款中央财政贴息资金申请报告及申请表（详见附表），并抄送国家林业局；同时，各省（区、市）林业厅（局）以及新疆生产建设兵团林业局向国家林业局报送经审查、核实后的新增贷款项目借款合同，借款凭证和银行进账单复印件，以及重新核实的贷款余额。

国家林业局于每年 10 月 31 日之前，向财政部申请大兴安岭林业集团公司和中国林业国际合作集团公司的中央财政贴息资金。国家林业局应对大兴安岭林业集团公司和中国林业国际合作集团公司的林业贷款项目中央财政贴息资金申请报告、申请表、借款合同、借款凭证以及银行进账单复印件等审查核实后再申请贴息资金。

第九条 国家林业局对各省（区、市）林业厅（局）和新疆生产建设兵团林业局上报的有关材料进行审查确认后，于 11 月 10 日之前向财政部建议拨付贴息资金。财政部对各省（区、市）和新疆生产建设兵团上报的中央财政贴息资金申请报告及申请表进行审查，并根据国家林业局的贴息建议，审核拨付贴息资金。

第十条 林业贷款中央财政贴息资金按照预算级次拨付。地方各级财政和林业主管部门要切实加强对林业贷款中央财政贴息资金的管理，明确责任，层层负责，严格审查，确保申报材料真实、准确。

国家机关及其工作人员以虚报、冒领等手段骗取贴息资金的，依据财政违法行为处罚处分条例及相关法律法规追究其行政责任和刑事责任。

第十一条 单位和个人以虚报、冒领等手段骗取贴息资金的，依据财政违法行为处罚处分条例及相关法律法规追究其行政责任和刑事责任。

第十二条 林业贷款中央财政贴息资金必须专款专用，对截留、挤占、滞留、挪用贴息资金的单位和其直接负责的主管人员及其他直接责任人员，按照财政违法行为处罚处分条例及相关法律法规的规定给予行政处分。

3. 国家林业产业示范园区创建和国家林业重点龙头企业认定

项目要点

主管部门	国家林业和草原局
项目名称	国家林业产业示范园区、国家林业重点龙头企业
参考文件	林改规〔2023〕5号
申报主体	地方林业产业园区、地方涉林企业
激励政策	对老少边穷地区、国家乡村振兴重点帮扶县、原国家扶贫开发重点工作县及集中连片特困地区、新疆、西藏及涉藏工作重点省等予以倾斜。
主要要求	(1) 符合国家产业政策，林草产业集中度高，产业规模大，产业链较完整，产品优质，服务优良，管理规范，地理边界清晰，具有重要区域经济地位，能够发挥示范带动作用的林草产业园区；(2) 以森林、草原、湿地、荒漠（以下简称"林草等"）生态资源为经营对象，以林草等产品生产、经营、加工、流通和服务为主业，科技创新能力强、产值规模处于行业前列，能够发挥引领带动作用的企业。

引用项目文件

国家林业和草原局关于印发
《国家林业产业示范园区创建认定办法》和
《国家林业重点龙头企业认定办法》的通知

国家林业产业示范园区创建认定办法

第一章 总 则

第一条 为推动林草产业高质量发展，促进产业集聚融合，助力林草产业现代化，根据《国务院关于促进乡村产业振兴的指导意见》（国发〔2019〕12号）和相关规定，制定本办法。

第二条 国家林业产业示范园区（以下简称"示范园区"）是指经国家林业和草原局（以下简称"国家林业和草原局"）认定，符合国家产业政策，林草产业集中度高，产业规模大，产业链较完整，产品优质，服务优良，管理规范，地理边界清晰，具有重要区域经济地位，能够发挥示范带动作用的林草产业园区。

第三条 示范园区创建认定工作坚持公开、公平、公正的原则，兼顾区域发展，实行动态管理。

第二章 创建与认定

第四条 示范园区采取创建评估的方式予以认定。产业园区经过创建培育后，依据示范园区基本条件进行评估。评估合格的，由国家林业和草原局认定为示范园区。

第五条 示范园区的创建主体为县市级人民政府，主要负责领导和组织实施本行政区域内的示范园区创建、培育、建设和管理工作，并为示范园区建设发展提供保障和支持。

第六条 创建示范园区，应当以下列条件为目标要求：

（一）产业园区以林草产品加工、贸易、服务为主。园区内林草主导产业符合当地经济社会发展和林草产业发展的总体要求，创新能力强。

（二）产业园区在区域经济中地位突出，辐射带动能力强，有国家林业重点龙头企业（或以林草业为主导产业的农业产业化国家重点龙头企业）1 家以上或省级林业龙头企业 3 家以上。

（三）林产工业类园区林产品加工、贸易、服务等业务年收入在 20 亿元以上；森林食品、木本油料等其他类园区林产品加工、贸易、服务等业务年收入在 10 亿元以上；牧草种植、草种繁育等草产业类园区草产品加工、贸易、服务等业务年收入在 3 亿元以上。

（四）产业园区建设主体清晰，管理部门明确，组织机构和管理制度健全。

（五）产业园区规模与环境承载能力、生产技术条件及管理水平相适应。园区内水、电、路、通讯、环保、消防等基础设施配套齐全。

（六）产业园区生产布局合理，企业加工、生产、仓储、物流、交易等设施设备和管理规程符合安全生产和环保要求。

（七）产业园区具有健全的社会化服务体系，法律、金融、物流等服务组织体系完备、运行顺畅，能够满足园区企业的需要。

第七条 示范园区创建认定程序如下：

（一）印发通知。国家林业和草原局每 2 年组织开展一次创建认定工作，公开发布申报通知，明确创建认定要求。

（二）组织申报。符合本办法第六条各款要求的林草产业园区，由其创建主体自愿向上级林草主管部门提出申请并报送申报材料。经省级林草主管部门（包括新疆生产建设兵团林草局，大兴安岭林业集团，内蒙古、吉林、长白山、龙江、伊春森工集团，下同）审核、汇总后报送国家林业和草原局。

申报材料包括：

1. 省级林草主管部门推荐文件（含评估报告）。

2. 创建主体申报文件。

3. 建设主体申报材料。包括：产业园区的申报报告（含基本情况、申报理由、生产经营、安全生产、绿色发展、环境保护及示范带动等情况），当地政府设立产业园区的批复文件，规划主管部门批复的产业园区建设规划，地方政府给予的优惠扶持政策等。

（三）创建培育。示范园区的创建期不少于 1 年。创建期内，创建主体应当履行培育和建设职责，强化支持政策和保障机制，统筹推进园区创建工作。

（四）评估认定。国家林业和草原局委托第三方机构并组织专家对省级林草主管部门推荐的创建园区开展评估。根据专家组评估意见，综合考虑全国林草产业布局、区域特色产业发展、经济社会发展需求等因素，提出建议名单，经局务会议审定后，在国家林业和草原局官方网站予以公示。公示期为 7 个工作日，公示期满如无异议，由国家林业和草原局认定为示范园区，公布名单并授牌。

第八条　对老少边穷地区、国家乡村振兴重点帮扶县、原国家扶贫开发重点工作县及集中连片特困地区、新疆、西藏及涉藏工作重点省等予以倾斜。

第三章　评价与管理

第九条　省级林草主管部门于每年 4 月底前报送上年度示范园区总体运行情况。国家林业和草原局每 3 年对示范园区进行一次全面评价。

第十条　全面评价采取书面材料与现场核实相结合的方式。具体程序为：

（一）示范园区根据相关要求及时向林草主管部门提交自评报告等相关材料。自评报告内容包括：近 3 年来的园区建设运营情况，整体效益、存在问题与困难、政策建议等。

（二）省级林草主管部门对上报自评材料进行审核，将全省国家林业产业示范园区建设运行总体情况、自评意见和园区自评报告按时报送国家林业和草原局。

（三）国家林业和草原局在书面材料审核评价的基础上，组织专家对示范园区进行现场核实评价。

第十一条 评价重点关注示范园区是否符合本办法第六条7个方面的创建条件，以及在新发展理念、带动社会就业和促进地方经济发展等方面的示范引领作用。

第十二条 有下列情形之一的，取消其示范园区命名并予以摘牌：

（一）未通过全面评价的；

（二）园区内主导产业非林化严重，基本不具备林草产品加工贸易服务功能的；

（三）发生重大安全生产、产品质量、环保事故，以及造成其他重大社会不良影响的；

（四）存在其他严重违规违法行为的。

第十三条 国家林业和草原局在官方网站对被取消命名的示范园区进行公示公告，3年内不再受理其创建申报。

第四章 附 则

第十四条 示范园区应当注重培育壮大市场主体，加速聚集创新要素，健全企业服务体系，创新运营管理方式，不断提升建设发展水平和品牌影响力，及时总结经验，在推进智慧园区建设、构建绿色低碳发展模式、推动产业融合与创新发展等方面发挥示范带动作用。

第十五条 地方各级林草主管部门应当加强对示范园区的指导，将示范园区纳入林草产业发展规划，给予积极支持，保障其持续健康发展。

第十六条 本办法自发布之日起施行。

国家林业重点龙头企业认定办法

第一章 总 则

第一条 为规范国家林业重点龙头企业认定工作，根据《国务院办公厅关于推进农村一二三产业融合发展的指导意见》（国办发〔2015〕93号）和相关规定，制定本办法。

第二条 国家林业重点龙头企业是指以森林、草原、湿地、荒漠（以下简称"林草等"）生态资源为经营对象，以林草等产品生产、经营、加工、流通和服务为主业，科技创新能力强、产值规模处于行业前列，能够发挥引领带动作用，经国家林业和草原局（以下简称"国家林业和草原局"）认定符合本办法规定的企业。

第三条 国家林业重点龙头企业认定坚持公开、公平、公正的原则，兼顾区域发展，实行动态管理。

第二章 申报条件和程序

第四条 申报企业应符合以下基本条件：

（一）组织形式。依法设立的以林草等产品生产、加工、流通或服务为主业，具有独立法人资格的企业。

（二）主营收入。企业林草等产品销售收入或营业收入（交易额）占总销售收入或营业收入（总交易额）的60%以上。

（三）企业规模。按企业生产经营类别不同，其总资产规模、生产规模、近3年平均营销收入等均应位居国内同行业前列，经营指标达到本办法规定的申报标准。

（四）盈利能力。企业的利润率应高于同期银行贷款基准利率，企业不亏损、财务指标优良；企业负债率一般应低于60%。

（五）企业信用。企业守法诚信经营，依法缴纳税费。近3年内无不良信用记录，未被列入法院或国家企业信用信息公示系统的失信名单。

（六）带动辐射能力。企业通过订单、合作、股份等利益联结方式带动林农（林区职工）家庭数量一般应在100户以上。

（七）产品竞争力。企业主营产品具有较高市场竞争力，近3年平均产销率在80%以上；产品质量、科技含量、新产品开发能力在国内同行业中居于前列；有独立注册商标，营销网络健全。

（八）可持续发展能力。企业正常运营3年及以上；技术装备达到国内先进水平。生产企业具有较强的产品研发能力，年度研发投入在利润总额中的占比达到5%以上；服务企业具有相应行业的最高资质。企业资源综合利用和环境保护水平位居国内同行前列。

（九）近3年内没有发生安全生产、环保、质量安全方面的重大事故，未发生重大涉林案件，产品质量在国家和地方抽检中无不合格记录。

（十）申报企业原则上应为省（自治区、直辖市）级林业重点龙头企业，并在有效期内。

第五条 申报材料。申报企业应按照本办法要求提供申报材料（电子和纸质版本）。同时，通过"木材行业管理门户"（http：//211.167.243.170/wood/index/index）填报近3年经济运行数据。

申报材料包括以下内容：

（一）基础材料

1. 企业营业执照复印件。

2. 企业基本账户开户银行出具的反映企业银行信用情况的证明。

3. 有资质的会计（审计）事务所出具的该企业近3个年度的财务审计报告。

4. 种植养殖类企业应提供与农户（林区职工）利益联结关系的相关材料（如当地村民委员会或乡镇人民政府出具的企业合作协议、林地转包协议、股权分红协议、原材料采购协议、特色产品购销协议或者林地经营服务协议等证明材料）。

5. 通过信用中国系统查询的信用报告。

6. 企业近3年内的纳税证明。

7. 生产加工类企业应提供所在地农林产品质量检测机构出具并盖有公章的产品质量证明。

8. 其他。专利、成果证书，食品、药品合格证，绿色、有机、地理标志农产品、森林生态标志产品等认定认证材料，高新技术企业认定证明等。

（二）承诺函。企业出具盖有公章的对所提供全部申报材料真实性负责和保证的承诺函原件。

（三）国家林业重点龙头企业申报审核表。

第六条 符合本办法第四条各款要求的林草企业自愿向其所在地县级林草主管部门提出申请。

第七条 企业所在地县级林草主管部门对企业申报材料真实性进行审核。

第八条 申报材料由各省（自治区、直辖市）、新疆生产建设兵团林草主管部门，大兴安岭林业集团，内蒙古、吉林、长白山、龙江、伊春森工集团审核、汇总后报送国家林业和草原局。中央所属企业按属地原则，通过所在地林草主管部门申报。

第三章　　认　　定

第九条 国家林业重点龙头企业认定工作原则上每2年开展一次。

第十条 对老少边穷地区、国家乡村振兴重点帮扶县、原国家扶贫开发重点工作县及集中连片特困地区、新疆、西藏及涉藏工作重点省等予以倾斜。

第十一条 国家林业重点龙头企业认定程序：

（一）国家林业和草原局委托第三方机构并组织专家对申报材料进行评审，视情况组织实地核验。

（二）专家组根据实地核验和申报材料评审情况，提出建议名单，经局务会议审定后，在国家林业和草原局官方网站予以公示。公示期为7个工作日，公示期满如无异议，由国家林业和草原局认定为国家林业重点龙头企业，公布名单并授牌。

第四章　　评价与管理

第十二条 实行国家林业重点龙头企业年度信息报告制度。国家林业重点龙头企业应在每年3月1日前，通过"木材行业管理门户"网络系统平台填报上一年度经济运行相关数据。

第十三条 评价程序：

（一）评价周期。每3年开展一次国家林业重点龙头企业全面评价工作。第一次全面评价在企业被认定为国家林业重点龙头企业后的第3年进行。

（二）评价方式。采取数据分析、情况调度、实地考察等方式。

（三）报送材料。

1. 国家林业重点龙头企业按要求报送反映经济运行、基地建设、带动就业和农户（林区职工）增收等情况的年度报告，经有资质的会计（审计）事务所出具的企业年度财务审计报告，企业征信、纳税情况、产品质量证明等；

2. 县级以上林草主管部门提供的龙头企业运营说明材料。

（四）审核汇总。各省（自治区、直辖市）级林草主管部门对所辖国家林业重点龙头企业所报材料进行审核、汇总后，将自评报告报送国家林业和草原局。

（五）评价分析。国家林业和草原局对国家林业重点龙头企业运行情况进行综合分析评价，视情况组织实地核验，提出评价意见。

第十四条　评价及动态管理中发现有下列情形之一的，取消其国家林业重点龙头企业命名并予以摘牌：

（一）存在严重违法、违规、违纪行为的；

（二）企业因经营不良资不抵债而破产或被兼并的；

（三）企业不按要求提供评价材料和年度经营情况，或拒绝参加运行评价的；

（四）企业因违法违规发生重大安全生产、重大产品质量安全、重大环保事故的；

（五）企业虽在正常经营，但已转产，不再以林草等产业为主的；

（六）其他应当取消命名的。

第十五条　国家林业和草原局在官方网站对被取消命名的国家林业重点龙头企业进行公示公告，3年内不再受理其申报。

4. 世界地质公园申报

项目要点

主管部门	国家林业和草原局
项目名称	国家林业和草原局关于印发《世界地质公园管理办法》的通知
参考文件	林保发〔2024〕12 号保护地司综合
申报主体	县级以上地方林业和草原主管部门
激励政策	国家林业和草原局设立世界地质公园专家库，为世界地质公园管理、评审、可持续发展等提供技术支持。
主要要求	经联合国教科文组织认定，拥有全球或者国际意义的地质遗迹和丰富的自然与文化资源，边界清晰且面积适当的可持续发展区域。申请国内推荐的区域应当具有全球或者国际意义的地质遗迹。具有较高价值的自然与文化资源。为单一、统一的地理区域，并具有明确的边界和适当的面积，土地及海域、海岛权属无争议。开展地质遗迹保护、科学研究、自然教育、地学旅游等工作，成效显著。申报建设得到当地居民的广泛支持，社区参与度高。有明确的管理单位和专业技术人员。已列入预备库，并参照世界地质公园标准运行满 1 年。符合联合国教科文组织世界地质公园申报的其他规定。

引用项目文件

世界地质公园管理办法

第一章　总　　则

第一条　为规范联合国教科文组织世界地质公园（以下简称"世界地质公园"）管理，提升世界地质公园建设水平，推动世界地质公园可持续发展，依据《联合国教科文组织世界地质公园操作指南》（以下简称《操作指南》）以及我国相关法律法规政策，制定本办法。

第二条　本办法所称世界地质公园，是指经联合国教科文组织认定，拥有全球或者国际意义的地质遗迹和丰富的自然与文化资源，边界清晰且面积适当的可持续发展区域。

第三条　本办法适用于全国世界地质公园的管理。

第四条　国家林业和草原局负责全国世界地质公园的组织协调、监督管理和业务指导等工作，并作为国家业务主管部门与联合国教科文组织等国际组织联络世界地质公园相关事务。

县级以上地方林业和草原主管部门负责本行政区域内世界地质公园的组织协调、监督管理和业务指导。

世界地质公园管理机构负责本世界地质公园的日常管理。

国家地质公园网络中心负责组织开展世界地质公园网络的相关活动。

第五条　建设世界地质公园，应当坚持统一管理、科学规划、重点保护、可持续发展的原则。

第六条　国家林业和草原局设立世界地质公园专家库，为世界地质公园管理、评审、可持续发展等提供技术支持。

第七条　国家鼓励企事业单位、社会团体、公民等以捐赠、技术支持、志愿服务等方式参与世界地质公园保护、研究、教育及宣传推广。

第二章　申　　报

第八条　国家林业和草原局建立世界地质公园项目预备库（以下简称"预备库"）。

预备库申报，由申报区域所在地县级人民政府填报申请表并向省级林业和草原主管部门提出申请，经省级林业和草原主管部门审核后报送国家林业和草原局。跨县域的，由市级人民政府向省级林业和草原主管部门提出申请；跨市域的，由相关市级人民政府共同向省级林业和草原主管部门提出申请；跨省（自治区、直辖市）的，应当参照上述省内程序，分别向相关省级林业和草原主管部门提出申请，由相关省级林业和草原主管部门审核后联合报送国家林业和草原局。

国家林业和草原局审定申请项目并出具确认函。

第九条　世界地质公园申报分为国内推荐和国际申报2个阶段。

第十条　国内推荐程序参照本办法第八条第二款规定。

申请国内推荐的区域应当具备下列条件：

（一）具有全球或者国际意义的地质遗迹。

（二）具有较高价值的自然与文化资源。

（三）为单一、统一的地理区域，并具有明确的边界和适当的面积，土地及海域、海岛权属无争议。

（四）开展地质遗迹保护、科学研究、自然教育、地学旅游等工作，成效显著。

（五）申报建设得到当地居民的广泛支持，社区参与度高。

（六）有明确的管理单位和专业技术人员。

（七）已列入预备库，并参照世界地质公园标准运行满 1 年。

（八）符合联合国教科文组织世界地质公园申报的其他规定。

省级林业和草原主管部门应当组织审查并向国家林业和草原局提交以下材料：

（一）推荐文件。主要内容应当包括申报区域的名称、面积、范围边界；资源条件和价值；保护管理状况；省级林业和草原主管部门审查意见等。

（二）申报材料。主要内容应当包括国内申报书；综合考察报告；视频资料（时长不超过 15 分钟）；自评估文件（A 表）；省级人民政府同意申报的文件；公示情况等。涉及国家领土主权、民族、宗教、军事、跨国合作等重大事项的，还应当提交相关省级主管部门同意函。

第十一条　国家林业和草原局对提交材料进行审核，组织专家实地考察、召开世界地质公园推荐评审会，对通过评审且公示无异议的，可确定为世界地质公园候选地（以下简称"候选地"）。

第十二条　国际申报程序参照本办法第八条第二款和《操作指南》等要求执行。

候选地应当按照《操作指南》等规定，编制世界地质公园申报意向书和申报材料。

候选地所在省级林业和草原主管部门应当在履行国际申报程序当年 4 月底前将申报意向书报送国家林业和草原局。国家林业和草原局审定后，在同年 6 月底前将申报意向书提交联合国教科文组织。

候选地所在省级林业和草原主管部门应当在同年 9 月底前将经省级人民政府负责人签字和省级人民政府盖章的申报材料报送国家林业和草原局。国家林业和草原局联合有关部门审定后，在同年 11 月底前将申报材料提交联合国教科文组织。

候选地应当按照联合国教科文组织提出的意见，在规定时间内对申报材料进行补充、修改和完善。

第十三条　候选地应当按照《操作指南》的要求，在提交申报材料的次年接受联合国教科文组织的实地考察。

第十四条　世界地质公园申报材料应当真实、客观、准确。除不可抗力原因外，申报过程中存在包括但不限于重要资源受到严重人为破坏或者威胁、申报内容不实或者故意瞒报、申报工作进展缓慢超出时限等情形的，视为候选地自动放弃资格，国家林业和草原局将在之后两年内不再受理涉及省份的世界地质公园申请。

第三章　再评估与范围调整

第十五条　世界地质公园应当定期接受联合国教科文组织的再评估。再评估分为文案评估（主要包括摘要总结、工作进展报告）和实地评估。

第十六条　世界地质公园应当按照《操作指南》等规定编写摘要总结和工作进展报告，在再评估前一年的5—7月间将经国家地质公园网络中心审核的摘要总结报送联合国教科文组织，同年12月底前将工作进展报告经省级林业和草原主管部门审核后报送国家林业和草原局，由国家林业和草原局审定后在再评估当年1月底前提交联合国教科文组织。

世界地质公园应当按照《操作指南》的要求，接受联合国教科文组织的再评估实地考察。

第十七条　世界地质公园可申请面积调整。

调整面积（增加和减少面积之和）小于原面积10%的，应当按照《操作指南》等规定编写面积调整申请报告，经世界地质公园原申报单位报请省级人民政府同意后，由省级林业和草原主管部门在申请当年10月底前报送国家林业和草原局，由国家林业和草原局审定后在同年11月底前提交联合国教科文组织。

调整面积大于或者等于原面积10%的，应当参照本办法第十二条规定的世界地质公园国际申报要求重新提交申报材料。

第十八条　申请变更世界地质公园名称的，应当按照《操作指南》的规定编写名称变更申请报告，经世界地质公园原申报单位报请省级人民政府同意后，由省级林业和草原主管部门在申请当年10月底前报送国家林业和草原局，由国家林业和草原局审定后在同年11月底前提交联合国教科文组织。

第四章　监督与管理

第十九条　世界地质公园管理应当按照联合国教科文组织有关章程和国家

有关规定，做好资源保护及区域可持续发展工作。世界地质公园与自然保护地重叠的区域，还应当符合自然保护地的相关管控要求。

第二十条　省级林业和草原主管部门应当指导督促本行政区域内世界地质公园管理机构履行有关国际章程和申报承诺，为世界地质公园保护、建设与管理提供必要的保障。

跨省（自治区、直辖市）的世界地质公园，应当由相关省级林业和草原主管部门、世界地质公园申报单位等建立工作协调机制。

第二十一条　世界地质公园管理机构应当制定保护管理制度，编制发展行动计划，建立世界地质公园网站、数据库和档案等。

发展行动计划内容应当包括但不限于地质遗迹保护、资源调查与监测、解说系统建设、自然教育与地学旅游、地质公园管理与能力建设、社区发展计划、宣传推广、网络交流与合作、资金投入与保障等。

编制发展行动计划应当广泛征求相关部门、企事业单位、社区居民和专家意见，并与世界地质公园范围内的国土空间规划和各类自然保护地规划等相衔接。

世界地质公园管理机构应当按照其发展行动计划开展工作，并细化评估周期内的工作任务，确保世界地质公园有序发展。

第二十二条　世界地质公园管理机构应当建立健全自然教育和科普宣传系统，完善设施建设，加强与科研机构、社区等合作，提高公众对世界地质公园的认知。

世界地质公园管理机构应当履行世界地质公园网络成员责任，参加世界、区域地质公园会议，建立姊妹公园，加强国际交流，培养输送世界地质公园评估员，按时缴纳会费。

第二十三条　世界地质公园管理机构应当在每年1月底前向省级林业和草原主管部门报送上年度世界地质公园管理报告，主要内容应当包括资源保护与管理、发展行动计划实施、自然教育与地学旅游、国内外交流合作等情况，由省级林业和草原主管部门审核汇总后在当年2月底前报送国家林业和草原局。

5. 国家林业和草原长期科研基地管理办法

项目要点

主管部门	国家林业和草原局
项目名称	国家林业和草原长期科研基地
参考文件	林科发〔2019〕13 号
申报主体	省（自治区、直辖市）以及地方各级政府自然资源局或者林草局
激励政策	给予申报成功的基地授予《国家林业和草原长期科研基地》挂牌。
主要要求	应主要开展林草和濒危野生动植物遗传与种质资源收集、保存与利用，林草和濒危野生动植物育种，森林培育与经营，森林、草原、湿地、荒漠生态系统保护与修复，自然保护地和物种保护，森林草原灾害防控，野生动物疫源疫病监测防控等科学研究、技术开发利用、成果示范推广、科学普及教育，以及为产业发展提供服务和支撑。

引用项目文件

国家林业和草原长期科研基地管理办法

第一章　总　　则

第一条　为规范管理国家林业和草原长期科研基地（以下简称"长期科研基地"），提升长期科研基地建设水平，充分发挥长期科研基地基础和战略作用，依据《"十三五"国家科技创新基地与条件保障能力建设专项规划》《国家林业和草原长期科研基地规划（2018—2035 年）》，制定本办法。

第二条　长期科研基地是林业和草原科技创新的重要平台，主要开展林草和濒危野生动植物遗传与种质资源收集、保存与利用，林草和濒危野生动植物育种，森林培育与经营，森林、草原、湿地、荒漠生态系统保护与修复，自然保护地和物种保护，森林草原灾害防控，野生动物疫源疫病监测防控等科学研究、技术开发利用、成果示范推广、科学普及教育，以及为产业发展提供服务和支撑。

第三条　长期科研基地分为专题类和综合类两类。专题类是指以单一领域和方向为研究内容的类别，综合类是指涵盖两个以上领域和方向的类别。

第四条　长期科研基地建设管理坚持面向需求、服务科研、长期运行、开放共享的原则，规范管理和完善基础设施建设，为科研提供长期、稳定、持续的基础平台。

第五条　国家林业和草原局负责长期科研基地建设管理，成立长期科研基地建设领导小组，负责组织领导长期科研基地建设管理工作，研究解决相关重大问题。具体工作由科技司负责。

第六条　各省、自治区、直辖市林业和草原主管部门，内蒙古、大兴安岭森工（林业）集团公司，新疆生产建设兵团林业和草原主管部门，国家林业和草原局有关直属单位及系统外涉林草的科研院所、高校作为归口管理单位，负责组织本地区本单位长期科研基地的申报推荐工作，并给予相应条件保障。

第七条　国家林业和草原局统筹各类资源给予长期科研基地相应支持，相关支持措施不包括财政奖励和补贴。承担国家各类科技项目的单位均应优先在长期科研基地实施项目。

第二章　申报条件和程序

第八条　申报长期科研基地应在《国家林业和草原长期科研基地规划（2018—2035年）》区域和符合划分的类型内。

第九条　申报的长期科研基地需满足以下基本条件：

（一）所申报的长期科研基地土地权属清晰，能够确保长期稳定使用。

（二）申报的长期科研基地需开展相关领域科学研究工作连续5年以上，并具有可发展利用的土地空间。

（三）申报单位应具备支撑开展相关领域科学研究的仪器设备和场地设施。

（四）申报单位应拥有学科配置合理、梯队层次分明、专业能力强、专兼结合的人才队伍，以及比较先进或实用性强的科技成果。

（五）申报单位应具有保存科学研究试验材料和科研基地完整性的能力。

（六）能够满足开展长期科研基地工作的其他条件。

第十条　长期科研基地的申报程序如下：

（一）申报单位应编制10年以上长期科研基地建设规划，明确长期科研基地四至、面积及建设内容和目标，并向归口管理单位提出长期科研基地建设申请。

（二）归口管理单位对申报单位的申报材料进行审核，并根据申报单位的实际情况，筛选出符合条件、优秀的科研基地上报国家林业和草原局。

（三）国家林业和草原局科技司组织专家进行现场考察和评审，提出长期科研基地认定建议名单，按程序报局长期科研基地建设领导小组审议后正式以局文批复。

第十一条 鼓励各省级林业和草原主管部门建立省级长期科研基地；鼓励符合条件的企业和社会力量加强科技创新，建立长期科研基地。

第十二条 长期科研基地挂牌名称统一为"国家林业和草原长期科研基地"，规范名称可根据实际情况，确定为"地名＋领域（学科）＋国家长期科研基地"。

第三章　运行管理

第十三条 长期科研基地建立管理委员会，负责长期科研基地重大事项决策和日常运行管理。

（一）管理委员会实行主任负责制，由申报单位和长期科研基地所在单位有关人员组成，成员不少于 7 人。其中，专业技术人员应占一半以上。

归口管理单位负责管理委员会的审批、人员变更调整等，并制定相应具体管理办法。

（二）管理委员会负责制定规章制度，规范人才队伍建设、实验材料和仪器设备使用、科研数据收集和资料档案管理等。

（三）管理委员会负责长期规范保存长期科研基地开展科学研究的试验材料、数据资料等，保证试验数据长期、连续、有效，同时负责其保密及知识产权保护等相关工作。

（四）长期科研基地实行共建共享，向相关科研院校和人员开放，提供必要的科学研究条件。

第十四条 长期科研基地所属土地被征占用或土地权属发生变更的，长期科研基地归口管理单位须在土地权属变更后一个月内正式报告国家林业和草原局；如长期科研基地主体功能丧失，将予以退出长期科研基地序列。

第十五条 长期科研基地可以根据科学研究需要适当自主调整森林资源，但需依法办理有关行政许可或其他法定手续。

第十六条 长期科研基地实行年度考核与定期评估相结合的考评制度，根据不同类型设立相应的考评指标体系。

（一）年度考核由长期科研基地管理委员会自行组织进行，考核重点为年度科研进展、开放共享、运行管理状况，以及土地权属变更情况等，由归口管理单位审核后，于每年年底前报送国家林业和草原局科技司。

（二）定期评估由国家林业和草原局科技司组织实施，评估周期为五年，评估内容包括研究成果、示范成效、人才队伍、基础设施、开放共享与运行管理水平等，重点评估长期科研基地对行业贡献和社会价值。

第十七条 国家林业和草原局科技司对长期科研基地年度考核和定期评估结果予以审核和公布。对于评价考核结果较差的责成其限期整改，整改仍不合格的不再纳入长期科研基地序列。

第十八条 各归口管理单位要对本地区本单位长期科研基地的管理进行监督，在资金、人才、基础设施条件等方面给予支持。

6. 国家林业草原工程技术研究中心管理办法

项目要点

主管部门	国家林业和草原局
项目名称	国家林业草原工程技术研究中心
参考文件	林科规〔2019〕7 号
申报主体	科研院所、高校和企业等单位建设的研发平台。
激励政策	国家林业和草原局统筹相关资源给予工程研究中心相应支持，相关支持措施不包括财政奖励。各类林草科技推广项目均应当优先由工程研究中心承担。
主要要求	国家林业草原工程技术研究中心针对行业发展重大战略需求，组建高水平研发团队和科研转化平台，研发新技术、新工艺、新产品和新装备，推进技术系统集成示范，加快重大科技成果工程化和产业化，培养集聚高层次复合型人才，提供技术服务与咨询，扩大国际交流与合作。

引用项目文件

国家林业草原工程技术研究中心管理办法

第一章　总　　则

第一条　为加强国家林业草原工程技术研究中心（以下简称"工程研究中心"）建设与管理，提高自主创新能力，促进科技成果转移转化，特制定本办法。

第二条　工程研究中心是面向林业草原高质量发展重大战略需求，以提高自主创新能力、增强产业核心竞争力、促进产业转型升级为目标，以开展关键共性技术研发、科技成果工程化验证、成果转移转化及应用示范为任务，依托具有较强研发能力的科研院所、高校和企业等单位建设的研发平台。

第三条　工程研究中心是林业草原科技创新体系的重要组成部分。主要职责：针对行业发展重大战略需求，组建高水平研发团队和科研转化平台，研发新技术、新工艺、新产品和新装备，推进技术系统集成示范，加快重大科技成果工程化和产业化，培养集聚高层次复合型人才，提供技术服务与咨询，扩大国际交流与合作。

第四条　根据国家林业和草原局职能，按照学科领域和区域条件进行布局，综合考虑依托单位科研实力、自然条件以及作用功能，在森林、草原、湿地、荒漠和生物多样性保护等领域组建相应工程研究中心。

第五条　国家林业和草原局统筹相关资源给予工程研究中心相应支持，相关支持措施不包括财政奖励。各类林草科技推广项目均应当优先由工程研究中心承担。

第二章　机构与职责

第六条　国家林业和草原局是工程研究中心的业务主管部门，科学技术司负责具体管理工作。主要职责：制定相关政策，编制总体发展规划，确定建设方向，发布申报指南；组织评审认定，开展评估考核；协调行业科技资源，对工程研究中心建设给予必要支持。

第七条　省级林业和草原主管部门、森工（林业）集团公司、国家林业和草原局直属单位、相关高校是工程研究中心的归口管理单位。主要职责：负责所辖地区或者单位工程研究中心的组织申报，审核相关申报材料，组织评审遴选推荐；协调指导和监管日常运行，配合开展考核评估；给予所属工程研究中心创新政策、人才引进、条件能力、项目扶持等方面的优先支持。

第三章　申报与认定

第八条　归口管理单位根据申报指南要求组织开展申报工作，依托单位结合自身优势，按照要求编写《国家林业草原工程技术研究中心申请报告》。归口管理单位审查遴选后，推荐报送国家林业和草原局。所申报工程研究中心名称和方向应当与依托单位现有研发基础与主要任务相匹配。

第九条　依托单位应当具有独立法人资格；鼓励以企业为主体联合高校或者科研院所等单位申报；联合申报的牵头单位应当是本领域的优势单位，且是工程研究中心的第一责任主体；原则上不支持同质单位联合牵头申报。

第十条　依托单位应当具备以下条件：

（一）在相关技术领域具有较强科研实力，承担过国家、行业及省级重大科技项目，对促进技术创新及行业科技进步具有重要贡献，学术或者技术处于国内领先水平；

（二）具有技术水平高、工程化实践经验丰富的技术带头人，拥有一支具有较强研发能力或者技术集成能力的工程技术和管理人才队伍；

（三）具备以市场为导向，拥有承担技术研发和中试任务的工程化研究验证条件和能力，或者拥有将科技成果向规模生产转化的工程化研究验证环境和能力；

（四）具有良好的产学研结合基础，拥有与企业联合开展科技成果转移转化的经验和条件，能实现技术转移扩散和促进成果转化；

（五）拥有较强的科研资产和经济实力，有筹措资金的能力，能够提供工程研究中心组建和运行经费。

第十一条 工程研究中心认定条件：

（一）具有相对固定的工程技术转化场所和设施设备；

（二）拥有一定数量的具有自主知识产权和良好市场前景、处于国内领先水平的科技成果和专利，且有 1~2 项行业领先的工程化技术成果；

（三）有明确的组织机构，工程研究中心主任应当为依托单位在职人员，具备高级职称，具有较高的学术水平、创新意识以及丰富的管理经验，原则上应当为学科带头人；

（四）设立管理委员会和技术委员会，分别由 7~9 名和 11~15 名成员组成，管理委员会主任由归口管理单位和依托单位分管负责人担任，技术委员会主任由国内该领域学术权威担任；

（五）工程研究中心人员结构合理，专职固定人员不少于 20 人，其中专业技术人员不少于 90%，高级职称人员不少于 30%。

第十二条 认定批复程序：

（一）归口管理单位对所辖地区或者单位工程研究中心申报材料进行审核，提出推荐意见，将符合认定条件的工程研究中心报送国家林业和草原局；

（二）国家林业和草原局科学技术司组织专家组进行评审，专家组应当由具备相应专业正高级技术职称的专家或者具备丰富企业实践经验的管理人员和技术人员组成。评审重点包括工程研究中心建设的必要性、依托单位概况和建设条件、技术研发能力、主要目标任务和建设方案等；

（三）国家林业和草原局科学技术司根据现场核查及专家组评审意见，由司长办公会议研究，提出拟认定名单，经报局领导同意后，由国家林业和草原局发文批复认定；

（四）工程研究中心由国家林业和草原局统一命名和标识。

第四章　运行与管理

第十三条　工程研究中心实行管理委员会领导下的主任负责制和技术委员会咨询制。

管理委员会是工程研究中心的最高决策机构，由归口管理单位和依托单位的有关负责人和专家共同组成。工程研究中心主任对管理委员会负责，按工程研究中心管理章程主持全面工作，定期向管理委员会汇报工作。

技术委员会是工程研究中心的咨询机构，成员由依托单位聘任，负责为工程研究中心研究开发工作提供咨询，其成员可由科研院所、高校、企业、技术推广机构和依托单位的知名专家组成。

第十四条　管理委员会职责：审定制度章程和发展规划，决定组织机构设置和负责人选聘；监督和审查工程技术研发、成果转移转化、年度利润分配方案等重大决策；审批年度工作报告及年度预算等。

第十五条　工程研究中心主任职责：负责日常管理工作，保证工程研究中心正常运转；负责提出研究开发或者工程化规划，制定技术方案，确定每年开展的研究、开发或者工程化项目；负责内部人员组成和岗位聘任；负责工程研究中心人员年度考核、技能培训等工作；每年在工程研究中心工作时间不少于8个月。

第十六条　技术委员会职责：审议有关工程技术研究开发工作计划，开展项目可行性论证，评估工程设计与试验方案，提供技术、经济咨询和市场信息；每年应至少召开一次全体会议，形成会议纪要，到会人数不少于全体成员的三分之二。

第十七条　工程研究中心经认定后，须编制5年为一周期的发展规划，同时制定实施方案，并报归口管理单位审核备案。

第十八条　工程研究中心原则上不设立分中心等分支机构；确需设立分支机构的，需纳入工程研究中心发展规划；分支机构应当跨区域设置，且分支机构所依托单位应当具备不低于工程研究中心主体依托单位的认定条件。设立分支机构须经归口管理单位审核后，报国家林业和草原局认定。

第十九条　建立交流服务机制。工程研究中心应当积极开展国际国内学术交流、成果对接、技术培训、咨询服务、科学普及等科技服务活动，每年应当组织本领域内产学研交流活动1次以上，并报国家林业和草原局科学技术司备案。

第二十条　实行年度报告制度。工程研究中心应当填报年度总结绩效表经归口管理单位审核后，于次年 1 月底前报送国家林业和草原局科学技术司。

第二十一条　执行重大事项报告制度。涉及工程研究中心名称变更、分支机构设置与调整、主任任免等重大事项变化，应当经归口管理单位报送国家林业和草原局科学技术司备案。

第二十二条　工程研究中心归口管理单位和依托单位应当多渠道创造条件，保障经费投入和人才队伍建设。

第五章　考核与评估

第二十三条　工程研究中心实行动态调整的运行评价制度，3 年为 1 个评估周期，采取自查与抽查相结合方式评估，主要对工程研究中心 3 年整体运行状况进行综合评价。评价内容主要包括发展规划、条件能力、管理机制、产出贡献、组织保障。

第二十四条　对于评估优秀的工程研究中心，国家林业和草原局优先推荐申报国家工程研究中心。评估不合格的工程研究中心，令其整改，若整改 1 年后仍未达到要求的，则撤销其工程研究中心资格。

7. 国有林场设立和申报

<h2 style="text-align:center">项目要点</h2>

主管部门	国家林业和草原局
项目名称	国有林场设立和申报
参考文件	林场规〔2021〕6 号林场种苗司
申报主体	从事森林资源保护、培育、利用的具有独立法人资格的公益性事业、企业单位
激励政策	鼓励在重点生态功能区、生态脆弱地区、生态移民迁出区等设立国有林场。鼓励国有林场采取多种形式开展场外营造林，发挥国有林场在国土绿化中的带动作用。鼓励国有林场建设速生丰产、珍贵树种和大径级用材林，增加木材储备，发挥国有林场在维护国家木材安全中的骨干作用。鼓励国有林场和林木种苗融合发展，发挥国有林场生产和提供公益性种苗的主体作用。
主要要求	国有林场应当坚持生态优先、绿色发展，严格保护森林资源，大力培育森林资源，科学利用森林资源，切实维护国家生态安全和木材安全，不断满足人民日益增长的对良好生态环境和优质生态产品的需要。应当根据生态区位、资源禀赋、生态建设需要等因素，科学确定发展目标和任务，因地制宜、分类施策，积极创新经营管理体制，增强发展动力。

<h2 style="text-align:center">引用项目文件</h2>

<h1 style="text-align:center">国有林场管理办法</h1>

<h3 style="text-align:center">第一章　总　　则</h3>

第一条　为规范和加强国有林场管理，促进国有林场高质量发展，根据《中华人民共和国森林法》和有关法律法规、规章制度，制定本办法。

第二条　国有林场的建设和管理，适用本办法。

本办法所称国有林场是指依法设立的从事森林资源保护、培育、利用的具有独立法人资格的公益性事业、企业单位。

第三条　国有林场应当坚持生态优先、绿色发展，严格保护森林资源，大力培育森林资源，科学利用森林资源，切实维护国家生态安全和木材安全，不断满足人民日益增长的对良好生态环境和优质生态产品的需要。

第四条　国有林场应当根据生态区位、资源禀赋、生态建设需要等因素，科学确定发展目标和任务，因地制宜、分类施策，积极创新经营管理体制，增强发展动力。

第五条　县级以上林业主管部门按照管理权限，负责本行政区域内的国有林场管理工作。

跨地（市）、县（市、区）的国有林场，由所跨地区共同上一级林业主管部门负责管理。

第六条　国有林场依法取得的国有林地使用权和林地上的森林、林木使用权，任何组织和个人不得侵犯。

第七条　国有林场应当依法对经营管理范围内的森林等自然资源资产进行统一经营管理，主要职责包括：

（一）按照科学绿化的要求和山水林田湖草沙系统治理的理念，组织开展造林绿化和生态修复工作；

（二）按照严格保护和科学保护的要求，组织开展森林资源管护、森林防火和林业有害生物防治工作；

（三）按照科学利用和永续利用的原则，组织开展国家储备林建设、森林资源经营利用工作；

（四）组织开展科学研究、技术推广、试点示范、生态文化、科普宣传工作；

（五）法律、法规规定的其他职责。

第八条　国有林场应当在经营管理范围的边界设置界桩或者其他界线标识，任何单位和个人不得破坏或者擅自移动。

第二章　设立与管理

第九条　设立国有林场，除具备法律、法规规定设立法人的基本条件外，还应当具有一定规模、权属明确、"四至"清楚的林地。

新设立的国有林场，应当自成立之日起 30 日内，将批准设立的文件逐级上报到国家林业和草原局。

第十条　鼓励在重点生态功能区、生态脆弱地区、生态移民迁出区等设立国有林场。

第十一条　国有林场隶属关系应当保持长期稳定，不得擅自撤销、分立或者变更。

第十二条　国有林场应当建立健全森林资源保护、培育、利用和人、财、物等各项管理制度，提升经营管理水平。

第十三条　实行岗位管理制度。国有林场应当按照《关于国有林场岗位设置管理的指导意见》要求，科学合理设置管理、专业技术、林业技能、工勤技能等岗位，制定岗位工作职责和管理措施。

第十四条　实行财务管理制度。国有林场应当按照《国有林场（苗圃）财务制度》规定，制定财务管理办法，完善财务管理措施。

第十五条　实行职工绩效考核制度。国有林场应当按照《国有林场职工绩效考核办法》规定，因地制宜制定职工绩效考核具体办法。

鼓励国有林场建立职工绩效考核结果与薪酬分配挂钩制度，探索经营收入、社会服务收入在扣除成本和按规定提取各项基金后用于职工奖励的措施。

第十六条　实行档案管理制度。国有林场应当按照《国有林场档案管理办法》规定，完善综合管理类、森林资源类和森林经营类等档案材料，确保国有林场档案真实、完整、规范、安全。

第三章　森林资源保护与监管

第十七条　国有林场森林资源实行国家、省、市三级林业主管部门分级监管制度，对林地性质、森林面积、森林蓄积等进行重点监管。

第十八条　保持国有林场林地范围和用途长期稳定，严格控制林地转为非林地。

经批准占用国有林场林地的，应当按规定足额支付林地林木补偿费、安置补助费、植被恢复费和职工社会保障费用。

第十九条　国有林场应当合理设立管护站，配备必要的管护人员和管护设施设备，加强森林资源管护能力建设。

第二十条　国有林场应当认真履行森林防火职责，建立完善森林防火责任制度，制定防火预案，组织防扑火队伍，配备必要的防火设施设备，提高防火和早期火情处置能力。

第二十一条　国有林场应当根据国家林业有害生物防治的有关要求，配备必要的技术人员和设施设备，提高林业有害生物监测和防治能力。

第二十二条　国有林场应当严格保护经营管理范围内的野生动物和野生植

物。对国家或者地方立法保护的野生动植物应当采取必要的措施，保护其栖息地和生长环境。

第二十三条　符合法定条件的国有林场，可以受县级以上林业主管部门委托，在经营管理范围内开展行政执法活动。

县级以上林业主管部门可以根据需要协调当地公安机关在国有林场设立执法站点。

第四章　森林资源培育与经营

第二十四条　实行以森林经营方案为核心的国有林场森林经营管理制度，建立健全以森林经营方案为基础的内部决策管理和外部支持保障机制。国有林场应当编制森林经营方案，原则上由省级林业主管部门批准后实施。

第二十五条　国有林场应当按照采伐许可证和相关技术规程的规定进行林木采伐和更新造林。

第二十六条　国有林场应当采用良种良法，开展造林绿化，采取中幼林抚育、退化林修复、低质低效林改造等措施，提高森林资源质量。

第二十七条　鼓励国有林场采取多种形式开展场外营造林，发挥国有林场在国土绿化中的带动作用。

第二十八条　鼓励国有林场建设速生丰产、珍贵树种和大径级用材林，增加木材储备，发挥国有林场在维护国家木材安全中的骨干作用。

第二十九条　鼓励国有林场和林木种苗融合发展，发挥国有林场生产和提供公益性种苗的主体作用。

第三十条　国有林场可以合理利用经营管理的林地资源和森林景观资源，开展林下经济、森林旅游和自然教育等活动，引导支持社会资本与国有林场合作利用森林资源。

第三十一条　国有林场的森林资源资产未经批准不得转让、不得为其他单位和个人提供任何形式的担保。

第五章　保障措施

第三十二条　各级林业主管部门应当将国有林场的森林资源保护培育、基础设施、人才队伍建设和财政支持政策等纳入林长制实施内容，发挥林长制对巩固扩大国有林场改革成果、推动国有林场绿色发展的作用。

第三十三条　省级林业主管部门应当根据实际需要，编制国有林场中长期发展规划，推动制定国有林场地方性法规、规章，争取出台各类支持政策。

第三十四条 国有林场经营管理范围内的道路、供电、供水、通讯、管护用房等基础设施和配套服务设施等，应当纳入同级人民政府国民经济和社会发展规划。

第三十五条 鼓励金融保险机构开发适合国有林场特点的金融保险产品，筹集国有林场改革发展所需资金，提高国有林场抵御自然灾害能力。鼓励社会资本参与国有林场建设。

第三十六条 各级林业主管部门应当积极派遣业务骨干到国有林场任职、挂职。鼓励采取定向招生、定向培养、定向就业等方式补充国有林场专业技术人员。

第三十七条 各级林业主管部门应当加强对国有林场干部职工的教育培训，提升干部职工素质能力。

第三十八条 县级以上林业主管部门应当对在国有林场建设管理工作中作出突出成绩的国有林场或者职工给予表彰奖励，并提请县级以上人民政府按照有关规定给予表彰奖励。

8. 国家储备林建设管理办法 （试行）

项目要点

主管部门	国家林业和草原局、国家发展改革委等
项目名称	国家储备林建设
参考文件	林工规〔2023〕2 号
申报主体	省（自治区、直辖市）以及地方各级政府自然资源局或者林草局
激励政策	采用政府和社会资本合作（PPP）模式实施的国家储备林建设项目，已按照有关要求纳入全国 PPP 综合信息平台项目库的，无需另行组织专家论证。国家储备林建设可将对应计划任务的中央预算内投资作为项目资本金。国家储备林建设主体依法享有国家储备林建设相关林地的使用权、经营权和相关林木的所有权、经营权。国家储备林建设主体可依法依规对其所有的林木进行处置。
主要要求	国家储备林建设应在严格保护耕地等前提下，开展集约人工林栽培、现有林改培、中幼林抚育和相关配套活动，根据实际情况优先考虑集约人工林栽培，统筹发展中短周期工业原料林和长周期大径级用材林。不得在国家级公益林范围内开展国家储备林建设。

引用项目文件

国家储备林建设管理办法 （试行）

第一章 总 则

第一条 为规范国家储备林建设，保障木材安全，改善生态环境，根据《中华人民共和国森林法》《国务院办公厅关于鼓励和支持社会资本参与生态保护修复的意见》《国务院办公厅关于科学绿化的指导意见》等法律法规和相关规定，制定本办法。

第二条 纳入全国国家储备林规划或实施方案建设范围，依托专项投资或专项金融贷款等，并按照国家储备林建设相关政策和技术规定开展的营造林活动，以及配套的多种经营活动，适用本办法。

第三条 国家储备林建设应当坚持"统筹规划、突出重点，政府引导、市场运作，因地制宜、科学培育"的原则。

第四条　国家储备林建设应在严格保护耕地等前提下，开展集约人工林栽培、现有林改培、中幼林抚育和相关配套活动，根据实际情况优先考虑集约人工林栽培，统筹发展中短周期工业原料林和长周期大径级用材林。不得在国家级公益林范围内开展国家储备林建设。

第五条　国家林业和草原局负责全国国家储备林建设管理工作。地方各级林业和草原主管部门负责本行政区域国家储备林建设管理工作。各地林业和草原主管部门应商发展改革、财政等部门及金融机构建立联合工作机制，共同加强对国家储备林建设的管理。

第六条　国家储备林建设具体实施工作由相关建设主体负责。国家储备林建设主体是指承担国家储备林建设任务、具有独立法人资格的企事业单位或其他合作经济组织、林业专业户等。

第二章　规划与投资

第七条　全国国家储备林建设规划和实施方案由国家林业和草原局商国家发展改革委等部门编制。省级林业和草原主管部门结合实际工作情况，依据全国国家储备林建设规划和实施方案，编制本行政区域国家储备林建设规划或实施方案。

第八条　国家储备林建设主体依据省级国家储备林建设规划或实施方案，编制国家储备林项目建设方案，明确具体建设范围、内容、目标、任务、技术路线、投资及资金筹措、风险控制、环境影响评估、效益分析、保障措施等内容。科学确定国家储备林营造林活动和配套的多种经营活动的投资比例。

建设方案应按程序报省级林业和草原主管部门组织专家论证。其中，总投资额 20 亿元以上（含 20 亿元），以及在全国国家储备林规划和实施方案建设范围之外、但因国家重大战略等需要开展的国家储备林建设项目，建设方案经省级林业和草原主管部门预审后，报国家林业和草原局组织专家论证。建设方案未按程序组织专家论证的，不得纳入国家储备林建设范围。

采用政府和社会资本合作（PPP）模式实施的国家储备林建设项目，已按照有关要求纳入全国 PPP 综合信息平台项目库的，无需另行组织专家论证。

第九条　国家储备林建设中央预算内投资计划按相关规定申报和下达。国家储备林建设可将对应计划任务的中央预算内投资作为项目资本金。

第十条　利用金融贷款建设国家储备林的，国家储备林建设主体依照金融机构相关规定，办理项目贷款手续，并将贷款结果及时按程序报省级林业和草原主管部门，省级林业和草原主管部门及时将结果报国家林业和草原局。

第三章　组织实施

第十一条　国家储备林建设应按作业设计要求组织实施。国家储备林建设主体应委托有资质的设计单位编制作业设计。

第十二条　国家储备林建设树种应符合国家储备林树种目录要求，做到适地适树。推广使用良种、优良种源树种、乡土树种、珍稀树种和高效栽培技术。

第十三条　省级林业和草原主管部门应按照造林绿化落地上图技术规范等要求，组织地方林业和草原主管部门及国家储备林建设主体将国家储备林建设的集约人工林栽培地块、现有林改培地块全部落地上图，有条件的应积极做好中幼林抚育地块落地上图工作。

第十四条　国家储备林集约人工林栽培应遵照造林相关技术规程，坚持生态优先、环境友好的原则，采取集约经营措施开展。提倡营造混交林。

第十五条　国家储备林现有林改培应遵照国家储备林改培相关技术规程，对现有林中立地条件好，但未适地适树、目的树种不明确、生产潜力没有得到充分发挥的林分，采取林冠下造林、间伐改造、补植补造等措施开展。

第十六条　国家储备林中幼林抚育应遵照森林抚育相关规程，选择有培育前途、增产潜力较大的中幼龄林，采取间伐、修枝、施肥等措施开展。

第四章　监督管理

第十七条　省级林业和草原主管部门应按国家林业和草原局有关规定，每年组织对本行政区域国家储备林年度建设情况进行统计分析，并于次年3月底前将统计分析结果报国家林业和草原局。国家林业和草原局根据实际工作需要，适时对国家储备林建设情况组织开展评估。

第十八条　国家储备林统计分析和评估结果，作为中央预算内投资安排、储备林金融贷款项目审核、奖惩等工作的重要依据。统计分析和评估结果在一定范围内通报。

第十九条　各地林业和草原主管部门应联合金融机构及相关部门，加强对国家储备林建设项目的监管，及时准确掌握任务完成、建设成效及资金使用和管理情况等。

第二十条　对未按国家储备林建设相关规定和年度作业设计等要求实施的，责令整改；对违法违规套取、挪用资金等行为，依法依规处理，确保国家储备林建设健康发展。加强风险预警防控，避免发生金融风险。

第五章　保障措施

第二十一条　在不新增地方政府隐性债务的前提下，鼓励多元化投融资建设国家储备林。可结合国土绿化，按规定统筹使用各类支持资金，在人工造林、退化林修复、森林抚育等方面对国家储备林建设予以支持。鼓励和支持社会资本参与国家储备林建设。国家储备林贷款贴息、保险等按相关规定执行。

多元化投融资建设国家储备林项目，其建设方案和作业设计的编制、报批及项目监管等，参照金融贷款项目进行。

第二十二条　国家储备林建设主体依法享有国家储备林建设相关林地的使用权、经营权和相关林木的所有权、经营权。

第二十三条　国家储备林建设主体可依法依规对其所有的林木进行处置。

第二十四条　国家林业和草原局应通过建设和完善国家储备林项目库管理系统，规范国家储备林项目申报、论证、审核、统计等工作。

国家储备林建设主体应加强档案管理，及时按程序向省级林业和草原主管部门报送相关信息，省级林业和草原主管部门汇总审核后报国家林业和草原局。

第二十五条　各地林业和草原主管部门应加强国家储备林建设人才培养、科技支撑、宣传培训等工作，定期组织开展管理和技术人员培训，适时开展国家储备林建设与管理典型宣传，扩大社会影响。

第二十六条　各地林业和草原主管部门及国家储备林建设主体应加强国家储备林林区道路、防火设施、蓄水池、管护用房等基础设施支撑保障能力建设。

第二十七条　因不可抗力或重大政策调整，不能继续建设的国家储备林项目，由省级林业和草原主管部门组织确认，并抄报国家林业和草原局。

第二十八条　省级林业和草原主管部门应明确相应机构负责国家储备林建设管理工作。

9. 国家林下经济示范基地管理办法

项目要点

主管部门	国家林业和草原局
项目名称	国家林下经济示范基地
参考文件	林改规〔2023〕6 号
申报主体	省（自治区、直辖市）以及地方各级政府林草局
激励政策	对新疆、西藏和四省（青海、云南、甘肃、四川）涉藏州县、民族地区、边境地区、革命老区、国家乡村振兴重点帮扶县予以适当倾斜；对大学生、科技工作者、退役军人等返乡下乡人员及林草乡土专家建设的林下经济示范基地，予以适当倾斜。
主要要求	符合国家产业政策，依托森林、林地及其生态环境，遵循可持续经营原则，由企事业单位、专业合作组织、林（农）场等经营主体创建，规模适度、管理规范、绿色发展、特色鲜明、带动力强的林下经济基地。包括林下种植、林下养殖、相关产品采集加工、森林景观利用等类型。

引用项目文件

国家林下经济示范基地管理办法

第一章 总 则

第一条 为进一步规范国家林下经济示范基地管理工作，更好发挥示范作用，促进林下经济高质量发展，推进乡村振兴，根据《国务院办公厅关于加快林下经济发展的意见》（国办发〔2012〕42 号）和有关规定，制定本办法。

第二条 本办法适用于国家林下经济示范基地的创建、申报、评审、认定、评价与管理等工作。

第三条 国家林下经济示范基地是指经国家林业和草原局（以下简称"国家林业和草原局"）认定，符合国家产业政策，依托森林、林地及其生态环境，遵循可持续经营原则，由企事业单位、专业合作组织、林（农）场等经营主体创建，规模适度、管理规范、绿色发展、特色鲜明、带动力强的林下经济基地。包括林下种植、林下养殖、相关产品采集加工、森林景观利用等类型。

第四条 国家林下经济示范基地创建认定和评价管理工作遵循公开、公平、公正原则。坚持生态优先、合理利用，实行定期监测、动态管理。

第二章　创建与认定

第五条 国家林下经济示范基地采取创建评估的方式予以认定。林下经济基地经过创建培育后，依据林下经济示范基地条件进行评估。评估合格的，由国家林业和草原局认定为林下经济示范基地。

第六条 创建示范基地，应当以下列条件为目标要求：

（一）经营主体在申报前连续3年均正常生产经营，信誉良好，无重大安全生产事故、重大负面影响或者严重违规违法行为。已建立规范的组织、财务、物资管理和质量监管、收益分配等制度。

（二）普遍运用生态化培育、清洁化生产和资源循环利用模式，化肥、农药、饲料等投入品符合相关标准。未发生破坏森林资源、改变林地使用性质、造成水土流失、影响生物多样性、污染环境等情况。

（三）土地权属清晰，选址符合林地保护利用相关要求，具有生产经营方案或生产规划。发展规模、产品品种、生产方式与生态承载力相适应。具备较完善的基础设施和仓储物流、销售网络等配套设施。

（四）产品具有鲜明特色，具有一定品牌影响力。与科技支撑单位建立长期稳定的合作关系，建立了产品质量追溯和安全管理体系。

（五）具有较强的示范作用，与林农（林区职工）建立了紧密的利益联结机制，带动周边林农就业或从业100人以上，共享发展成果和增值收益。

（六）达到以下规模：

1. 林下种植类。集中连片面积达到500亩以上，近2年年均产值500万元以上。

2. 林下养殖类。集中连片面积达到300亩以上，近2年年均产值300万元以上。

3. 林下种养结合类。林下种植集中连片面积200亩以上，且林下养殖面积集中连片200亩以上，近2年年均产值400万元以上。

4. 产品采集加工类。采集区利用森林面积500亩以上，近2年年均产值300万元以上。

5. 森林景观利用类。集中连片面积达到1000亩以上，年接待人数达到与上述面积相适应的规模。

6. 具有重大模式创新、科技创新、机制创新等，经济效益明显，具备独特示范作用的基地，可适当放宽条件。

第七条 示范基地创建认定程序如下：

（一）创建启动。国家林业和草原局每 2 年组织开展一次创建认定工作，公开发布申报通知，明确创建认定要求。

（一）组织申报。符合本办法第六条各项要求的林下经济基地，由其创建主体自愿向基地所在县级林草主管部门提出申请并报送申报材料。县级、市级林草主管部门对申报材料真实性进行审核。经省级林草主管部门（含新疆生产建设兵团林草局，大兴安岭林业集团，内蒙古、吉林、长白山、龙江、伊春森工集团，下同）审核、汇总后报送国家林业和草原局。

申报材料包括：

1. 省级林草主管部门推荐文件；

2. 《国家林下经济示范基地申报表》；

3. 林下经济基地申报报告（包括基地简介、基地特色、基地经营情况、基地建设方案或规划等）；

4. 证明材料：包括基地分布图、林地权属关系证明材料、经营主体营业执照、与林农（林区职工）利益联结关系及带动证明材料，产品质量证明，征信证明，专利、成果证书，高新技术产品、原产地保护、食品认证等材料的复印件。

（三）创建培育。创建期内，创建主体应当履行培育和建设职责，创新林下经济生产模式，提升生产科技水平，提高林下经济产能，带动农民增收致富，统筹推进示范基地创建工作。

（四）评估认定。国家林业和草原局委托第三方机构并组织专家对省级林草主管部门推荐的创建基地开展评估。根据评估意见，综合考虑全国林下经济产业分布、区域特色产业发展、经济社会发展需求等因素，提出建议名单，按程序审定后，在国家林业和草原局官方网站予以公示。公示期为 7 个工作日，公示期满如无异议，由国家林业和草原局发文公布名单并授牌。

第八条 对新疆、西藏和四省（青海、云南、甘肃、四川）涉藏州县、民族地区、边境地区、革命老区、国家乡村振兴重点帮扶县予以适当倾斜；对大学生、科技工作者、退役军人等返乡下乡人员及林草乡土专家建设的林下经济示范基地，予以适当倾斜。

第三章　评价与管理

第九条　省级林草主管部门于每年4月底前报送上年度示范基地总体运行情况。国家林业和草原局每3年对示范基地进行一次全面评价。

第十条　全面评价采取书面材料与现场核实相结合的方式。具体程序为：

（一）基地自评。示范基地根据相关要求及时向林草主管部门提交自评估报告等相关材料。自评估报告内容包括：近3年示范基地建设运营情况，带动就业和林农（林区职工）增收情况，整体效益、存在问题与困难、政策建议等。

（二）省级审核。省级林草主管部门对上报材料进行审核，将全省国家林下经济示范基地建设运行总体情况、考核评价表和示范基地自评报告报送国家林业和草原局。

（三）现地核实。国家林业和草原局在审核书面材料的基础上，组织专家组开展随机抽查。

第十一条　考核评价结果分为优秀（100分—85分）、合格（84分—60分）、不合格（60分以下）3个等级。对评价结果为优秀的，国家林业和草原局将在典型宣传、产品推介、技术推广等方面予以支持。省级以下林草主管部门可通过建设补助、以奖代补、贷款贴息等方式予以支持。

第十二条　有下列情形之一的，取消其示范基地命名并摘牌：

（一）发生破坏森林和野生动植物资源案件、违法占用使用林地、经营主体列入失信名单等重大负面影响的；

（二）发生重大安全生产、产品质量、环保事故以及造成其他重大社会不良影响的；

（三）主营业务发生重大改变，或长期经营管理不善，失去示范作用的；

（四）考核评价不合格的；

（五）不按时提交年度信息数据和自评估报告，自评估报告弄虚作假的；

（六）其他严重违规违法行为。

第十三条　对被取消命名的示范基地，国家林业和草原局在官方网站进行公示公告，3年内不再受理其申报。

10. 矿山地质环境恢复治理专项资金管理办法

项目要点

主管部门	财政部、自然资源部
项目名称	矿山地质环境恢复治理专项资金
参考文件	财建〔2013〕80号
申报主体	省（自治区、直辖市）以及地方各级政府自然资源局或者林草局
激励政策	对国有矿山在计划经济时期形成的或责任人已经灭失的、因矿山开采活动造成矿山地质环境破坏的恢复和治理。鼓励采矿过程中，因挖损、塌陷、压占和污染等造成破坏的土地采取整治措施，使其恢复到可供利用状态发生的支出。支出范围主要包括回填、推覆平整及铺垫表土，污染土壤修复、输排水、废石覆盖和修建道路等。
主要要求	实施方案应明确项目总体目标和建设任务、年度目标和建设任务，以及项目总投入和年度资金投入。目标任务应当可量化、可考核，资金投入应包括自筹资金和财政补助资金。

引用项目文件

矿山地质环境恢复治理专项资金管理办法

第一章　总　　则

第一条　为了规范矿山地质环境恢复治理专项资金管理，提高资金使用效益，根据《中华人民共和国预算法》、《财政部国土资源部关于将矿产资源专项收入统筹安排使用的通知》（财建〔2010〕925号）等有关规定制定本办法。

第二条　本办法适用于中央财政通过中央分成的矿产资源专项收入安排的矿山地质环境恢复治理专项资金（以下简称专项资金）的使用管理。

第三条　本办法所称的矿山地质环境恢复治理是指对国有矿山在计划经济时期形成的或责任人已经灭失的、因矿山开采活动造成矿山地质环境破坏的恢复和治理。

第四条　专项资金重点支持可以充分挖掘低效、废弃工矿用地潜力，能够同时体现环境效益、社会效益和经济效益的矿山地质环境恢复治理项目。

第五条　专项资金实行专款专用，任何单位和个人不得截留、挤占、坐支和挪用。

第二章　支出范围

第六条　专项资金用于矿山地质环境恢复治理工程支出及其他相关支出。工程支出包括矿山地质灾害治理、地形地貌景观破坏治理、矿区地下含水层破坏治理和矿区土地复垦等。

第七条　矿山地质灾害治理支出，是指采取工程或技术手段对采矿活动引发的地质灾害实施治理发生的支出。支出范围主要包括矿区的采空区塌陷治理、地裂缝治理、泥石流治理、滑坡及崩塌治理等。

第八条　地形地貌景观治理支出，是指对因采矿活动造成的土地毁坏、山体破损、岩石裸露、植被破坏和废（渣）石堆放等问题治理发生的支出。支出范围主要包括削坡、修建台阶、护坡、修建挡土墙、防渗、排水、加固、挖填和植被恢复等。

第九条　矿区地下含水层破坏治理支出，是指对矿区地下含水层破坏进行综合治理发生的支出。支出范围主要包括回填采空区、矿坑水处理、覆盖密封、帷幕注浆隔水、灌浆堵漏、防渗、回灌、修补含水层、供水和排水等治理工程。

第十条　矿区土地复垦支出，是指对采矿过程中，因挖损、塌陷、压占和污染等造成破坏的土地，采取整治措施，使其恢复到可供利用状态发生的支出。支出范围主要包括回填、推覆平整及铺垫表土，污染土壤修复、输排水、废石覆盖和修建道路等。

第十一条　其他相关支出，是指与项目实施相关的勘察规划设计费、工程监理费、竣工验收费，以及其他经财政部、国土资源部批准的支出。

第十二条　专项资金不得用于下列支出：

（一）对外投资，赞助和捐赠支出，支付滞纳金、罚款、违约金、赔偿金。

（二）购置与项目实施无关的设备、装备等固定资产；修建与项目实施无关的房屋、道路、通信、电力等基础设施。

（三）人员工资、津贴补贴及奖金和公务车辆支出。

（四）其他与项目无关的支出。

第三章 预算管理

第十三条 国土资源部会同财政部依据《全国矿产资源规划》、《全国矿山地质环境保护与治理规划》和各地实际情况确定支持重点。

第十四条 省级国土资源主管部门、财政部门依据国土资源部、财政部确定的支持重点，确定具体项目并组织编制项目实施方案。

实施方案应明确项目总体目标和建设任务、年度目标和建设任务，以及项目总投入和年度资金投入。目标任务应当可量化、可考核，资金投入应包括自筹资金和财政补助资金。

第十五条 国土资源部会同财政部组织专家对项目实施方案进行审查论证，一次性核定项目总投资和各年度投资，并核定总目标和各年度目标。对于实施方案通过审查论证的项目，将根据财力可能一次性确定总补助资金和各年度补助资金，并按项目进展情况下达补助资金。

第十六条 项目资金预算一经下达，原则上不做调整。因项目施工量变化需调整预算的，由省级财政、国土资源主管部门批准，调增预算由地方财政自行解决；涉及到项目地点、施工期限变更的，由省级国土资源主管部门和财政部门审核后报国土资源部、财政部批准。

第十七条 专项资金拨付按照财政国库管理制度的有关规定执行。

第十八条 项目工作经费由国土资源主管部门按照预算管理程序向同级财政部门申请列入部门预算安排。

第四章 财务管理

第十九条 专项资金实行专账管理、单独核算。

项目承担单位要按照国家有关财务会计制度做好专项资金的核算工作，及时办理年度资金结算和竣工财务决算。竣工财务决算由省级财政部门批复。省级财政、国土资源主管部门要组织做好项目决算审计、验收等工作。

第二十条 项目实施形成的各类景观和设施，待项目竣工验收后，由项目所在地县级以上人民政府确定的管护责任单位管理。

第五章 监督检查

第二十一条 财政部、国土资源部每年将根据经论证的实施方案对项目建设情况进行考核。

对考核合格的项目，财政部、国土资源部将按计划给予持续支持；对考核不合格的项目，财政部、国土资源部将暂停下一年度预算安排，要求其限期整改，经整改仍不符合要求的，取消支持并收回已拨付资金。

第二十二条 省级财政、国土资源主管部门要落实项目资金的监管责任，确保专款专用，督促项目承担单位加快预算执行进度，提高专项资金使用效益，重大事项要及时向财政部和国土资源部报告。

第二十三条 项目承担单位要严格按照批准下达的预算，合理安排使用资金，不得扩大支出范围，不得用于本办法规定支出范围以外的其他支出，自觉接受财政、审计、监察等部门的监督检查。

第二十四条 对违反规定，截留、挤占、挪用等违规使用项目资金的，依照《财政违法行为处罚处分条例》及有关法律法规予以处理。涉嫌犯罪的，移送司法机关处理。

11. 中央海洋生态保护修复专项资金管理办法

项目要点

主管部门	财政部、自然资源部、生态环境部
项目名称	中央海洋生态保护修复专项资金
参考文件	财资环〔2020〕76 号
申报主体	省（自治区、直辖市）以及地方各级政府自然资源局或者林草局
激励政策	用于支持对生态安全具有重要保障作用、生态受益范围较广的重点区域海洋生态保护修复的共同财政事权转移支付资金。项目金额一般在 4 亿元左右。
主要要求	坚持统筹兼顾，整体施策，鼓励各地从系统工程和全局角度，全方位、全海域、全过程开展海洋生态保护和修复治理。注重实现海洋生态产品的综合价值，推动提高优质海洋生态产品的供给能力。各省（自治区、直辖市，以下统称省）财政部门和业务主管部门负责组织项目实施方案的编制和审核，对项目内容的真实性、准确性负责，承担项目实施方案变更批复和项目竣工验收工作；按照本办法要求，按时向财政部和业务主管部门报送上一年度保护修复资金项目执行情况、绩效目标完成情况等。

引用项目文件

海洋生态保护修复资金管理办法

第一条 为了加强和规范海洋生态保护修复资金管理，提高资金使用效益，加强海洋生态保护修复，改善海洋生态环境质量，促进海洋生态文明建设，根据《中华人民共和国预算法》、《中华人民共和国海域使用管理法》、《中华人民共和国海岛保护法》、《自然资源领域中央与地方财政事权和支出责任划分改革方案》、《中央对地方专项转移支付管理办法》等，制定本办法。

第二条 本办法所称海洋生态保护修复资金（以下简称保护修复资金）是指中央财政通过一般公共预算安排的，用于支持对生态安全具有重要保障作用、生态受益范围较广的重点区域海洋生态保护修复的共同财政事权转移支付资金。

第三条 保护修复资金的管理和使用应当遵循以下原则：

（一）坚决贯彻党中央、国务院决策部署，突出支持重点。

（二）符合国家宏观经济政策和涉海规划，遵循节约优先、保护优先、自然恢复为主方针。

（三）按照编制财政中期规划的要求，统筹考虑有关工作总体预算安排。

（四）坚持统筹兼顾，整体施策，鼓励各地从系统工程和全局角度，全方位、全海域、全过程开展海洋生态保护和修复治理。注重实现海洋生态产品的综合价值，推动提高优质海洋生态产品的供给能力。

（五）坚持公开、公平、公正，主动接受社会监督。

（六）实施全过程预算绩效管理，强化资金监管，充分发挥资金效益。

第四条 本办法实施期满后根据法律、行政法规和国务院有关规定及海洋生态保护修复形势的需要，评估确定是否继续实施和延续期限。

第五条 保护修复资金由财政部会同业务主管部门管理。

财政部负责确定保护修复资金支持重点、分配原则；审核保护修复资金分配建议方案，编制保护修复资金预算草案并下达预算，组织实施全过程预算绩效管理，加强资金监管，指导地方预算管理等工作。

业务主管部门负责组织研究提出海洋生态保护修复项目重点支持方向和工作任务，提出保护修复资金总体绩效目标及资金分配建议方案，开展日常监管、综合成效评估和技术标准制定等工作，开展保护修复资金全过程预算绩效管理，指导地方做好项目管理工作等。

各省（自治区、直辖市，以下统称省）财政部门和业务主管部门负责组织项目实施方案的编制和审核，对项目内容的真实性、准确性负责，承担项目实施方案变更批复和项目竣工验收工作；按照本办法要求，按时向财政部和业务主管部门报送上一年度保护修复资金项目执行情况、绩效目标完成情况等。

第六条 保护修复资金重点支持党中央、国务院关于打好污染防治攻坚战和海洋生态保护修复的有关决策部署、《海岸带保护修复工程工作方案》等海洋生态保护修复规划确定的工作任务。支持范围具体包括：

（一）海洋生态保护和修复治理。对重点区域海域、海岛、海岸带等生态系统进行保护和修复治理，提升海岛海域岸线的生态功能和减灾功能。

（二）入海污染物治理。支持因提高入海污染物排放标准的直排海污染源治理以及海岛海域污水垃圾等污染物治理。

（三）能力建设。支持海域、海岛监视监管系统，海洋观测、生态预警监测建设，开展海洋防灾减灾、海洋调查等。

（四）海洋生态补偿。支持地方开展海洋生态保护补偿。

（五）根据党中央、国务院决策部署需要统筹安排的其他支出。

第七条　下列项目不得申报保护修复资金：

（一）生态受益范围地域性较强、属于地方财政事权或有明确修复责任主体的项目。

（二）不符合自然保护地、生态保护红线、用海、用岛、岸线等国家管控要求的项目。

（三）涉及围填海历史遗留问题或督查整改未到位的项目。

（四）涉及审计、督查发现问题未有效整改的项目。

（五）已从中央基建投资等其他渠道获得中央财政资金支持的项目。

（六）海洋生态修复效果存在较大不确定性，工程措施对生态系统造成新的破坏可能性较大，工程技术不完善等条件不成熟的项目。

第八条　保护修复资金采用项目法和因素法相结合的办法分配。

第九条　保护修复资金采用项目法分配的，由财政部会同有关部门通过竞争性评审方式公开择优确定具体项目。财政部会同有关部门在项目评审前发布申报指南，明确项目申报范围、要求等具体事项。向地级市安排保护修复奖补资金不超过 3 亿元，向计划单列市和省会城市安排保护修复奖补资金不超过 4 亿元，具体根据项目实施方案总投资金额等确定。

项目所在城市政府或其有关部门负责编制项目实施方案，明确绩效目标、实施任务、保障机制以及分年度资金预算等，并按照项目申报要求提出申请。

第十条　保护修复资金采用因素法分配的，由财政部会同有关部门根据党中央、国务院决策部署，结合各省海洋生态保护修复形势、财力状况等，选取海洋生态保护修复工作任务量、自然情况、保护修复工作成效和项目准备情况作为分配因素，具体分配权重为 50%、20%、20%、10%，并根据各省财政困难程度、预算执行率、绩效评价结果等进行调整。第十一条　采用项目法支持的项目，在实施过程中因实施环境和条件发生重大变化，确有必要调整实施方案的，应当坚持绩效目标不降低原则，由省级财政部门会同业务主管部门批准同意后，报财政部和业务主管部门备案。

各地相关部门和项目实施单位要严格按照中央对地方转移支付管理有关要求，加强项目管理，加快项目执行，严格资金监管，确保专款专用，提高保护修复资金使用效益。

第十一条　财政部会同有关部门负责组织对保护修复资金实施预算绩效管理，组织开展绩效自评和重点绩效评价，加强绩效评价结果反馈应用，并建立保护修复资金考核奖惩机制。将对各地保护修复资金使用和方案执行情况考核结果和绩效评价结果作为调整完善政策及资金预算的重要依据。

绩效评价包括对决策、管理、产出、效益、满意度等指标的考核。具体内容包括：决策情况、相关制度建设及执行情况、保护修复资金到位使用及项目实施进展情况，以及实现的产出、取得的经济社会效益等绩效目标完成情况等。

第十二条　地方各级财政部门和业务主管部门应当加强保护修复资金的绩效评价，并选择部分重点项目开展绩效评价，加强对具体项目及保护修复资金使用情况的动态监督，强化绩效运行监控，压实项目单位和地方主体责任。发现资金违规使用、项目实施方案变更等重大问题的，应当按照程序及时报告财政部和业务主管部门。

第十三条　保护修复资金使用管理相关信息应当按照预算公开有关要求执行。

第十四条　财政部各地监管局按照规定开展保护修复资金监管工作。

第十五条　任何单位和个人不得截留、挤占和挪用保护修复资金。各级财政部门和业务主管部门及其工作人员存在违反本办法规定行为的，以及其他滥用职权、玩忽职守、徇私舞弊等违纪违法行为的，按照《中华人民共和国预算法》及其实施条例、《中华人民共和国监察法》、《财政违法行为处罚处分条例》等有关规定追究相应责任。构成犯罪的，依法追究刑事责任。

第十六条　各级财政部门应加快预算执行，提高资金使用效益。切实加强结转结余资金管理，对存在大量结转结余资金的，要充分分析原因、调整分配机制。

第十七条　本办法未明确的其他事宜，包括预算下达、资金拨付、使用、结转结余资金处理等，按照预算管理有关规定执行。

第十八条　沿海地区各省级财政部门结合本地区实际情况，根据本办法制定保护修复资金使用管理实施细则，并报财政部备案。

12. 历史遗留废弃矿山生态修复示范工程专项资金工作要求

项目要点

主管部门	财政部、自然资源部
项目名称	历史遗留废弃矿山生态修复示范工程专项资金
参考文件	财办资环〔2023〕43 号
申报主体	省（自治区、直辖市）以及地方各级政府自然资源局或者林草局
激励政策	每个省申报项目不超过 2 个，每个项目总投资不低于 5 亿元，实施期限为 3 年。
主要要求	支持对生态安全具有重要保障作用、生态受益范围较广、属于共同财政事权的重点区域历史遗留废弃矿山生态修复治理；以"三区四带"重点生态地区为核心，聚焦生态区位重要、生态问题突出、严重影响人居环境的历史遗留废弃矿山，重点遴选相对集中连片、修复理念先进、工作基础好、典型代表性强、具有复制推广价值的项目，开展历史遗留废弃矿山生态修复示范，突出对国家重大战略的生态支撑，着力提升生态系统多样性、稳定性、持续性。中央财政资金不得安排用于以下方面支出：不符合自然保护地、生态保护红线、耕地保护红线等国家管控要求的项目；有明确修复责任主体的项目；已有中央财政资金支持的项目；公园、广场、雕塑等旅游设施，以及"盆景"工程等景观工程建设；涉及审计、督察发现问题未有效整改的项目。

引用项目文件

历史遗留废弃矿山生态修复
示范工程专项资金工作要求

（一）高度重视，落实主体责任。各省要高度重视，落实项目主体责任，认真组织项目申报，建立统筹协调机制，科学编制实施方案（达到可行性研究深度），明确工程绩效目标，合理测算项目经费，整合资金投入，充分发挥财政资金撬动引导作用，构建多元化投入机制，做好项目立项、组织实施和竣工验收等工作，建立健全长效管护机制，确保项目实施取得实效。

（二）严格审核，确保项目质量。省级有关部门要按照职责分工，组织对项目建设的必要性、实施条件、布局、建设内容、技术路线、资金估算等进行认真审核，严格把关，对审核结果和申报材料的真实性、合规性、准确性负责，确保项目不包含负面清单内容，符合耕地和永久基本农田保护红线、生态保护红线等国家管控要求，涉及有国家管控要求的事项，应按规定提供相关批复文件、协议书或当地政府承诺函等证明材料。要充分考虑财力可能，避免形成地方政府隐性债务。

（三）夯实项目实施基础，提高项目成熟度。各省应做好项目前期准备工作，及时做好经费预算审核、招投标等前期工作，涉及用地（林、草）、需要开展环境影响评价的，要按规定完成有关手续，确保 2024 年 9 月底前具备开工条件。评审后未纳入中央财政支持范围的项目可提前开展项目前期准备工作，不断提高项目成熟度，以后年度可优先申报，确保预算一旦下达就能实际执行。项目成熟度将作为项目选拔和预算安排的重要参考因素。

（四）注重实效，全面推进绩效管理。省级财政、自然资源主管部门要将绩效理念和方法深度融入项目申报、实施全过程，按职责分工细化、完善绩效目标，各项目单位要按要求填报项目绩效目标申报表，确保绩效目标编报质量。各省要切实加强项目执行，每年对实施情况开展绩效自评，财政部、自然资源部将组织开展绩效评价，并将绩效评价结果作为预算安排的重要依据，切实提高财政资金使用效益。

13. 天然林资源保护工程财政专项资金管理办法

项目要点

主管部门	财政部 国家林业和草原局
项目名称	天然林资源保护工程财政专项资金
参考文件	财农〔2011〕138 号
申报主体	省（自治区、直辖市）以及地方各级政府自然资源局或者林草局
激励政策	给予森林管护费、中央财政森林生态效益补偿基金、森林抚育补助费、社会保险补助费和政策性社会性支出补助费。
主要要求	主要用于天保工程的专项资金，包括森林管护费、中央财政森林生态效益补偿基金、森林抚育补助费、社会保险补助费、政策性社会性支出补助费。天保资金实行专款专用。任何部门和单位不得截留、挤占、挪用、强行划转或抵扣各种债务和税金等。

引用项目文件

天然林资源保护工程财政专项资金管理办法

第一章　总　　则

第一条　为加强天然林资源保护工程（以下简称天保工程）财政专项资金管理，提高天保工程财政专项资金（以下简称天保资金）使用效益，保障天保工程顺利实施，根据《中华人民共和国预算法》，国务院批准的《长江上游、黄河上中游地区天然林资源保护工程二期实施方案》和《东北、内蒙古等重点国有林区天然林资源保护工程二期实施方案》（以下简称《实施方案》）和有关法律、法规，制定本办法。

第二条　天保资金是指中央财政根据《实施方案》的要求，安排用于天保工程的专项资金，包括森林管护费、中央财政森林生态效益补偿基金、森林抚育补助费、社会保险补助费、政策性社会性支出补助费。

第三条　本办法适用于各级财政、林业主管部门以及《实施方案》确定的天然林资源保护工程实施单位（以下简称实施单位）。

第二章　预算管理

第四条　按照《财政部关于提前通知转移支付指标有关问题的通知》（财预〔2010〕409号），财政部于每年9月30日前，将下一年度天保资金中的森林管护费、社会保险补助费和政策性社会性支出补助费等指标提前通知各省（含自治区、直辖市，下同）财政部门。省、市、县级财政部门要将提前通知的指标，层层落实到实施单位，并全额编入下一年度预算。

国家林业局直属大兴安岭林业集团公司和新疆生产建设兵团的天保资金，按照部门预算管理程序和要求分别编入国家林业局部门预算和兵团预算。

第五条　省级财政部门可按照有利于统筹安排的原则，在森林管护费、社会保险补助费、政策性社会性支出补助费之间进行适当调整。省级财政部门会同省级林业部门将经省级人民政府批准的调整方案，抄报财政部和国家林业局。

第六条　天保资金实行专款专用。任何部门和单位不得截留、挤占、挪用、强行划转或抵扣各种债务和税金等。

第七条　天保资金支付按照财政国库管理制度有关规定执行。属于政府采购范围的，应当执行政府采购有关规定。

第八条　各级财政、林业主管部门和实施单位要建立健全天保资金管理制度，严格实行预决算制度。

第九条　省级财政部门会同省级林业主管部门于每年4月30日以前向财政部和国家林业局报送上年度天保资金总结报告。总结报告内容主要包括上年度天保工程进展情况，天保资金使用和管理情况，地方财政投入和国有森工企业、国有林场改革情况。

大兴安岭林业集团公司的天保资金总结报告由国家林业局于每年4月30日以前报送财政部。

新疆生产建设兵团的天保资金总结报告由新疆生产建设兵团财务局于每年4月30日以前报送财政部和国家林业局。

第三章　森林管护费

第十条　森林管护费包括国有林管护费，集体和个人所有的地方公益林管护费补助。

第十一条　国有林管护费是指专项用于管护国有森林资源所发生的各项经费支出，主要包括森林管护的人员经费、公用经费、相关设施建设维护和设备购置费等。国有林管护费重点保障森林管护人员的工资性支出。国有林管护费标准为每亩每年 5 元。

第十二条　集体和个人所有的地方公益林管护费补助是指用于集体和个人管护地方公益林的补助支出。集体和个人所有的地方公益林管护费补助标准为每亩每年 3 元。

第四章　中央财政森林生态效益补偿基金

第十三条　中央财政森林生态效益补偿基金是指中央财政对天保工程区内集体和个人所有的国家级公益林安排的森林生态效益补偿基金。中央财政森林生态效益补偿基金的标准为每亩每年 10 元。

第十四条　中央财政森林生态效益补偿基金的申请、使用、管理等有关要求按照《财政部 国家林业局关于印发〈中央财政森林生态效益补偿基金管理办法〉的通知》（财农〔2009〕381 号）相关规定执行。

第五章　森林抚育补助费

第十五条　森林抚育补助费是指专项用于国有中幼林抚育所发生的各项经费支出。森林抚育补助费标准为每亩 120 元。

第十六条　森林抚育补助费的申请、使用、管理等有关要求，按照《财政部 国家林业局关于印发〈森林抚育补贴试点资金管理暂行办法〉的通知》（财农〔2010〕546 号）相关规定执行。

第六章　社会保险补助费

第十七条　社会保险补助费是指专项用于补助实施单位基本养老、基本医疗、失业、工伤和生育等五项社会保险的缴费支出。

第十八条　社会保险补助费，以各省 2008 年社会平均工资的 80% 作为社会保险年缴费工资总额，补助比例合计为缴费工资总额的 30%。其中：基本养老保险补助比例 20%、基本医疗保险补助比例 6%、失业保险补助比例 2%、工伤保险补助比例 1% 和生育保险补助比例 1%。

第十九条　实施单位应按照《社会保险费征缴暂行条例》（国务院令第259 号）的规定按时足额向社会保险经办机构缴纳社会保险费。

第七章　政策性社会性支出补助费

第二十条　政策性社会性支出补助费是指专项用于各级实施单位承担的政策性社会性支出补助，包括教育经费、医疗卫生经费、公检法司经费、政府经费、社会公益事业经费、改革奖励资金。

第二十一条　教育经费是指实施单位承担的基础教育学校、中等职业技术学校及教育管理部门的经费支出。教育经费的标准为人年均补助 30000 元。

第二十二条　医疗卫生经费是指实施单位承担的医院、防疫站、卫生所及医疗卫生管理部门的经费支出。医疗卫生经费的标准为：长江上游、黄河上中游地区人年均补助 15000 元，东北、内蒙古等重点国有林区人年均补助 10000 元。

第二十三条　公检法司经费是指实施单位承担的公安局、检察院、法院、司法局、安全局的经费支出。公检法司经费的标准为人年均补助 12000 元，大兴安岭林业集团公司人年均补助 15000 元。

第二十四条　政府经费：是指各级政企合一实施单位承担的政府事务类经费支出。政府经费的标准为人年均补助 30000 元。

第二十五条　社会公益事业经费：是指各级实施单位承担的消防、环卫、街道、广播电视、供水、供热等社会公益事业单位的经费支出，主要保障人员经费支出。

第二十六条　改革奖励资金：是指对有关省剥离实施单位办教育、医疗卫生职能给予的延续补助资金，以及支持国有森工企业管理体制改革措施得力、取得显著成效给予的奖励资金。

第二十七条　天保工程实施过程中，实施单位政策性社会性职能移交地方政府管理、公检法司经费纳入地方财政预算管理的相关补助资金，以及改革奖励资金，重点用于补充地方政府接受剥离机构和人员的经费等巩固改革成果支出，具体用途由省级财政部门商省级林业主管部门研究确定。

第八章　固定资产管理

第二十八条　实施单位用天保资金购置固定资产需报同级财政部门审批，所购固定资产不计提折旧。

第二十九条　实施单位要加强对天保资金购置的固定资产管理，建立固定资产账簿和卡片，定期进行核对，保证账卡、账实相符。建立健全固定资产领用、保管、保养、管理制度，并定期对固定资产进行盘点清查。

第九章　监督检查

第三十条　各级财政部门和林业主管部门要对天保资金的管理使用情况进行监督检查，发现问题及时纠正。对违反本办法规定以及截留、挤占、挪用或造成资金损失的行为，按照《财政违法行为处罚处分条例》（国务院令第427号）等有关法律法规进行处理处罚。

第三十一条　实施单位要建立健全天保资金内部财务管理制度，加强资金管理。

14. 土壤污染防治专项资金管理办法

项目要点

主管部门	财政部
项目名称	土壤污染防治专项资金
参考文件	财资环〔2020〕10号
申报主体	省（自治区、直辖市）以及地方各级政府自然资源局或者林草局
激励政策	由中央一般公共预算安排的，专门用于开展土壤环境风险管控、土壤污染综合防治等促进土壤生态环境质量改善的资金。
主要要求	坚决贯彻党中央、国务院决策部署，突出支持重点。符合国家宏观政策和生态环境保护相关规划，按照编制中期财政规划的要求，统筹考虑有关工作总体预算安排。坚持预防为主、保护优先，因地制宜、分类施策的原则。坚持公开、公平、公正，主动接受社会监督。实施全过程预算绩效管理，强化资金监管，充分发挥资金效益。防治资金安排时统筹考虑相关地区重点领域重点任务完成情况及土壤风险管控成效，突出对资金使用绩效和生态环境改善情况较好地区的激励。

引用项目文件

土壤污染防治专项资金管理办法

第一条　为了规范和加强土壤污染防治专项资金管理，提高财政资金使用效益，根据《中华人民共和国预算法》《中华人民共和国土壤污染防治法》、《中共中央国务院关于全面实施预算绩效管理的意见》《中央对地方专项转移支付管理办法》等规定，制定本办法。

第二条　本办法所称土壤污染防治专项资金（以下称防治资金）是指由中央一般公共预算安排的，专门用于开展土壤环境风险管控、土壤污染综合防治等促进土壤生态环境质量改善的资金。

第三条　防治资金的管理和使用应当符合以下原则和要求：

（一）坚决贯彻党中央、国务院决策部署，突出支持重点。

（二）符合国家宏观政策和生态环境保护相关规划，按照编制中期财政规划的要求，统筹考虑有关工作总体预算安排。

（三）坚持预防为主、保护优先，因地制宜、分类施策的原则。

（四）坚持公开、公平、公正，主动接受社会监督。

（五）实施全过程预算绩效管理，强化资金监管，充分发挥资金效益。

（六）坚持结果导向。防治资金安排时统筹考虑相关地区重点领域重点任务完成情况及土壤风险管控成效，突出对资金使用绩效和生态环境改善情况较好地区的激励。

第四条 防治资金实施期满后根据法律、行政法规和国务院有关规定及土壤污染防治工作形势的需要评估确定是否继续实施和延续期限。

第五条 防治资金重点支持范围包括：

（一）土壤污染状况监测、评估、调查；

（二）土壤污染源头防控；

（三）土壤污染风险管控；

（四）土壤污染修复治理；

（五）土壤环境监管能力提升；

（六）土壤污染防治先进技术推广；

（七）土壤污染防治管理改革创新；

（八）应对突发事件所需的土壤污染防治支出，及其他与土壤环境质量改善密切相关的支出。

支持开展土壤修复治理的项目应当充分考虑技术可行性和经济性，避免不计成本、不顾技术可行性盲目推进大治理大修复。

通过调整种植结构等方式进行农用地污染防治的相关涉农补贴事项不纳入防治资金支持范围。

第六条 不再符合法律、行政法规等有关规定，政策到期或者调整，相关目标已经实现或者实施成效差、绩效低的项目，应当及时按照程序退出。

第七条 已从中央基建投资等其他渠道获得中央财政资金支持的项目，不得纳入防治资金支持范围。

第八条 财政部负责确定防治资金年度支持重点、分配原则和标准，审核防治资金分配建议方案，编制防治资金预算草案并下达预算，组织实施全过程预算绩效管理，指导地方预算管理等工作。

生态环境部负责组织实施土壤污染防治工作，研究提出工作任务和重点及资金分配建议方案，组织开展土壤污染防治项目储备，核准地方年度土壤污染防治专项资金支持项目清单，开展日常监管和评估，推动开展防治资金全过程预算绩效管理。

第九条 生态环境部根据土壤污染防治工作需要以及相关因素、权重以及上一年度绩效情况等，向财政部提出年度防治资金安排建议。

财政部根据生态环境部等提出的分配建议，审核确定有关省、自治区、直辖市（以下称省）资金安排数额，并依法下达防治资金预算。

生态环境部根据财政部确定的各省资金预算，组织各省将资金落实到具体项目，在资金预算文件下达 30 天内下达项目清单，并抄送有关监管局。各省应积极做好项目储备库建设，改变"钱等项目"的状况，尽快形成实物工作量，提高预算资金执行进度和使用效率。

第十条 防治资金采取因素法分配。财政部会同生态环境部根据党中央、国务院决策部署，将各省土壤污染风险防控工作任务量、修复治理任务量、管理改革创新和项目储备情况作为分配因素，具体分配权重为 50%、20%、20%、10%，并将预算执行率、绩效评价结果作为重要参考依据，体现结果导向。因素和权重确需调整的，应当按照程序报批后实施。

本条第一款所称的土壤污染防治管理改革创新是指地方为做好土壤污染防治工作而开展的改革创新和先进做法，如设立土壤污染防治基金等。

第十一条 财政部、生态环境部负责组织实施和推动开展防治资金全过程预算绩效管理，包括加强绩效目标审核，下达预算时需将整体绩效目标一同下达地方，做好绩效目标执行监控，督促和指导地方开展绩效自评，同时做好重点绩效评价，加强结果应用等工作。

绩效评价包括对决策、过程、产出和效益等的考核。绩效评价应当引入第三方社会评价机构。

财政部、生态环境部应当加强绩效评价结果反馈应用，对各地防治资金绩效评价结果作为完善政策、改进管理及以后年度预算安排的重要依据。

第十二条 地方各级财政、生态环境部门以及防治资金具体使用单位，具体组织实施防治资金全过程预算绩效管理，按照下达的绩效目标组织开展绩效运行监控，做好绩效评价。绩效管理中发现违规使用资金、损失浪费严重、低效无效等重大问题的，应当按照程序及时报告财政部、生态环境部等部门。

第十三条 任何单位和个人不得截留、挤占和挪用防治资金。对于违反国家法律、行政法规和有关规定的单位和个人，有关部门应当及时制止和纠正，并严格按照《中华人民共和国预算法》、《财政违法行为处罚处分条例》等予以处理。构成犯罪的，依法追究刑事责任。

第十四条　各级财政、生态环境部门及其工作人员存在违反本办法行为的，以及其他滥用职权、玩忽职守、徇私舞弊等违法违纪行为的，按照《中华人民共和国预算法》及其实施条例、《中华人民共和国监察法》、《财政违法行为处罚处分条例》等有关规定追究相应责任。构成犯罪的，依法追究刑事责任。

第十五条　财政部各地监管局按照财政部的要求，开展防治资金申报、使用相关监管工作。

第十六条　本办法未明确的其他事宜，包括预算下达、资金拨付、使用、结转结余资金处理等，按照《财政部关于印发〈中央对地方专项转移支付管理办法〉的通知》（财预〔2015〕230号）等预算管理有关规定执行。各级财政部门应切实加强结转结余资金管理，对存在大量结转结余资金的，要充分分析原因、调整分配机制。

土壤污染防治项目支出标准由生态环境部商财政部等部门另行研究制定。

第十七条　省级财政和生态环境部门可根据本办法，结合当地实际，制定具体实施办法。

15. 国家重点生态保护修复治理资金管理办法

项目要点

主管部门	财政部
项目名称	关于印发《重点生态保护修复治理资金管理办法》的通知
参考文件	财建〔2019〕29 号
申报主体	省（自治区、直辖市）以及地方各级政府自然资源局或者林草局
激励政策	用于山水林田湖草生态保护修复试点工程的奖补资金采取项目法分配，包括基础奖补和绩效奖补两部分。工程纳入支持范围即享受基础奖补，工程总投资 20 亿元以下的基础奖补 5 亿元；工程总投资 20 亿 ~50 亿元的基础奖补 10 亿元；工程总投资 50 亿元以上的基础奖补 20 亿元。绩效奖补资金根据工程结束后最终绩效评估结果确定。
主要要求	治理资金使用要区分政府和市场边界，支持公益性工作。治理资金使用要着眼全局，立足中央层面，支持具有全国性、跨区域或影响较大的保护和修复工作。中央层面注重集中分配，聚焦于生态系统受损、开展修复最迫切的重点区域和工程；地方层面注重统筹使用，加强生态环保领域资金的整合，发挥资金协同效应，同时避免相关专项重复安排。治理资金安排情况要及时向社会公开。根据项目法安排的治理资金要坚持采取竞争性评审方式择优确定，并确保评审过程公开、公平、公正。

引用项目文件

重点生态保护修复治理资金管理办法

第一条　为规范和加强重点生态保护修复治理资金（以下简称治理资金）管理，提高资金使用效益，促进生态系统保护修复，根据《中华人民共和国预算法》《中央对地方专项转移支付管理办法》等有关法律规定，制定本办法。

第二条　本办法所称治理资金是指中央财政安排的，用于开展山水林田湖草生态保护修复、废弃工矿地整治等工作，促进生态环境恢复和生态系统功能提升的资金。

第三条 治理资金使用和管理应当坚持以下原则：

（一）坚持公益方向。治理资金使用要区分政府和市场边界，支持公益性工作。

（二）合理划分事权。治理资金使用要着眼全局，立足中央层面，支持具有全国性、跨区域或影响较大的保护和修复工作。

（三）统筹集中使用。中央层面注重集中分配，聚焦于生态系统受损、开展修复最迫切的重点区域和工程；地方层面注重统筹使用，加强生态环保领域资金的整合，发挥资金协同效应，同时避免相关专项重复安排。

（四）资金安排公开透明。治理资金安排情况要及时向社会公开。根据项目法安排的治理资金要坚持采取竞争性评审方式择优确定，并确保评审过程公开、公平、公正。

第四条 治理资金由财政部会同自然资源部等部门组织实施。具体实施方案按照《中华人民共和国国民经济发展第十三个五年规划纲要》《全国国土规划纲要（2016—2030 年）》《全国土地整治规划（2016—2020 年)》以及党中央、国务院关于生态保护修复工作的决策部署制定。

本办法实施期限至 2023 年。期满后财政部会同自然资源部等部门根据国务院有关规定及重点生态保护修复治理形势需要评估确定是否继续实施及延续期限。

第五条 财政部负责审核治理资金分配建议方案，编制资金预算并下达，指导地方加强资金管理等工作。

自然资源部等部门负责组织具体实施方案的编制和审核，研究提出工作任务及资金分配建议方案，开展日常监管、综合成效评估和技术标准制定等工作，指导地方做好项目管理，配合财政部做好预算绩效管理等相关工作。

第六条 治理资金支持范围主要包括以下方面：

（一）开展山水林田湖草生态保护修复工程，着眼于国家重点生态功能区、国家重大战略重点支撑区、生态问题突出区，坚持保护优先、自然恢复为主，进行系统性、整体性修复，完善生态安全屏障体系，提升生态服务功能。

（二）开展历史遗留废弃工矿土地整治。开展历史遗留和责任人灭失的废弃工业土地和矿山废弃地整治，实施区域性土地整治示范，盘活存量建设用地，提升土地节约集约利用水平，修复人居环境。

对不再符合法律、行政法规等有关规定，政策到期或调整，相关目标已经实现或实施成效差、绩效低下的支持事项，应当及时退出。

第七条　治理资金采取项目法和因素法相结合的方式分配。

用于山水林田湖草生态保护修复试点工程的奖补资金采取项目法分配，包括基础奖补和绩效奖补两部分。工程纳入支持范围即享受基础奖补，工程总投资 20 亿元以下的基础奖补 5 亿元；工程总投资 20 亿~50 亿元的基础奖补 10 亿元；工程总投资 50 亿元以上的基础奖补 20 亿。绩效奖补资金根据工程结束后最终绩效评估结果确定。

用于废弃工矿土地整治的奖补资金采取项目法或因素法方式分配。采取项目法分配的资金，各项目安排金额根据工程投资额、工程经济效益等分档确定。采取因素法分配的资金，根据考虑财力差异后的各省废弃工矿土地整治任务面积因素确定。采用因素法分配的资金，根据以下公式进行分配：

某省因素法分配的废弃工矿土地整治资金＝因素法分配的废弃工矿土地整治资金总额×某省废弃工矿土地整治面积×财力补助系数/∑（各省废弃工矿土地整治面积×财力补助系数）

第八条　采取项目法分配的，由财政部会同自然资源部等部门通过竞争性评审方式公开择优确定具体项目。

财政部会同自然资源部等部门在项目评审前发布申报指南，明确项目申报范围、要求等具体事项。

项目所在省份、自治区、直辖市（以下简称省）负责编制工作实施方案，明确工作目标、实施任务、保障机制以及分年度资金预算等，并按照项目申报要求提出申请。

纳入支持范围项目所在省份应将项目实施方案报省级政府批准后，送财政部、自然资源部等部门备案。财政部根据工作实施方案确定的任务量、方案执行情况，实施年限等编制相关预算草案，待中央预算批准后按照规定程序下达预算。

第九条　采用项目法支持的项目，在实施过程中因实施环境和条件发生重大变化，确有必要调整实施方案的，应坚持工程目标不降低原则。不涉及项目实施区域变化的方案调整，应由省级人民政府同意后报财政部、自然资源部等部门备案。项目实施区域发生变化的方案调整，应经省级人民政府同意后报财政部、自然资源部等部门审批。

第十条　财政部会同有关部门组织对治理资金实施预算绩效管理，强化绩效目标管理，做好绩效运行监控，开展绩效自评和重点绩效评价，加强绩效评价结果反馈应用，建立治理资金考核奖惩机制，并将各地治理资金使用、方案执行情况考核结果和绩效评价结果作为调整完善政策及资金预算的重要依据。

绩效评价包括对产出、效益、满意度等指标的考核。具体内容包括：计划目标任务完成情况、相关制度建设情况、资金到位使用及项目实施进展情况、经济社会效益情况等。

第十一条　省级财政部门应会同同级自然资源等部门加强绩效评价，组织开展绩效自评，选择重点项目开展绩效评价。

各级财政、自然资源等部门应对治理资金使用情况进行动态监督，如发现资金使用、项目调整等方面重大问题，应当按程序及时报告。

第十二条　本办法未明确的其他事宜，如资金下达、拨付、使用、结转结余资金处理等，按照《中央对地方专项转移支付管理办法》（财预〔2015〕230 号）有关规定执行。

第十三条　财政部驻各地财政监察专员办事处按照财政部的要求，开展专项资金监管工作。

第十四条　治理资金支持项目形成的各类资产，由所在地县级以上人民政府承担管护责任，负责运行管理和维护。

第十五条　各省级财政部门应会同有关主管部门结合本地区实际情况，根据本办法制定资金使用管理实施细则，并报财政部、自然资源部等部门备案。

第十六条　各级财政部门、自然资源等部门及其工作人员在资金审批工作中，存在骗取、挤占、截留、挪用资金或滥用职权、玩忽职守、徇私舞弊等违法违纪行为之一的，按照《中华人民共和国预算法》《中华人民共和国公务员法》《中华人民共和国行政监察法》《财政违法行为处罚处分条例》等国家有关规定追究相应责任。涉嫌犯罪的，移送司法机关处理。

第十七条　本办法由财政部会同自然资源部等负责解释。

16. 水污染防治资金管理办法

项目要点

主管部门	财政部、生态环境部
项目名称	水污染防治资金管理办法
参考文件	财资环〔2020〕114号
申报主体	省（自治区、直辖市）以及地方各级政府生态环境部门
激励政策	建立流域上下游横向生态补偿机制的省份可以申请防治资金奖励。财政部商生态环境部根据流域外溢性、生态功能重要程度等情况，确定是否纳入支持范围。
主要要求	专门用于支持水污染防治和水生态环境保护方面的资金，包括流域上下游横向生态补偿机制奖励、长江经济带生态保护修复奖励等，由财政部会同生态环境部负责管理。坚持结果导向，防治资金安排时统筹考虑相关地区重点领域重点任务完成情况及水环境质量改善情况，突出对资金使用绩效较好和水环境质量改善较好地区的奖励。对已从中央基建投资等其他渠道获得中央财政资金支持的项目，不得纳入防治资金支持范围。

引用项目文件

水污染防治资金管理办法

第一条　为规范和加强水污染防治资金管理，提高财政资金使用效益，根据《中华人民共和国预算法》《中华人民共和国水污染防治法》《中共中央国务院关于全面实施预算绩效管理的意见》《中央对地方专项转移支付管理办法》等规定，制定本办法。

第二条　本办法所称水污染防治资金（以下称防治资金），是指通过中央一般公共预算安排的，专门用于支持水污染防治和水生态环境保护方面的资金，包括流域上下游横向生态补偿机制奖励、长江经济带生态保护修复奖励等，由财政部会同生态环境部负责管理。

第三条　防治资金的管理和使用应当遵循以下原则：

（一）坚决贯彻党中央、国务院决策部署，突出支持重点。

（二）符合国家宏观政策和生态环境保护相关规划。

（三）按照中期财政规划的要求，统筹考虑有关工作总体预算安排。

（四）坚持公开、公平、公正，主动接受社会监督。

（五）实施全过程预算绩效管理，强化资金监管，充分发挥资金效益。

（六）坚持结果导向，防治资金安排时统筹考虑相关地区重点领域重点任务完成情况及水环境质量改善情况，突出对资金使用绩效较好和水环境质量改善较好地区的奖励。

第四条 防治资金实施期限根据法律、行政法规和国务院有关规定及水污染防治工作形势的需要评估确定是否继续实施和延续期限。

第五条 防治资金重点支持范围包括：

（一）重点流域水污染防治；

（二）集中式饮用水水源地保护；

（三）良好水体保护；

（四）地下水污染防治；

（五）其他需要支持的事项。

根据党中央、国务院决策部署、水污染防治工作需要和专项转移支付评估结果等，不符合法律法规等有关规定，政策到期或调整，相关目标已经实现或实施成效差、绩效低的支持事项，应当及时按照程序退出。

第六条 对已从中央基建投资等其他渠道获得中央财政资金支持的项目，不得纳入防治资金支持范围。

第七条 财政部负责制定防治资金分配标准、审核防治资金分配建议方案、编制防治资金预算草案并下达预算，组织实施预算绩效管理，指导地方防治资金预算管理等。

生态环境部负责指导开展水污染防治工作，研究提出工作任务及资金分配建议方案，开展日常监管和评估，推动开展防治资金全过程预算绩效管理，指导地方做好预算绩效管理各项工作，提高财政资金使用效益。

第八条 防治资金采取因素法和项目法相结合的方式分配。

第九条 落实党中央、国务院决策部署的重点任务，以及流域上下游横向生态补偿机制奖励的防治资金采取项目法分配。

建立流域上下游横向生态补偿机制的省份可以申请防治资金奖励。财政部商生态环境部根据流域外溢性、生态功能重要程度等情况，确定是否纳入支持范围。

第十条 其他防治资金采取因素法分配。

实施长江经济带生态保护修复奖励政策防治资金的分配因素和权重，按照

《财政部环境保护部发展改革委水利部关于印发〈中央财政促进长江经济带生态保护修复奖励政策实施方案〉的通知》（财建〔2018〕6号）规定执行。除前款规定外，采用因素法分配的其他防治资金主要以重点流域水污染防治任务量、集中式饮用水源地个数、良好湖泊保护个数、地下水污染防治任务量为因素分配，分配权重分别为30%、30%、20%、20%。财政部可以根据资金使用绩效和生态环境改善成效对测算结果进行调整，体现结果导向。因素和权重确需调整的，应当按照程序报批后实施。采用因素法分配的防治资金所支持的项目，由地方财政部门会同有关部门从中央环保投资项目储备库中择优确定项目。

第十一条　生态环境部根据上述相关因素、权重，流域上下游横向生态保护补偿机制建立情况等，结合考核结果，向财政部提出年度防治资金安排建议。

财政部考虑生态环境部提出的建议，审核确定各省、自治区、直辖市防治资金安排数额，连同绩效目标一同下达地方。

第十二条　财政部、生态环境部负责组织实施防治资金全过程预算绩效管理，开展绩效自评和重点绩效评价，加强绩效评价结果反馈应用，并建立防治资金考核奖惩机制。具体包括：计划目标任务完成情况，相关制度建设情况，防治资金到位使用及项目实施进展情况，社会、生态效益情况等。

财政部、生态环境部应当将各地防治资金绩效评价结果作为完善政策、改进管理及以后年度预算安排的重要依据，并将奖惩情况按照规定向社会公开。

第十三条　地方各级财政、生态环境部门以及防治资金具体使用单位，具体实施防治资金全过程预算绩效管理，按照下达的绩效目标组织开展绩效运行监控，做好绩效评价。绩效管理中发现违规使用资金、损失浪费严重、低效无效等 重大问题的，应当按照程序及时报告财政部、生态环境部等部门。

第十四条　任何单位和个人不得截留、挤占和挪用防治资金。

各级财政、生态环境部门及其工作人员存在违反本办法行为的，以及其他滥用职权、玩忽职守、徇私舞弊等违法违 纪行为的，按照预算法、公务员法、监察法、财政违法行为处罚处分条例等国家有关规定追究相应责任；涉嫌犯罪的，移送司法机关处理。

第十五条　财政部各地监管局按照财政部的要求，开展防治资金监管工作。

第十六条　本办法未明确的其他事宜，包括预算下达、资金拨付、使用、结转结余资金处理等，按照《财政部关于印发〈中央对地方专项转移支付管理办法〉的通知》（财预〔2015〕230号）等预算管理有关规定执行。

17. 国土绿化试点示范项目

项目要点

主管部门	财政部、国家林业和草原局等
项目名称	国土绿化试点示范项目
参考文件	国办发〔2021〕19 号
申报主体	省（自治区、直辖市）自然资源局或者林草局
激励政策	每个项目支持 2 亿元专项资金。
主要要求	继续聚焦生态区位重要、生态基础脆弱、国土绿化任务重、典型代表性强、集中连片的重点区域。对接重大国家战略国土绿化需求，鼓励结合本区域突出生态问题和不同生态系统的修复特点科学确定绿化方式，如在黄河中上游和北方防沙带开展规模化防沙治沙，长江重点生态区和南方丘陵山地带精准提升森林质量，青藏高原生态屏障区推进退化林（草）修复治理，东北森林带加强森林保护修复等。针对重点区域突出生态问题，坚持科学绿化，以水定绿，以提升生态系统碳汇能力为导向，围绕营造林、防沙治沙，优先使用林木良种和乡土草种，在宜林荒山荒地荒滩、可治理沙化土地、退化林草地等，通过采取一体化、系统治理的措施，按照集中连片、综合治理的方式，科学开展国土绿化试点示范。

引用项目文件

国务院办公厅关于科学绿化的指导意见

科学绿化是遵循自然规律和经济规律、保护修复自然生态系统、建设绿水青山的内在要求，是改善生态环境、应对气候变化、维护生态安全的重要举措，对建设生态文明和美丽中国具有重大意义。为推动国土绿化高质量发展，经国务院同意，现提出以下意见。

一、总体要求

（一）指导思想

以习近平新时代中国特色社会主义思想为指导，全面贯彻党的十九大和十九届二中、三中、四中、五中全会精神，深入贯彻习近平生态文明思想，认真落实党中央、国务院决策部署，立足新发展阶段、贯彻新发展理念、构建新发展格局，践行绿水青山就是金山银山的理念，尊重自然、顺应自然、保护自然，统筹山水林田湖草沙系统治理，走科学、生态、节俭的绿化发展之路；加强规划引领，优化资源配置，强化质量监管，完善政策机制，全面推行林长制，科学开展大规模国土绿化行动，增强生态系统功能和生态产品供给能力，提升生态系统碳汇增量，推动生态环境根本好转，为建设美丽中国提供良好生态保障。

（二）工作原则

坚持保护优先、自然恢复为主，人工修复与自然恢复相结合，遵循生态系统内在规律开展林草植被建设，着力提高生态系统自我修复能力和稳定性。

坚持规划引领、顶层谋划，合理布局绿化空间，统筹推进山水林田湖草沙一体化保护和修复。

坚持因地制宜、适地适绿，充分考虑水资源承载能力，宜乔则乔、宜灌则灌、宜草则草，构建健康稳定的生态系统。

坚持节约优先、量力而行，统筹考虑生态合理性和经济可行性，数量和质量并重，节俭务实开展国土绿化。

二、主要任务

（三）科学编制绿化相关规划

地方人民政府要组织编制绿化相关规划，与国土空间规划相衔接，叠加至同级国土空间规划"一张图"，实现多规合一。落实最严格的耕地保护制度，合理确定规划范围、绿化目标任务；城市绿化规划要满足城市健康、安全、宜居的要求。地方人民政府要加强对绿化相关规划实施的检查和督促落实，任何部门、单位或个人不得随意变更规划，不得擅自改变绿化用地面积、性质和用途。

（四）合理安排绿化用地

各地要根据第三次全国国土调查数据和国土空间规划，综合考虑土地利用结构、土地适宜性等因素，科学划定绿化用地，实行精准化管理。以宜林荒山荒地荒滩、荒废和受损山体、退化林地草地等为主开展绿化。结合城市更新，采取拆违建绿、留白增绿等方式，增加城市绿地。鼓励特大城市、超大城市通过建设用地腾挪、农用地转用等方式加大留白增绿力度，留足绿化空间。鼓励通过农村土地综合整治，利用废弃闲置土地增加村庄绿地；结合高标准农田建设，科学规范、因害设防建设农田防护林。依法合规开展铁路、公路、河渠两侧，湖库周边等绿化建设。严禁违规占用耕地绿化造林，确需占用的，必须依法依规严格履行审批手续。遏制耕地"非农化"、防止"非粮化"。严禁开山造地、填湖填海绿化，禁止在河湖管理范围内种植阻碍行洪的林木。

（五）合理利用水资源

国土绿化要充分考虑降水、地表水、地下水等水资源的时空分布和承载能力，坚持以水而定，量水而行，宜绿则绿，宜荒则荒，科学恢复林草植被。年降水量400毫米以下干旱半干旱地区的绿化规划要经过水资源论证，以雨养、节水为导向，以恢复灌草植被为主，推广乔灌草结合的绿化模式，提倡低密度造林育林，合理运用集水、节水造林种草技术，防止过度用水造成生态环境破坏。加强人工增雨作业，提高造林绿化效率。统筹生活、生产、生态用水需求，合理配置绿化用水，适度有序开展城镇周边节水绿化。绿洲农业区要充分考虑水资源条件，加强天然绿洲和生态过渡带保护，兼顾绿洲保护和农田防护林用水需求，合理确定造林规模和密度，确保农业生态屏障可持续发展。

（六）科学选择绿化树种草种

积极采用乡土树种草种进行绿化，审慎使用外来树种草种。各地要制定乡土树种草种名录，提倡使用多样化树种营造混交林。根据自然地理气候条件、植被生长发育规律、生活生产生态需要，合理选择绿化树种草种。江河两岸、湖库周边要优先选用抗逆性强、根系发达、固土能力强、防护性能好的树种草种。干旱缺水、风沙严重地区要优先选用耐干旱、耐瘠薄、抗风沙的灌木树种和草种。海岸带要优先选用耐盐碱、耐水湿、抗风能力强的深根性树种。水土流失严重地区要优先选用根系发达、固土保水能力强的防护树种草种。水热条件好、土层深厚地区要优先选用生长快、产量高、抗病虫害的优良珍贵用材树种。居民区周边要兼顾群众健康因素，避免选用易致人体过敏的树种草种。加大乡土树种草种采种生产、种苗繁育基地建设力度，引导以需定产、订单育苗、就近育苗，避免长距离调运绿化种苗。

（七）规范开展绿化设计施工

承担国家投资或以国家投资为主的绿化项目建设单位要编制作业设计（或绿化方案，下同），绿化项目主管部门要会同相关部门对作业设计的用地、用水、技术措施等进行合理性评价，并监督实施。社会普遍关心且政府主导的重大绿化项目，必须经过科学论证，广泛听取各方面意见。加强绿化施工管理，充分保护原生植被、野生动物栖息地、珍稀植物等，禁止毁坏表土、全垦整地等，避免造成水土流失或土地退化。

（八）科学推进重点区域植被恢复

根据全国重要生态系统保护和修复重大工程总体布局，针对重点区域的突出生态问题，因地制宜确定绿化方式。长江、黄河等大江大河的源头、干支流、左右岸要加强封山育林育草，推进水源涵养林、水土保持林建设和小流域综合治理；北方防沙带要加大封禁保护力度，建设以灌草为主、乔灌草合理搭配的林草植被；青藏高原区要严格保护原生植被，主要依靠自然恢复天然林草植被，适度开展退化土地治理、矿山生态修复和人工草场建设；海岸带要加强沿海防护林体系建设，积极推进城乡绿化美化；东北森林带要加大天然林保护修复力度；南方丘陵山地带要推进水土流失和石漠化综合治理，精准提升森林质量，构建稳定高效多功能的林草生态系统，筑牢生态屏障。

（九）稳步有序开展退耕还林还草

进一步完善退耕还林还草政策，建立长效机制，切实巩固退耕还林还草成果。落实国务院已批准的25度以上坡耕地、陡坡梯田、重要水源地1～25度坡耕地、严重沙化耕地、严重污染耕地的退耕还林还草任务。相关主管部门要做好退耕地块的土地用途变更和不动产变更登记工作。开展退耕还林还草要结合生态建设和产业发展需要，充分考虑群众意愿，兼顾生态和经济效益。科学发展特色经济林果、花卉苗木、林下经济等绿色富民产业，实现经济发展和民生改善良性循环。

（十）节俭务实推进城乡绿化

充分利用城乡废弃地、边角地、房前屋后等见缝插绿，推进立体绿化，做到应绿尽绿。增强城乡绿地的系统性、协同性，构建绿道网络，实现城乡绿地连接贯通。加大城乡公园绿地建设力度，形成布局合理的公园体系。提升城乡绿地生态功能，有效发挥绿地服务居民休闲游憩、体育健身、防灾避险等综合功能。推广抗逆性强、养护成本低的地被植物，提倡种植低耗水草坪，减少种植高耗水草坪。加大杨柳飞絮、致敏花粉等防治研究和治理力度，提升城乡居民绿色宜居感受。鼓励农村"四旁"（水旁、路旁、村旁、宅旁）种植乡土珍贵树种，打造生态宜居的美丽乡村。选择适度规格的苗木，除必须截干栽植的树种外，应使用全冠苗。尊重自然规律，坚决反对"大树进城"等急功近利行为，避免片面追求景观化，切忌行政命令瞎指挥，严禁脱离实际、铺张浪费、劳民伤财搞绿化的面子工程、形象工程。

（十一）巩固提升绿化质量和成效

各地要对新造幼林地进行封山育林，加强抚育管护、补植补造，建立完善绿化后期养护管护制度和投入机制，提高成株率。国有林业企事业单位要科学编制森林经营方案，科学、规范、可持续开展森林经营活动。鼓励发展家庭林场、股份合作林场等，支持国有林场场外造林，积极推动集体林适度规模经营。实施森林质量精准提升工程，加大森林抚育、退化林修复力度，优化森林结构和功能，提高森林生态系统质量、稳定性和碳汇能力。加大人工针叶纯林改造力度，开展健康森林建设，增强松材线虫病等有害生物灾害防控能力。加强森林草原防火基础能力建设。实施草原保护修复重大工程，加快退化草原恢复，提升草原生态功能和生产能力。采取有偿方式合理利用国有森林、草原及景观资源开展生态旅游、森林康养等，提高林草资源综合效益。强化林地草地用途管制，严厉查处乱砍滥伐、非法开垦、非法侵占林地草地和公园绿地等违法行为。严格保护修复古树名木及其自然生境，对古树名木实行挂牌保护，及时抢救复壮。

（十二）创新开展监测评价

依据国土空间规划"一张图"，将绿化任务和绿化成果落到实地、落到图斑、落到数据库，重点生态保护修复工程要推进作业设计编制、施工、检查验收全过程监管，全面监测林草资源状况变化。构建天空地一体化综合监测评价体系，运用自然资源调查、林草资源监测及年度更新成果，提升国土绿化状况监测信息化精准化水平。按照林草一体化要求因地制宜设定评价指标，制定国土绿化成效评价办法，科学评价国土绿化成效。

三、保障措施

（十三）完善政策机制

各级人民政府要合理安排资金，将国土绿化列入预算，不断优化投资结构。鼓励地方采取以奖代补、贷款贴息等方式创新国土绿化投入机制，实行差异化财政补助政策，支持引导营造混交林、在旱区营造灌木林、在条件适宜地区飞播造林和封山育林、使用乡土珍贵树种育苗造林、实施退化草原种草改良等。中央财政继续通过造林补助等资金渠道支持乡村绿化。在不新增隐性债务的前提下，鼓励金融机构创新金融产品和服务方式，支持社会资本依法依规参与国土绿化和生态保护修复。制定林业草原碳汇行动方案，深化集体林权制度改革，加快建立生态产品价值实现机制，完善生态补偿机制。

（十四）健全管理制度

完善土地支持政策，对集中连片开展国土绿化、生态修复达到一定规模和预期目标的经营主体，可在符合国土空间规划的前提下，在依法办理用地审批和供地手续后，将一定的治理面积用于生态旅游、森林康养等相关产业开发。探索特大城市、超大城市的公园绿地依法办理用地手续但不纳入城乡建设用地规模管理的新机制。完善林木采伐管理政策，优先保障森林抚育、退化林修复、林分更新改造等采伐需求，促进森林质量提升和灾害防控；放活人工商品林自主经营，规模经营的人工商品林可单独编制森林采伐限额，统一纳入年采伐限额管理。将造林绿化后期管护纳入生态护林（草）员职责范围，并与生态护林（草）员绩效挂钩。完善并落实草原承包经营制度，明确所有权、使用权，稳定承包权，放活经营权，规范草原经营权流转，压实责任主体，持续改善草原生态状况。

（十五）强化科技支撑

开展林草种质资源普查和林木良种、草品种审定，加强重要乡土树种草种资源收集保护、开发利用、种苗繁育等关键技术和设施研发。优化完善国土绿化技术标准体系。健全生态定位观测监测体系。通过国家科技计划（专项、基金等），开展松材线虫病等重大有害生物灾害防控、林水关系、乡土珍稀树种扩繁等科技攻关。加大国土绿化和生态保护修复机械装备研发力度。遴选储备、推广实施一批实用管用的生态保护修复科技成果转化项目。

（十六）加强组织领导

全面推行林长制，明确地方领导干部保护发展森林草原资源目标责任。地方各级人民政府要切实履行科学绿化主体责任，明确相关部门的目标任务和落实措施。各级绿化委员会要充分发挥组织领导、宣传发动、协调指导等作用，强化国土绿化管理、监督检查、考核评价等工作，持之以恒推进全民义务植树。对科学绿化成效显著的单位和个人，按照国家有关规定给予表彰、奖励。对违背科学规律和群众意愿搞绿化的错误行为，要及时制止纠正；对造成不良影响和严重后果的，要依法依规追责。广泛开展宣传教育，弘扬科学绿化理念，普及科学绿化知识，倡导节俭务实绿化风气，树立正确的绿化发展观政绩观。加强舆论引导，积极回应社会关切，营造科学绿化的良好氛围。

18. 林业草原生态保护恢复资金管理办法

项目要点

主管部门	财政部、国家林草局
项目名称	林业草原生态保护恢复资金
参考文件	财资环〔2024〕39 号
申报主体	林业和草原主管部门
激励政策	已设立的国家公园支出，按照依规纳入中央财政林业草原项目储备库的年度支出需求（90%）、国家公园面积（10%）等测算。其他自然保护地和野生动植物保护支出按照国家级自然保护区和国家重要湿地（含国际重要湿地）数量（65%）及面积（10%）、国家重点保护野生动植物种数（20%）和国家级陆生野生动物疫源疫病监测站数量（5%）测算。
主要要求	国家公园支出用于国家公园生态系统保护修复、创建和运行管理、协调发展、保护科研和科普宣教、国际合作和社会参与。其他自然保护地和野生动植物保护支出用于国家级自然保护区、国家重要湿地（含国际重要湿地）的生态保护补偿与修复，特种救护、保护设施设备购置维护，专项调查和监测，宣传教育等；国家重点野生植物保护，国家重点野生动物保护、疫源疫病监测和防控、危害防控和补偿，以及其他致害严重的陆生野生动物的危害防控和补偿。森林生态保护修复补偿支出用于天然林保护修复中长期规划确定的森林资源保护管理、修复、补偿。生态护林员支出用于脱贫人口受聘开展森林、草原、湿地、沙化土地等资源管护人员的劳务报酬。在组织预算执行中，对绩效目标实现程度和预算执行进度实行"双监控"，发现问题要及时纠正，确保绩效目标高质量完成。同时，参照中央做法，将绩效目标及时对下分解，做好预算绩效管理工作。

引用项目文件

林业草原生态保护恢复资金管理办法

第一章　总　　则

第一条　为加强和规范林业草原生态保护恢复资金使用管理，提高资金使用效益，促进林业草原生态保护恢复，根据《中华人民共和国预算法》及其实施条例等法律法规、《国务院办公厅转发财政部、国家林草局（国家公园局）关于推进国家公园建设若干财政政策意见的通知》（国办函〔2022〕93号）等文件，以及有关财政管理制度规定，制定本办法。

第二条 本办法所称林业草原生态保护恢复资金，是指中央预算安排的用于国家公园、其他自然保护地和野生动植物保护、森林生态保护修复补偿、生态护林员等方面的共同财政事权转移支付资金。

第三条 林业草原生态保护恢复资金由财政部、国家林草局负责管理。

财政部负责编制中期财政规划和年度预算草案，审核资金分配建议方案并下达预算，组织开展预算绩效管理和预算监管，指导地方加强资金使用管理监督等。

国家林草局负责编制相关规划，提供资金测算所需基础数据并负责与有关规划衔接，提出资金分配建议方案，组织开展项目储备，并对有关数据的真实性、准确性负责。按照规定实施预算绩效管理，督促和指导地方做好项目和资金使用管理监督工作等。

第四条 地方财政部门负责本地区林业草原生态保护恢复资金的预算分解下达、组织预算执行、资金使用管理和监督以及预算绩效管理工作等。

地方林业和草原主管部门根据职能参与本地区林业草原生态保护恢复资金分配，负责资金的具体使用管理和监督、项目立项、组织实施、日常监管、项目验收及预算绩效管理具体工作等。

地方各级林业和草原主管部门、财政部门应当对上报的可能影响资金分配结果的有关数据和信息的真实性、准确性负责。

第五条 林业草原生态保护恢复资金实施期限至2027年（森林生态保护修复补偿、生态护林员等支出按照有关规定执行），到期前由财政部会同国家林草局评估确定是否继续实施和延续期限。

第六条 资金年度预算编制以及预算执行中，财政部会同国家林草局根据政策实施情况和工作需要，开展相关评估工作，根据评估结果完善资金管理政策。

第二章 资金使用范围

第七条 林业草原生态保护恢复资金主要用于以下方面：

（一）国家公园支出用于国家公园生态系统保护修复、创建和运行管理、协调发展、保护科研和科普宣教、国际合作和社会参与。

（二）其他自然保护地和野生动植物保护支出用于国家级自然保护区、国家重要湿地（含国际重要湿地）的生态保护补偿与修复，特种救护、保护设施设备购置维护，专项调查和监测，宣传教育等；国家重点野生植物保护，国家重点野生动物保护、疫源疫病监测和防控、危害防控和补偿，以及其他致害严重的陆生野生动物的危害防控和补偿。

（三）森林生态保护修复补偿支出用于天然林保护修复中长期规划（以下简称天然林规划）确定的森林资源保护管理、修复、补偿。

（四）生态护林员支出用于脱贫人口受聘开展森林、草原、湿地、沙化土地等资源管护人员的劳务报酬。

（五）党中央、国务院确定的支持林业草原生态保护恢复的其他重点工作。

第八条 林业草原生态保护恢复资金不得用于兴建楼堂馆所、偿还举借的债务及其他与林业草原生态保护恢复无关的支出。

第九条 林业草原生态保护恢复资金不得与中央基建投资及其他中央财政资金交叉使用、重复支持。

第三章 资金分配

第十条 林业草原生态保护恢复资金采取因素法和项目法相结合的方法分配。

采取因素法分配的，具体因素选取可以由国家林草局会同财政部根据党中央、国务院有关决策部署和林业草原生态保护恢复实际需要适当调整。对国家公园创建、相关改革或者试点，以及计划单列市、新疆生产建设兵团、大兴安岭林业集团公司等可以采取定额补助。

采取项目法分配的，由财政部、国家林草局通过评审方式择优确定具体项目。财政部、国家林草局在项目评审前发布申报通知，明确项目申报范围、主体、材料要求等具体事项。补助金额根据项目具体情况、年度预算和评审等情况确定。

第十一条 财政部会同国家林草局根据财力状况、绩效评价、审计和财会监督、项目储备等情况对采取因素法分配的资金初步分配结果进行调节。其中，财力状况根据各省财政困难程度设置调节系数；根据绩效评价结果分数对资金分配结果进行加权平均以确定调整数；对审计和财会监督发现问题的省份扣减相应资金；对项目储备不足的省份扣减相应资金，扣减资金用于补助项目储备充足的省份。到人到户资金除审计和财会监督发现问题需扣减外，不参与其他调节。

第十二条 国家公园支出通过因素法分配。其中，对已设立的国家公园，按照依规纳入中央财政林业草原项目储备库的年度支出需求（90%）、国家公园面积（10%）等测算，其中纳入国家公园支出的相关森林生态保护修复补偿执行国家公园区域外同类资金测算分配方法；对前期工作扎实、已向国务院提出设立申请的国家公园候选区采取定额补助，具体根据年度预算规模、创建数量等确定，对同一个国家公园创建定额补助原则上不超过3年。

第十三条　其他自然保护地和野生动植物保护支出通过因素法分配。按照国家级自然保护区和国家重要湿地（含国际重要湿地）数量（65%）及面积（10%）、国家重点保护野生动植物种数（20%）和国家级陆生野生动物疫源疫病监测站数量（5%）测算。

第十四条　森林生态保护修复补偿支出执行天然林规划规定的资金分配方法。天然林规划出台前执行原测算分配方法。

第十五条　生态护林员支出资金分配主要考虑巩固脱贫攻坚成果，在延续以前年度测算结果基础上，统筹考虑资金使用情况进行分配。

第十六条　各省（自治区、直辖市、计划单列市，含新疆生产建设兵团，以下统称省）在分解下达林业草原生态保护恢复资金时，应当结合相关工作任务和本地实际，向革命老区、民族地区、边疆地区、脱贫地区倾斜。森林生态保护修复补偿支出资金使用应当确定优先序，确保按照规定兜牢国有林业单位职工基本民生底线。

第十七条　各级财政部门应当会同同级林业和草原主管部门支持涉农资金统筹整合。分配给国家乡村振兴重点帮扶县的资金，按照财政部等10部门印发的《关于将脱贫县涉农资金统筹整合试点政策优化调整至国家乡村振兴重点帮扶县实施的通知》（财农〔2024〕1号）有关规定执行。

第四章　预算下达

第十八条　各省林业和草原主管部门、财政部门应当按照规定及时完整规范做好资金项目储备，负责本省的项目组织、审核、汇总入库，要聚焦重点、集中力量，围绕落实党中央、国务院决策部署，有针对性地组织储备入库，审核入库工作须于预算下达前完成，未纳入项目库的项目，原则上不得安排预算。其中：国家公园项目应当根据财政部当地监管局、国家林草局审核意见修改完善后入库。

第十九条　国家林草局于每年10月15日前，结合当年资金安排，提出下一年度林业草原生态保护恢复资金提前下达各省预计数分配建议方案，报送财政部。

第二十条　财政部于每年10月31日前，将下一年度林业草原生态保护恢复资金预计数提前下达省级财政部门，抄送国家林草局、财政部各地监管局。

第二十一条　国家林草局于每年全国人民代表大会批准中央预算后 15 日内，提出当年林业草原生态保护恢复资金各省分配建议方案，报送财政部。

第二十二条　财政部于每年全国人民代表大会批准中央预算后 30 日内，根据年度预算安排、国家林草局资金分配建议方案等，审核下达当年资金预算，抄送国家林草局、财政部各地监管局。

第二十三条　接到林业草原生态保护恢复资金预算后，省级财政部门应当会同林业和草原主管部门在 30 日内分解下达，同时将资金分配结果报财政部、国家林草局备案，抄送财政部当地监管局。

第五章　预算绩效管理

第二十四条　林业草原生态保护恢复资金建立"预算编制有目标、预算执行有监控、预算完成有评价、评价结果有反馈、反馈结果有应用"的全过程预算绩效管理机制。国家公园预算绩效管理按照有关办法执行。

第二十五条　林业草原生态保护恢复资金绩效目标分为整体绩效目标、区域绩效目标和项目绩效目标，主要内容包括产出、效益、满意度等指标。

第二十六条　绩效目标设定、审核、下达的依据：

（一）国家相关法律、法规和规章，党中央、国务院对林业草原领域重大决策部署，国民经济和社会发展规划。

（二）财政部门中期财政规划和年度预算，财政部门制定的预算管理制度。

（三）林业草原发展规划、林业草原行业标准及其他相关重点规划等。

（四）统计部门或者行业主管部门公布的有关林业草原统计数据和财政部门反映资金管理的有关数据。

（五）符合财政部、国家林草局要求的其他依据。

第二十七条　省级财政部门组织林业和草原主管部门于每年 2 月 15 日前，结合中期财政规划、林业草原发展规划、国家公园总体规划、项目库入库情况和本省工作实际，根据上一年度绩效目标执行情况等，确定林业草原生态保护恢复资金年度重点任务，设定区域绩效目标，填写区域绩效目标申报表，报送财政部、国家林草局，抄送财政部当地监管局。大兴安岭林业集团公司向国家林草局报送相关材料。

国家林草局于每年全国人民代表大会批准中央预算后 15 日内，对各省区域绩效目标进行审核完善，随资金分配建议方案同步报送财政部。

财政部于每年全国人民代表大会批准中央预算后 30 日内，随当年资金预算同步下达区域绩效目标，抄送国家林草局、财政部各地监管局。

项目绩效目标随项目文本报送，入选项目的绩效目标表经国家林草局审核后，随资金分配建议方案同步报送财政部；财政部随项目资金预算同步下达项目绩效目标，抄送国家林草局、财政部当地监管局。

第二十八条　地方各级财政部门会同林业和草原主管部门按照要求实施预算绩效运行监控，林业和草原主管部门是实施预算绩效运行监控的主体，重点监控资金使用是否符合下达的绩效目标，发现绩效运行与预期绩效目标发生偏离时，应当及时采取措施予以纠正。

第二十九条　预算执行结束后，相关单位对照确定的绩效目标开展绩效自评。省级财政部门、林业和草原主管部门审核汇总后按时报送本地区绩效自评报告和自评表，对自评结果和绩效评价相关材料的真实性负责。财政部根据工作需要对资金开展重点绩效评价。

第三十条　绩效运行监控和评价的依据包括：

（一）绩效目标设定、审核、下达的依据。

（二）林业草原生态保护恢复资金绩效目标。

（三）预算下达文件、财务会计资料等有关文件资料。

（四）人大审查结果报告、巡视、审计报告及决定、财会监督报告等，以及有关部门或者委托中介机构出具的项目评审或者竣工验收报告、评审考核意见等。

（五）反映工作情况和项目组织实施情况的正式文件、会议纪要等。

（六）符合财政部、国家林草局要求的其他依据。

第三十一条　绩效评价结果采取评分与评级相结合的形式，具体分值和等级按照绩效评价管理有关规定执行。建立绩效评价结果反馈和应用机制，绩效评价结果作为完善林业草原生态保护恢复资金政策、改进管理以及下一年度预算申请、安排、分配的重要依据。

第三十二条　对于纳入国家乡村振兴重点帮扶县资金统筹整合范围的部分，区域绩效目标对应的指标按照被整合资金额度调减。

第六章　预算执行和监督

第三十三条　地方各级林业和草原主管部门、财政部门应当做好中央对地方林业草原转移支付资金项目储备工作，加快预算执行，提高资金使用效益。

结转结余的林业草原生态保护恢复资金，按照财政部关于结转结余资金管理的相关规定处理。

第三十四条　林业草原生态保护恢复资金的支付执行国库集中支付制度有关规定。属于政府采购管理范围的，应当按照政府采购法律制度规定执行。鼓励各地通过购买服务的方式开展国有林区和国有林场管护、抚育等业务。

第三十五条　林业草原生态保护恢复资金使用管理相关信息应当按照预算公开有关要求执行。

第三十六条　财政部各地监管局根据工作职责和财政部要求，对林业草原生态保护恢复资金使用管理情况实施监督。

第三十七条　各级财政、林业和草原等有关部门及其工作人员在林业草原生态保护恢复资金分配、使用、管理等相关工作中，存在违反本办法规定的行为，以及其他滥用职权、玩忽职守、徇私舞弊等违纪违法行为的，按照《中华人民共和国预算法》及其实施条例、《中华人民共和国公务员法》、《中华人民共和国监察法》、《财政违法行为处罚处分条例》等国家有关规定追究相应责任。构成犯罪的，依法追究刑事责任。

第三十八条　资金使用单位和个人在使用林业草原生态保护恢复资金中存在违法违规行为的，按照《中华人民共和国预算法》及其实施条例、《财政违法行为处罚处分条例》等国家有关规定追究相应责任。构成犯罪的，依法追究刑事责任。

第七章　附　　则

第三十九条　用于中央单位的林业草原生态保护恢复资金，相关支出列入所属中央部门年度预算，执行中央部门预算管理相关规定。

第四十条　省级财政部门会同林业和草原主管部门应当根据本办法和本地区实际情况制定实施办法，报送财政部、国家林草局，抄送财政部当地监管局。

第四十一条　各地应当安排资金，用于公益林的保护、管理、抚育和非国有公益林权利人的经济补偿等，并参照本办法制定本地区的具体管理办法。地方使用各级财政安排的用于上述方面的资金，实行专款专用。

第四十二条　本办法由财政部会同国家林草局负责解释。

第四十三条　本办法自公布之日起施行。《林业草原生态保护恢复资金管理办法》（财资环〔2022〕170号）同时废止。此前财政部、原国家林业局发布的关于林业草原生态保护恢复的相关文件与本办法相抵触的，以本办法为准。

19. 重点区域生态保护和修复项目

<h1 style="text-align:center">项目要点</h1>

主管部门	由国家发展改革委牵头，涉及科技部、自然资源部、生态环境部、水利部、农业农村部、应急部、中国气象局、国家林草局
项目名称	重点区域生态保护和修复项目（简称"双重工程"）
参考文件	发改农经〔2021〕1812 号
申报主体	自然资源、林业和草原主管部门
激励政策	鼓励金融支持，稳定政策预期，吸引社会资本积极参与重大工程建设和管理，探索重大工程市场化建设、运营、管理的有效模式。鼓励各地在坚持生态保护优先的基础上，结合有关重大工程建设，积极推动生态旅游、林下经济、生态种养、生物质能源、沙产业、生态康养等特色产业发展。按照谁修复、谁受益原则，通过赋予一定期限的自然资源资产使用权等产权安排，激励社会投资主体从事生态保护修复。对集中连片开展生态修复达到一定规模的经营主体，允许在符合土地管理法律法规和国土空间规划、依法办理建设用地审批手续、坚持节约集约用地的前提下，利用 1%—3% 的治理面积从事相关产业开发。建立健全用水权、排污权、碳排放权交易制度，探索研究森林、草原、湿地等生态修复工程通过温室气体自愿减排项目参与碳排放交易的有效途径。
主要要求	着重抓好国家重点生态功能区、生态保护红线、重点国家级自然保护地等区域的生态保护和修复，解决一批重点区域的核心生态问题；重点关注青藏高原生态屏障区、黄河重点生态区（含黄土 高原生态屏障）、长江重点生态区（含川滇生态屏障）、东北森林带、北方防沙带、南方丘陵山地带、海岸带等重点区域。

<h1 style="text-align:center">引用项目文件</h1>

<h1 style="text-align:center">全国重要生态系统保护和修复
重大工程总体规划（2021—2035 年）</h1>

一、指导思想

以习近平新时代中国特色社会主义思想为指导，全面贯彻落实党的十九大和十九届二中、三中、四中全会精神，深入贯彻习近平生态文明思想，按照党中央、国务院决策部署，坚持新发展理念，坚持人与自然和谐共生，以全面提升国家生态安全屏障质量、促进生态系统良性循环和永续利用为目标，以统筹山水林田湖草一体化保护和修复为主线，科学布局和组织实施重要生态系统保护和修复重大工程，着力提高生态系统自我修复能力，切实增强生态系统稳定性，显著提升生态系统功能，全面扩大优质生态产品供给，推进形成生态保护和修复新格局，为维护国家生态安全、推进生态系统治理体系和治理能力现代化、加快建设美丽中国奠定坚实生态基础。

二、基本原则

坚持保护优先，自然恢复为主。牢固树立和践行绿水青山就是金山银山理念，尊重自然、顺应自然、保护自然，像保护眼睛一样保护生态环境，像对待生命一样对待生态环境。遵循自然生态系统演替规律，充分发挥大自然的自我修复能力，避免人类对生态系统的过多干预。

坚持统筹兼顾，突出重点难点。着眼于提升国家生态安全屏障体系质量，聚焦国家重点生态功能区、生态保护红线、自然保护地等重点区域，突出问题导向、目标导向，坚持陆海统筹，妥善处理保护和发展、整体和重点、当前和长远的关系，推进形成生态保护和修复新格局。

坚持科学治理，推进综合施策。坚持山水林田湖草是生命共同体理念，遵循生态系统内在机理，以生态本底和自然禀赋为基础，关注生态质量提升和生态风险应对，强化科技支撑作用，因地制宜、实事求是，科学配置保护和修复、自然和人工、生物和工程等措施，推进一体化生态保护和修复。

坚持改革创新，完善建管机制。坚持依法治理，深化生态保护和修复领域改革，释放政策红利，拓宽投融资渠道，创新多元化投入和建管模式，完善生态保护补偿机制，提高全民生态保护意识，推进形成政府主导、多元主体参与的生态保护和修复长效机制。

三、规划目标

到 2035 年，通过大力实施重要生态系统保护和修复重大工程，全面加强生态保护和修复工作，全国森林、草原、荒漠、河湖、湿地、海洋等自然生态系统状况实现根本好转，生态系统质量明显改善，生态服务功能显著提高，生态稳定性明显增强，自然生态系统基本实现良性循环，国家生态安全屏障体系基本建成，优质生态产品供给能力基本满足人民群众需求，人与自然和谐共生的美丽画卷基本绘就。森林覆盖率达到26%，森林蓄积量达到210亿立方米，天然林面积保有量稳定在2亿公顷左右，草原综合植被盖度达到60%；确保湿地面积不减少，湿地保护率提高到60%；新增水土流失综合治理面积5640万公顷，75%以上的可治理沙化土地得到治理；海洋生态恶化的状况得到全面扭转，自然海岸线保有率不低于35%；以国家公园为主体的自然保护地占陆域国土面积18%以上，濒危野生动植物及其栖息地得到全面保护。

要立足各地经济社会发展阶段，准确聚焦重点问题，明确阶段目标任务，科学把握重大工程推进节奏和实施力度，促进形成可持续的长效建管机制。2020年底前，由相关部门依据本《规划》编制各项重大工程专项建设规划（详见重要政策、重大项目、重点工程按规定程序报批），与本规划形成全国重要生态系统保护和修复重大工程"1＋N"规划体系；2021—2025年，着重抓好国家重点生态功能区、生态保护红线、重点国家级自然保护地等区域的生态保护和修复，解决一批重点区域的核心生态问题；2026—2035年，各项重大工程全面实施，为建设美丽中国、基本实现社会主义现代化奠定坚实生态基础。

四、总体布局

贯彻落实主体功能区战略，以国家生态安全战略格局为基础，以国土空间规划确定的国家重点生态功能区、生态保护红线、国家级自然保护地等为重点，突出对京津冀协同发展、长江经济带发展、粤港澳大湾区建设、海南全面深化改革开放、长三角一体化发展、黄河流域生态保护和高质量发展等国家重大战略的生态支撑，在统筹考虑生态系统的完整性、地理单元的连续性和经济社会发展的可持续性，并与相关生态保护与修复规划衔接的基础上，将全国重要生态系统保护和修复重大工程规划布局在青藏高原生态屏障区、黄河重点生态区（含黄土高原生态屏障）、长江重点生态区（含川滇生态屏障）、东北森林带、北方防沙带、南方丘陵山地带、海岸带等重点区域。全国重要生态系统保护和修复重大工程专项建设规划编制清单如表所述：

序号	涉及重点规划区域
1	青藏高原生态屏障区生态保护和修复重大工程建设规划（2021—2035 年）
2	黄河重点生态区（含黄土高原生态屏障）生态保护和修复重大工程建设规划（2021—2035 年）
3	长江重点生态区（含川滇生态屏障）生态保护和修复重大工程建设规划（2021—2035 年）
4	东北森林带生态保护和修复重大工程建设规划（2021—2035 年）
5	北方防沙带生态保护和修复重大工程建设规划（2021—2035 年）
6	南方丘陵山地带生态保护和修复重大工程建设规划（2021—2035 年）
7	海岸带生态保护和修复重大工程建设规划（2021—2035 年）
8	自然保护地建设及野生动植物保护重大工程建设规划（2021—2035 年）
9	生态保护和修复支撑体系重大工程建设规划（2021—2035 年）